U0474650

基于综合实践活动的生涯教育

青少年生涯教育理论与实践

欧健 主编

西南大学出版社
国家一级出版社 全国百佳图书出版单位

图书在版编目(CIP)数据

基于综合实践活动的生涯教育：青少年生涯教育理论与实践/欧健主编. -- 重庆：西南大学出版社，2021.10
ISBN 978-7-5697-0981-0

Ⅰ.①基… Ⅱ.①欧… Ⅲ.①职业选择—高中—教学参考资料 Ⅳ.①G634.933

中国版本图书馆CIP数据核字(2021)第134891号

基于综合实践活动的生涯教育
——青少年生涯教育理论与实践
JI YU ZONGHE SHIJIAN HUODONG DE SHENGYA JIAOYU
——QINGSHAONIAN SHENGYA JIAOYU LILUN YU SHIJIAN

主　编：欧　健
编　委：赵渊博　罗　键　刘建勇　崔宏晶　秦绪宝　王欢欢

责任编辑：	王　宁
责任校对：	曹园妹
装帧设计：	观止堂_未　氓
排　　版：	吴秀琴
出版发行：	西南大学出版社（原西南师范大学出版社）
	地址：重庆市北碚区天生路2号
	邮编：400715
印　　刷：	重庆邮政印务有限公司
幅面尺寸：	185 mm×260 mm
印　　张：	17.25
字　　数：	280千字
版　　次：	2021年10月　第1版
印　　次：	2021年10月　第1次印刷
书　　号：	ISBN 978-7-5697-0981-0
定　　价：	48.00元

序 ORDER

联合国教科文组织在《学会生存—教育世界的今天和明天》中指出:"人类发展的目的在于使人日臻完善;使他的人格丰富多彩,表达方式复杂多样;使他作为一个人,作为一个家庭和社会的成员,作为一个公民和生产者、技术发明者和有创造性的理想家,来承担各种不同的责任。"生涯教育正是紧扣此目标的教育实践活动。它关注个人生涯发展的始终,以目标为导向,引领个人扮演好人生不同阶段的角色,塑造个人"认识自我,成就自我,超越自我"的价值观,以及"立足当下,展望未来"的发展观,推动个人以认真、积极的态度,勇担生命的责任,活出生命的精彩。

我国的生涯教育起步较晚,但随着新时代教育改革的有序推进,生涯教育开始呈现出一片生机勃勃、欣欣向荣的景象。《国家中长期教育改革和发展规划纲要(2010-2020年)》明确提出"建立学生发展指导制度,加强对学生的理想、心理、学业等多方面指导"。2014年9月,《关于深化考试招生制度改革的实施意见》的出台,标志着新高考改革正式启动。新高考改革尊重学生个性,给予学生更多选择,学生也必须面对"选什么学科与专业"的现实问题,学生、家长和老师都不得不慎重思考学生的个人兴趣、能力、个性等与未来职业方向的匹配和关联情况,由此倒逼生涯教育站上教育前台,成为中小学教育的"刚需"。

西南大学附属中学以"立人·新民"为理念引领,在生涯教育领域深耕细作多年,着力激发学生的潜能,帮助学生"在最合适的时候遇见最美的自己",引导一届届的附中学子成长、成才。可以说,西南大学附属中学的生涯教育起步早、发展快,及时而准确地回应了生涯教育的"刚需"问题。尤其是西南大学附属中学现任校长欧健博士在传承历任校长生涯教育思想的基础上,结合学校和学生现实发展需要,创新性地提出和构建了基于综合实践活动的生涯教育模式,将生涯教育与综合实践活动有机融合,取得了令人瞩目的成绩。学校已出版"基于综合实践活动的生涯教育"系列校本课程读本8本。成果辐射多省多校,并会同全国著名高校开设生涯教育现场、网络系列课程。

如今,欧健校长带领团队在前期实践的基础上,潜心研究,形成《基于综合实践活动的生涯教育——青少年生涯教育理论与实践》一书。该书构建了基于综合实践活动的生涯教育的基本理论框架,呈现了生涯测评工具及其应用方法,以及与学生生涯发展相关的素养培养策略,尤其是针对新高考改革介绍了新高考中生涯和志愿决策方法。另外颇有特色的是,探讨了家庭文化建设与生涯教育的联系,强调家庭在中学生生涯教育中的特殊地位和不可替代性。全书尝试构建了以生涯理论为基点,以体验式学习为路径,以家庭文化为底色的生涯教育网络。在我国,生涯教育从未像今天这样受重视,未来生涯教育的重要性还将进一步凸显,尽管书中还有一些值得商榷的地方,但作为一所中学能够勇于探索,并凝练提升自己的思考,已属不易,相信能对区域和中小学校开展生涯教育有一定的借鉴和参考价值。西南大学附属中学校是西南地区唯一的教育部直属重点师大附中,应欧健校长邀请,略述几句,是为序。

西南大学 宋乃庆

2021年7月20日

(注:宋乃庆系西南大学教授、博士生导师,国家级教学名师,当代教育名家,教育部西南基础教育课程研究中心主任,原教育部基础教育课程教材专家工作委员会副主任,原西南师范大学校长、西南大学原常务副校长。)

前言 PREFACE

生涯规划专家金树人教授说:"一个人若是看不到未来,就掌握不了现在;一个人若是掌握不了现在,就看不到未来。"

人生如同一列火车,我们从起点开始就应该勾勒出前行的方向与路线,这样既不容易被沿途眼花缭乱的景象迷乱了方向,更不会因为贪恋一时的美景而裹足不前。生涯列车始终行走在我们描绘的蓝图上,顺利经过人生轨道上每一个目标站台,直至抵达终点站,也就是抵达我们的梦幻目标、终极理想。

那么,什么是生涯规划?生涯规划的步骤和方法是什么?我们应该如何把握个人特质与生涯发展的关系?如何找寻自己的人生理想?如何做出真正适合自己的生涯抉择?这些都是生涯教育要解决的问题。

西方国家早在19世纪末、20世纪初就诞生了生涯辅导运动,经过长达一个多世纪的理论沉淀和实践积累,形成了相对成熟的生涯咨询服务体系。美国、德国等职业规划系统非常规范和发达的国家,生涯规划指导从小开始,贯穿小学、中学、大学、就业的始终。

我国对"生涯"的探索,自古有之,形成了具有中华特色的"生涯观"。20世纪90年代中期,职业生涯理论由欧美传入中国。十多年来,我国对职业生涯指导和青少年生涯教育进行了积极探索。

2014年9月,国家出台了《国务院关于深化考试招生制度改革的实施意见》,拉开了新一轮高考改革的序幕。新高考改革推出"6选3"等学科考核制度,在学科上给予学生更多的选择,体现了对学生个性化的尊重,也要求学生学会科学决策,正确选科目、选专业。同时,新高考改革把综合素质评价作为选拔优秀人才的重要依据,重视学生的全面发展。这就要求学生通过科学规划,不断提升综合素质水平,并为综合素质评价提供丰富素材。

由此可见,生涯规划已然成为应对新高考改革的有效途径,生涯教育也成为中小学教育的一种"刚需",成为青少年、特别是面临升学与就业挑战的中学生的现实需要,是关乎中学生未来发展和一生成就的重要命题。

另一方面,当今社会飞速发展,新兴职业层出不穷,高素质、专业化人才备受青睐。这就要求学生从小发掘潜能,明确目标,为今后的职业发展做好知识与能力的准备。著名的教育与职业规划专家高燕定老师提出"人生设计在童年",他认为:"一个人的知识、技能和素质的培养与成熟必须经历漫长的过程,只有进行长期的、有目标的磨炼和准备,才能使他们成为某一行、某一业的'最好'。"

在这种社会大背景下,我国的生涯教育事业绽放出了旺盛的生命力。全国各地陆续出台生涯教育政策,各高校、中小学校积极开发生涯教育课程,逐步形成自我认知、环境认知、生涯决策、生涯管理的链条式课程体系,生涯教育理论研究与实践活动遍地开花,成果丰硕。

本书系统总结了中学生涯教育的相关理论与实践方法,为教育者和学生提供翔实的参考。首先,从中西方生涯探索历程入手,厘清生涯与生涯规划的概念,探讨生涯教育的理论基础,介绍生涯规划的基本步骤。其次,从外部的职业环境、个人优势潜能、个人成就与动机的关系、个人价值观等方面,帮助教育者更好地引导学生进入生涯规划实践,也帮助学生正确认识自我、了解社会。在知己知彼的前提下,帮助学生掌握生涯决策的步骤与方法,探讨"6选3"、高考志愿填报等问题的决策方案,为学生选科、选专业以及明确职业发展方向提供有益参考。此外,本书系统分析了需要、动机与目标的关系,通过目标设立激发学生的成就动机,系统挖掘学生的优势潜能,为实现学生的生涯目标打下坚实基础。

本书还以专章的方式系统说明了生涯测评工具在中学生涯教育中的应用,详细介绍了生涯咨询策略,包括后现代叙事取向的生涯咨询、后现代焦点取向的生涯咨询等,进一步丰富教育者和学生的生涯规划理论知识。同时,从家庭文化建设入手,突出家庭在孩子生涯规划与生涯发展中不可取代的重要地位,强调教育者应通过家庭文化建设,厚植孩子成长的土壤,以文化的力量助推孩子生涯目标的实现。在实践方面,本书深入探讨体验式学习在中学生涯中的应用,设置大量生涯体验活动,让教育者带领学生在实践中内化知识,在合作中发展能力,在体验中规划未来。

本书以理论为基石,以实践为路径,对中学生生涯规划与管理能力进行系统指导,旨在帮助教育者唤醒学生的生涯规划意识,完善学生的生涯教育知识体系,为学生认识自我、规划未来、发展潜能提供科学性、实用性工具,让学生在生涯探索与实践中顺利完成能力的淬炼,实现成长的蜕变。

目录 CONTENTS

序 /001
前言 /001

第一章 生涯的基本概念
　第一节　生涯与生涯教育概述 /003
　第二节　西方生涯教育发展概况 /007
　第三节　我国生涯教育发展概况 /012

第二章 中学生涯教育的理论基础
　第一节　特质与类型取向的生涯理论 /019
　第二节　发展取向的生涯理论 /023
　第三节　社会学习与社会认知取向的生涯理论 /027
　第四节　后现代取向的新兴生涯理论 /032

第三章 基于综合实践活动的生涯教育
　第一节　基于综合实践活动的生涯教育的理念设想 /039
　第二节　基于综合实践活动的生涯教育的现实逻辑 /044
　第三节　基于综合实践活动的生涯教育的实践路径 /047

第四章 变化中的职业世界
　第一节　认知未来社会发展趋势 /055
　第二节　探索职业世界 /058
　第三节　中学生探索职业世界的方法 /063

第四节　基于综合实践活动的生涯教育之附中实践：
　　　　探索职业世界 /067

第五章　生涯测评工具在中学生涯教育中的应用
　　第一节　生涯测评在生涯辅导中的运用 /073
　　第二节　测验的种类 /077
　　第三节　生涯测评的结果运用与发展趋势 /083
　　第四节　基于综合实践活动的生涯教育之附中实践：
　　　　　　精准生涯测评 /086

第六章　中学生的学习与成就动机
　　第一节　需要、动机和目标 /093
　　第二节　设立目标 /095
　　第三节　成就动机 /098
　　第四节　基于综合实践活动的生涯教育之附中实践：
　　　　　　落实核心课程——动机 /102

第七章　中学生的能力倾向与培养
　　第一节　培养学生的职业兴趣 /109
　　第二节　发现学生的优势潜能 /113
　　第三节　中学生功能性、内容性和适应性技能培养 /117
　　第四节　基于综合实践活动的生涯教育之附中实践：
　　　　　　落实核心课程——能力 /125

第八章　个人价值观和工作价值观
　　第一节　价值观综述 /131
　　第二节　个人价值观 /134
　　第三节　职业价值观 /138
　　第四节　基于综合实践活动的生涯教育之附中实践：
　　　　　　落实核心课程——价值观 /141

第九章　生涯决定：关注中学生的生涯抉择
　　第一节　生涯决定概述 /149

第二节　关注你的职业生涯抉择　/ 154

第三节　"6选3"选科决策　/ 159

第四节　高考志愿填报的抉择方法　/ 164

第五节　基于综合实践活动的生涯教育之附中实践：
落实核心课程——决策　/ 171

第十章　体验式学习在中学生涯的运用

第一节　体验式学习：让体验成为学习
和发展的源泉　/ 179

第二节　团体辅导在中学生涯体验式
教学中的运用　/ 184

第三节　生涯活动在中学生涯体验式
教学中的运用　/ 189

第四节　基于综合实践活动的生涯教育之附中实践：
开展体验式团辅　/ 204

第十一章　生涯咨询

第一节　生涯咨询概述　/ 211

第二节　后现代叙事取向的生涯咨询　/ 216

第三节　后现代焦点取向的生涯咨询　/ 222

第四节　基于综合实践活动的生涯教育之附中实践：
提供个性化咨询　/ 228

第十二章　生涯教育与家庭文化建设

第一节　生涯教育与家庭文化建设的关系　/ 235

第二节　姓氏文化建设　/ 240

第三节　健康文化建设　/ 244

第四节　书香文化建设　/ 248

第五节　美育文化建设　/ 252

第六节　基于综合实践活动的生涯教育之附中实践：
融合家庭资源　/ 256

参考文献　/ 259

后记　/ 263

第一章

生涯的基本概念

第一节　生涯与生涯教育概述

导　语

"对于一只盲目的船,所有方向的风都是逆风。"正如这句名言所说,如果我们的人生充满希望、快乐和梦想,我们会感觉时间如白驹过隙,匆匆而逝却意义非凡;如果我们长期浑浑噩噩,虚度光阴,生命会变得漫长乏味,毫无价值。因此,我们应该珍惜仅有一次的生命,通过科学系统的人生设计,努力拓宽生命的宽度,丰富生命的内涵,拥抱精彩的人生。

为了积极主动地掌控自己的人生,我们首先需要正确、深刻地认识"生涯",了解"生涯规划",充分认识生涯规划的意义,牢牢把握生涯发展的主动权。

理论学习

一、生涯概述

(一)什么是生涯

不同的学者对"生涯"的界定存在着一定的差异。

生涯规划专家金树人教授认为,"生涯"一词涵盖了以下三个重点:生涯的发展是一生当中连续不断的过程;生涯包括个人在家庭、学校和社会中与工作有关的活动经验;这种经验塑造了独特的生活方式。

美国公务人员研究会对"生涯"的定义为:生涯是一个人自年轻至年老退休期间正式从事的光荣职业。

美国心理学家舒伯认为,生涯是一个人生活里各种事件的演进方向与历程,包括一个人在一生中所扮演的各种职业角色和生活角色,并由此表现出个人独特的自我发展形态。

《辞海》对"生涯"的解释为:(1)一生的极限;(2)生活;(3)生计,即有关生活的事情,谋生之道。

本书较认同舒伯对"生涯"的定义,即生涯是生活中各种事件的演进方向与历程,它统合了人的一生中各种职业和生活的角色,由此表露出个人独特的自我发展形态。换言之,"生涯"是我们一生中所扮演的各种角色的总和,我们要扮演什么角色、如何协调各种角色的任务、选择何种职业、过什么样的生活,都是生涯的一部分。舒伯的理论在第二章有详尽的介绍。

(二)每个人的生涯都是独一无二的

世界上没有完全相同的两片叶子,也没有一模一样的两个人。每个人都有独属于自己的、独一无二的人生。我们在生活中可能会与他人扮演着相同的角色,例如,子女、学生、父母等,也可能与他人从事着相同的职业,但是,我们扮演每个角色的方式、过程、态度、结果等都具有独特性。

我们是生涯的主导者,生涯过程就是我们的自主发展过程,我们想要什么样的人生结果,最终取决于我们采取怎样的自主行动。

(三)生涯发展是一个连续不断、有方向性的过程

生涯发展是一个连续不断、贯穿一生的过程,仿佛一条绵长的生命线,连接着过去、现在和未来。生涯发展也是有方向性的,需要我们做自己人生的向导,不断设定和调整目标,明确前行的方向。

二、生涯教育的定义

1971年,美国联邦教育总署署长马兰德(Sidneg P. Marland)正式提出"生涯教育"的理念。什么是生涯教育?目前学术界仍未有比较权威与统一的定义。

美国联邦教育总署对生涯教育所下的定义为:生涯教育是一个综合性的教育计划,其重点为人的全部生涯,即从幼儿园到成年,按照生涯认知、生涯探索、生涯定向、生涯准备、生涯熟练等步骤,逐一实施,使人获得谋生技能,并建立个人的生活形态。

英国将生涯教育定义为:生涯教育是在中学阶段为成人生活做好准备的课程的重要组成部分,13岁到17岁是需要做出一些重要决定的阶段,他们必须了解自己,知道自己的优势与劣势,做出选择与决定,并接受这些决定的后果。

澳大利亚教育、雇佣、培训和青年事务部把生涯教育定义为:通过有组织的学习项目来使学生获得知识、技能和态度的发展,这些发展将会帮助学生在学习、工作选择上做出具体的决定,并使其有效地参与到工作、生活中。

上海市教育委员会对中小学生涯教育的定义是:运用系统方法,指导学生增强对自我和人生发展的认识与理解,促进学生在成长过程中学会选择、主动适应变化和开展生涯规划的发展性教育活动。

三、生涯规划概述

(一)什么是生涯规划

本书认为,生涯规划是生涯教育的核心内容。生涯规划是在了解自我、了解外部环境的基础上,对自己的人生方向做出选择与决策,为自己未来的生活有目的、有计划地做好准备。

(二)生涯规划的基本类型

以时间为维度,生涯规划可以分为短期规划、中期规划、长期规划和人生规划四种类型。

1. 短期规划

即1年以内的规划,主要是确定近期目标,规划近期应完成的任务。

2. 中期规划

一般涉及2~5年的目标和任务,是最常用的一种生涯规划。

3. 长期规划

即6~10年的规划,主要是设定较长远的目标以及确定为实现此目标应采取的具体措施。

4. 人生规划

即整个生涯的规划,时间可长达一生,即设定整个人生的发展目标和阶梯。

四、生涯规划的基本流程

生涯规划是一个周而复始的连续过程,其过程包括自我评估、环境评估、确定目标、制订行动计划与措施、评估与反馈5个基本步骤。

1. 自我评估(知己)

自我评估的主要内容是评估与个人相关的所有因素,如:兴趣、性格、能力、价值观以及组织管理能力、协调能力、活动能力等。

2. 环境评估(知彼)

环境评估主要是评估各种环境对自己生涯发展的影响,包括对社会环境、家庭环境、社会关系等的分析,评估环境的特点、发展趋势、需求趋势,以及环境中的有利条件与不利条件等。只有对这些环境因素充分地了解,我们才能做到趋利避害,为实现生涯目标扫清障碍。

3. 确定目标(决策)

生涯目标的确定是生涯规划的核心。一个人事业的成败,很大程度上取决于有无正确、适当的目标。生涯目标包括短期目标、中期目标和长期目标;确定生涯目标时,还可以通过目标分解,降低目标难度,提高执行力。

4.制订行动计划与措施(行动)

付诸行动是实现生涯目标的关键环节。因此,必须制订合理的行动计划与具体措施。例如,为达成学习目标,你计划采取怎样的措施提高你的知识水平。

5.评估与反馈(评估)

要使生涯规划行之有效,就必须不断对生涯规划进行评估和反馈,有效规避影响生涯规划的各种不利因素,调整规划中不合理的地方。

延伸思考

1.你是如何理解"生涯"的?

2.你为自己制订过清晰、明确的中、长期规划吗?如果有,请把规划写出来。如果没有,可以尝试为自己制订一个中、长期规划。

第二节　西方生涯教育发展概况

导　语

生涯教育起源于美国，经过一个多世纪的发展，西方生涯教育已经形成了相对成熟的理论与服务体系。我们有必要秉持"以史为鉴，面向未来"的精神，对西方生涯教育发展史进行一番简单梳理，了解美国、英国、澳大利亚等发达国家的生涯教育现状，以拓宽我们的文化视野和生涯格局，鼓舞我们展望无限未来。

理论学习

一、西方生涯教育发展简史

生涯教育起源于100多年前的美国，最初旨在为失业人员的职业发展提供指导和帮助。1908年1月13日，被誉为"职业辅导之父"的富兰克·帕森斯（Frank Parsons）针对大量年轻人失业的情况，在波士顿成立了波士顿职业局（Boston Vocation Bureau），开了生涯辅导的先河。

帕森斯出版的专著《选择职业》第一次运用了"职业辅导"这一学术用语，构建了帮助青少年了解自己、了解职业以及人职匹配的职业指导模式。帕森斯的理论成为以后职业指导的理论基石。

从20世纪初到20世纪40年代，心理测量的理论与技术进展迅速，这使得生涯辅导如虎添翼。例如，1905年，法国的比奈（Alfred Binet）与西蒙（Theophile Simon）创编了第一个智力测验：比奈—西蒙量表。1927年，美国斯坦福大学的斯特朗（E.K.Strong）发表的第一个兴趣测验——斯特朗职业兴趣量表（The Strong Vocational Interest Blank），是连接兴趣与职业最重要的测量工具。

1939年，威廉姆森（E.G.Williamson）在《如何咨询学生》（How to Counsel Students）一书中，系统总结了生涯辅导的咨询方法与技术。由于威廉姆森的指导技术强调以指导者为中心，突出指导者的权威角色，他的学派被称为"指导式咨询学派"。

1942年，卡尔·罗杰斯（Carl.Rogers）出版《咨询与心理治疗》，倡导"非指导式咨询",创立了以当事人为中心的咨询理论,强调咨询师在生涯咨询中不仅要关注当事人的个人特质与职业条件的配对,还要考虑当事人的情感与动机因素,并且把关注点放在与当事人的交谈互动中,一步步引导当事人深入地进行自我探索,逐步完成自我认知、自我接纳和自我解惑。

1958年,美国立法部门通过了对生涯辅导影响深远的《国防教育法案》,其目的是挑选出具有特殊才能的中学生,为这些学生提供必要的咨询辅导,充分发展其才华。

20世纪50年代初,美国心理学家舒伯以发展心理学为基础,系统地提出了"生涯彩虹图"等生涯发展观点,成为生涯发展理论重要的先驱人物。此后,许多学者陆续提出新的研究方向和研究方法,掀起了生涯发展研究的热潮,促使生涯发展理论体系日臻完善。

例如,戴维斯(Dawis)与罗圭斯特(Lofquist)等人提出强调"人境符合"的明尼苏达大学职业适应论。鲍丁(Bordin)把精神分析学派的理论用于生涯理论,创造了"需要—满足"模式。克内菲尔坎姆(Knefelkamp)和斯列皮兹(Slipitza)从认知发展的观点出发,提出了生涯认知发展论。

20世纪60年代末至70年代初,欧美较早工业化的几个国家提出了"教育必须有计划地配合经济发展与成长"的观点。鉴于当时美国高中教育无法满足学生的就业需要,1971年初,美国联邦教育总署署长马兰德发表了一篇有关生涯教育的演讲,正式提出"生涯教育"的概念。此后,美国生涯教育拉开序幕,生涯教育也在世界范围内得到了广泛推广与实践。

20世纪90年代,生涯理论体系日臻成熟,并不断融合新思想与新技术,生涯发展在理论与实践领域持续推陈出新。例如,佛罗里达大学心理学家艾里克森(K. Anders Ericsson)提出"刻意练习"(deliberate practice)的概念,这一理论假设专家级水平是通过训练达成,其关键在于设置一系列小任务让受训者按顺序完成。

另外,随着科技进步,信息技术被广泛应用于生涯辅导领域,生涯信息系统可以对职业信息与教育信息进行快速搜索、提取、保存,大大提高了生涯辅导效率。计算机与视听媒体的结合,也大大丰富了生涯辅导的服务方式和呈现方式。信息技术与生涯辅导的深度结合,促使生涯辅导又向前迈进了一大步。

整体而言,西方生涯理论的发展大致经过了三个重要阶段:生涯匹配(特质-因素)、生涯发展、生涯建构。20世纪初至20世纪50年代末,帕森斯出版《选择职业》一书,第一次系统阐述了科学的职业指导理论,即特性因素理论(特性就是人的生理、心理特质或总称为人格特质,因素是指在工作上要取得成功所必须具备的条件或资格)。他认为,在选择职业的过程中,涉及三个主要因素:对工作性质和环境的了解，对自我爱好和能力的认识，以及他们两者之间的协调和匹配，这就是"职业指导的三大原则"。

20世纪50年代后期，美国的金斯伯格(Ginsberg 1951)和舒伯(Super 1953)提出了职业生涯发展理论。1951年，金斯伯格出版《职业选择》一书，对青少年职业选择的过程与问题进行深入的研究，提出了职业发展的空想阶段、尝试阶段、现实阶段三个发展阶段，认为职业在个人生活中是一个连续的、长期的发展过程。1957年，舒伯出版了《职业生涯心理学》一书，在此以前他仍然使用"职业发展"(Occupational Development)一词，这是首次使用"职业生涯"概念。舒伯通过全面的研究，提出12项基本命题和成长、探索、建立、维持、衰退五个发展阶段，构成职业生涯发展理论的基本主张和框架基础。

20世纪90年代，萨维科斯(Savickas 1997)提出了生涯建构理论，该理论强调，个体应综合考虑自己的过往经验、当前感受以及未来抱负，做出职业发展行为的选择，职业生涯发展就是个体围绕职业生涯这一重要人生主题而展开的、内涵丰富的主观建构过程。生涯建构深化了既有职业发展理论，给经典的职业人格理论和终身职业生涯理论赋予了后工业时代的内涵，其衍生的生涯建构咨询也开启了一种新的生涯叙事研究模式。

二、美国生涯教育现状

经过此前数十年的发展，20世纪80年代，美国生涯教育得到了相关法律和财政保障，形成了相对完善的生涯教育体系：将职业发展指导提前到六岁，并提倡孩子学会从兴趣、专长、特点、能力等方面进行"自我认识"；提倡学生积极探索教育与职业的关系、工作与学习的关系、工作与社会的关系等；提倡学生学习职业规划与职业决策。

1994年，美国教育部和劳动部共同发起了全国范围的教育改革运动——"从学校到就业"(School-To-Work，简称STW项目)，该项目建立了从职业认识到职业选择的完整的职业指导体系，旨在帮助所有高中学生从学校顺利过渡到工作。

进入21世纪，全球化经济趋势对个人的知识和能力提出了越来越高的要求。2001年，布什政府颁布《不让一个孩子掉队法》，要求对学校学生进行心理咨询、学术咨询和生涯发展咨询。《卡尔·帕金斯生涯技术教育2005年修正案》提出用"生涯技术教育"取代使用近一个世纪的"职业技术教育"。"生涯技术教育"这一术语的使用，体现了美国"学校到生涯"(School-To-Career)的新理念，强调人的一生都在预备和发展职业生涯，生涯教育应贯穿人的一生。

2013年，奥巴马政府试图推行新的计划，重塑美国高中的生涯与技术教育(CTE)，以此来保证学生能够更好地适应国际挑战。该计划主要由三个子计划构成：

(1)用3亿美元重塑高中改革[High School Redesign($300million)]，支持学区、高

校之间,教育、商业、工业、非营利性组织和社区组织之间建立合作关系,采取一种新的学习模式,使学生高中毕业后即获得大学学分和与职业有关的工作经验。

(2)获得拨款11亿美元的帕森斯生涯和技术教育[Reauthorized Perkins Career and Technical Education(CTE)program($1.1billion)],要求各州出台课程计划,让学生实现从高中到中学后教育的完美衔接,并具备高需求行业要求的技能。

(3)初中到大学过渡(Getting Students Through Middle School and Into College),通过一系列过渡计划,帮助学生做好从初中到大学的准备,并且为低收入家庭学生提供获得高等教育的机会。

此外,美国劳动部和教育部合作建立"青年职业连接"(Youth Career Connect)拨款计划,通过设置奖金的形式,鼓励高中学区、高等教育机构、劳动力市场建立合作关系,为学生提供职业体验和职场学习机会,加强中学教育与中学后教育、职业世界的衔接。

三、英国生涯教育现状

1998年,英国教育与就业部规定,鼓励公立学校在学生14岁之前适当开展生涯教育,并将生涯教育延伸至后义务教育阶段。而中学生涯教育主要以开设生涯教育课程的方式来实施,如生涯探索指导课程、生涯发展指导课程和特殊生涯指导课程等。

学校还定期举办针对家长的生涯教育培训,帮助家长培养孩子正确的职业观,强化职业意识,磨炼孩子的独立自主能力、动手实践能力等,为孩子的职业规划和职业发展奠定坚实基础。

2010年,英国出台了《7~19岁生涯教育框架》,将生涯教育年限向前推至小学阶段,实现了生涯教育从初等教育到继续教育的全覆盖。

2018年,英国生涯发展学会(Career Development Institute,CDI)颁布新的《生涯、就业及创业能力教育框架》,针对16~19岁学生,从生涯、就业及创业教育中自我发展,关于生涯和工作世界的学习,生涯管理与就业技能的发展这三个学习领域提出了17个学习目标,并针对不同关键阶段的学生,设置了不同的学习目标,学习目标的难度从低年级到高年级递增,人才培养目标呈现清晰化、多层次、阶梯性等特点。

2018年,英国盖茨比基金会出台《好的生涯指导手册》,强调关注特殊教育和残疾学生的需求。这体现了英国生涯教育越来越关注学生个体,追求平等与公平,不仅重视正常学生的生涯发展,也高度关注特殊群体的生涯需求和潜能开发。

四、澳大利亚生涯教育现状

1999年4月,澳大利亚联邦政府颁布《关于21世纪学校教育国家目标的阿德莱德宣言(1999)》,提出"学校应该充分发展所有学生的才华和能力,当学生离开学校时,应该掌握职业技巧。了解工作环境、职业选择与职业道路,并把其作为生涯教育和终身教育的基础"。在此之后,澳大利亚联邦政府相继颁布一系列生涯教育政策,鼓励学校积极开发生涯教育课程,开展生涯教育实践活动,帮助学生有效规划未来。

澳大利亚非常重视培养学生的全面、终身发展能力,帮助学生在成长中不断积累自信,学会尊重、理解、学习阅读、沟通技巧和生存技能,让孩子为自己的人生做好充分储备。一方面,积极发挥家庭教育的作用,父母与孩子平等对话,千方百计地寻找孩子的优点和亮点,培养孩子的独立人格和优势特长。另一方面,学校教育重视能力的开发,小学通常是在游戏、玩耍中让学生喜欢上学、读书;中学六年里的前三年,每一个学生都要学习音乐、美术、食品加工、饮食制作、服装设计、木工、机械加工、艺术鉴赏、运动、数学、科学等教学大纲规定的内容,让学生在广泛学习中找到自己的兴趣所在;然后,学生可以选择进入技术学校学习具体技能,也可以选择进入大学继续深造。

2010年,澳大利亚联邦政府推出了《澳大利亚职业发展蓝图》(the Australian Blueprint for Career Development),旨在帮助中学生识别自身的性格倾向和兴趣特长,培养进入职场必备的知识和技能,帮助他们选择最适合自己的大学课程或就业岗位,为他们制订最佳的职业发展规划。该蓝图给学校、家长和社会提供了一个支持年轻人职业规划和发展的指导性框架。依照这一蓝图,各州各地区的中学根据自身情况,制订具体的实施办法。

2019年2月,为了使学生有能力应对未来世界的不确定性,澳大利亚启动《未来就绪:一个以学生为中心的国家生涯教育战略》项目。该战略共提出六项生涯教育发展目标,意在形成一个由政府、监护人、学校领导人、教师、雇主、职业从业者和青年部门协同合作、共担责任的生涯教育服务体系。该战略旨在通过共同努力,确保学生具备职业管理技能和知识,形成职业规划意识与能力,确保关于学习和工作机会的信息流通迅速,为学生创造在当地的实习机会,促进本国生涯教育的发展。

延伸思考

1. 被誉为"职业辅导之父"的是谁?他对西方生涯理论的发展做出了怎样的贡献?

2. 请你查阅现阶段西方发达国家的生涯教育相关资料,畅想一下未来生涯教育的发展趋势。

第三节　我国生涯教育发展概况

导　语

关于"生涯"的探索,中国自古有之。我们对"生涯"追根溯源,才有机会赢得发展。同时,新高考改革的全面推行,使生涯教育成为中小学教育的"刚需",也促使生涯教育在各地如火如荼地开展。生涯教育的有序落地,为学生正确认识自我、明确生涯规划、开发兴趣潜能、找准职业方向提供了专业引领和有力保障。

理论学习

一、中国古代的"生涯"观

关于"生涯"的探索,中国自古有之。在中国传统观念中,它与"生计""志业"或"命运"等词的含义相通,但又不能完全画上等号。

中国古人把"生涯"定义为"谋生之计也",即"生计"。受生产力制约,中国封建社会时期,多数人工作的目的是满足生存的需要,一个工作做一辈子,甚至延续到子孙后代,子承父业是很多人必然的生涯选择。例如,清代200多年间主持皇家建筑设计的雷姓世家,八代雷氏工匠主持设计和建造皇家建筑,包括故宫、圆明园、颐和园、天坛等,这个世袭的建筑师家族被称为"样式雷"。

中国古代的"生涯"又有"志业"之意。传统的中国社会,将人民分为四类:"士、农、工、商",其中"农、工、商"归属于"劳力者",生涯之道在于前面说的生计;而"士"归于"劳心者",生涯之道在于理想、志业。任了官职的"士",称为儒吏(或仕),是中国传统社会中"最受尊敬的角色",几乎是中国古代每一个孩子的"梦想",既可以光耀门楣,又可以一展抱负。隋唐之后,科举成为人们鲤鱼跃龙门的晋升通道。时至今日,考试(如高考、留学考试、研究生考试等)仍然是大多数人追求理想与成功的必经之路。

中国古人信奉"命学",又把生涯与命运联系在一起,"抓周"就是一个典型的代表。著名学者钱锺书就得名于"抓周",因他抓周时,抓了一本书,父亲就给他取名为"锺书";人如其名,钱锺书后来一辈子钟情于书,一辈子干的事业就是读书和写书。

中国传统"生涯观"的特点大致包括以下几点:一是中国古代,人们将参加科举视为人生最重要的生涯抉择,甚至是人生终极目标;二是中国传统社会以家庭为单位,根深蒂固的"男主外,女主内"的生涯角色定位,至今仍在一定程度上影响着男女两性的生涯发展;三是家族利益高于个人利益,强调家族事业的世代相传,个人的生涯发展深受家族权威和旧俗的制约,有时候为了家族利益,个人不得不放弃自己的理想;四是相信人的命运虽然先天注定,但仍然留有大片"自定"的空间,个人可以通过后天努力,改变自己的命运。

二、我国生涯教育现状

我国的生涯教育起步较晚,关于生涯教育的研究与实践还处于初步探索阶段。1992年,国家教委基础教育司颁发的《普通中学职业指导教育实验纲要(草案)》指出:职业指导教育是普通中学教育的一个组成部分。2004年10月,教育部教育发展研究中心首次尝试规模化推广生涯教育项目。2011年,北京师范大学附属实验中学成立了国内第一家设立在中学、定位于人生规划教育的研究机构。

2014年9月,国家出台了《国务院关于深化考试招生制度改革的实施意见》,标志着新高考改革拉开序幕。

新高考改革提出"形成分类考试、综合评价、多元录取的考试招生模式",要求完善高中学业水平考试,让学生从6门选考科目中选择3门科目进行学业水平考试,这使得学生的选择从传统高考文理分科的2种选择增加到了20种选择。这就意味着,新高考改革将更多的选择权交给了学生,体现了新高考对学生个性的尊重。同时,新高考也要求学生必须懂得科学决策,兼顾自己的学习兴趣、擅长科目、职业兴趣、大学专业的选考科目要求等因素,选择3门自己喜欢、擅长,且有助于今后职业发展的科目。

另外,新高考改革强调,综合素质评价是学生毕业和升学的重要参考,要求客观记录学生的具体活动内容、行为表现和典型事例,如学生参与党团活动、社团活动、志愿服务的情况等,并将参与的次数、时长作为记录内容,避免评价时出现"假、大、空"等问题。这就需要学生从小就开始对自己的综合素质提升过程进行科学规划,合理安排在校期间、课外、周末、寒暑假等时间的具体活动,不断提升综合素质水平,并为综合素质评价提供真实可靠的素材。

此外,综合素质评价遵循"谁使用谁评价"的原则,各高校将根据本校的招生要求制定综合素质评价的使用办法。例如,有的大学看重学生的创新能力,那么这所大学在评估学生的综合素质档案时会着重关注学生在创新能力方面的经历和表现。因此,学生应根据自己的目标学校的具体要求,有所侧重地制定综合素质提升规划,着重培养相关能力。

由此可见,生涯规划是应对新高考带来的变化的有效途径和重要工具。生涯教育也成为中小学教育的一种"刚需",被提上了教育日程。

随着新高考改革政策的出台,各地也陆续出台生涯教育相关政策文件,对中学生涯教育工作提出具体的指导意见。浙江、上海、北京等地大力开展高中生涯教育实践,高中生涯教育呈现一派生机勃勃的景象。例如,浙江省丽水中学的"全息生涯规划教育模式",向学生提供多样的生涯教育内容、途径、机会和可能性,满足学生在生涯规划知识学习、生涯规划内质体验、生涯规划能力提升等方面的需求。

相比高中生涯教育的跨越式发展,初中、小学生涯教育有明显不足,普遍存在着生涯规划意识淡薄、生涯教育课程体系不健全、专业生涯教师队伍缺失等问题。目前,仅有北京、上海、重庆、江苏等几个经济发达地区在小学阶段实施生涯教育。

三、生涯教育的意义

(一)帮助学生明确目标方向,激发成长动力

没有目标而生活,恰如没有罗盘而航行,这样的人生注定要迷失,难以成功。从心理学的角度来说,人的所有行为都是有目标导向的,有目标才有动力。明确目标规划是取得成功的第一步。

很多学生在学习上懈怠,在生活上懒散,在行为上被动,归根结底,是因为学生普遍缺乏目标意识,不知道自己为什么要学习,也不清楚自己以后要成为什么样的人,对生活总抱着得过且过的态度,对学习缺乏积极性和主动性。没有目标就没有动力,自然难以保持长久稳定的学习积极性,学习、生活质量也会大打折扣,甚至会影响学生一生的发展。生涯教育能够帮助学生找到成长的方向和人生的意义,改变无目标、无计划的状态,激发学生的成长动力,促使学生积极进取,勇攀人生高峰。

(二)全面剖析学生个性特征,实现因材施教

《国家中长期教育改革和发展规划纲要(2010-2020年)》(以下简称《纲要》)提出:"关注学生不同特点和个性差异,发展每一个学生的优势潜能。"在这个讲究"量身定制"的时代,尊重个性、凸显优势,才能真正实现"天生我材必有用"。

正如我国著名分子生物学家赵国屏所说:"别让兔子学游泳,别让老鹰学跑步,要让孩子在擅长的领域发展,他才能体会到乐趣和成功感,更容易取得成绩。"每个学生都是独一无二的个体,只有充分了解和尊重学生的个性,才能为其提供适合成长需要的引导和训练,真正达到因材施教、提高教学质量的目的。

生涯教育过程首先是一个帮助学生正确认识自我、帮助教师正确认识学生的过程。学生可以在教师的指导下，借助科学的测评手段，正确认识自己的成长现状，发掘自己的个性特征和优势天赋，这些测评手段可以为学生制订个性化的目标规划方案提供科学依据，也为教师和家长因材施教，提高学校教育和家庭教育质量提供重要参考。

（三）培养学生的选择与决策能力，学会对自己的人生负责

生活处处充满选择，大到选择什么职业，报考什么大学，小到吃什么早饭，穿什么衣服等。很多学生不喜欢家长对自己的事情指手画脚，然而，如果学生想要主导自己的生活，首先就必须学会正确选择，并学会对自己的决定负责。这样才能让父母放心，让自己在成长中有更多话语权和选择权。

培养学生的决策能力，能够让学生更加从容地应对日常学习与生活中的各种事务，变得独立自主、自信自强。培养学生的决策能力，对于学生未来升学、职业选择，以及在工作岗位上成为一个果敢坚毅、独当一面的优秀人才也是大有益处的。生涯教育重在培养学生的决策能力，让学生学会自立、自信、自强，学会为自己的事情做主，对自己的人生负责。

四、生涯教育的主要内容

新高考改革的一个重要理念是，为学生规划、选择未来留下充足时间，让学生能够从自己感兴趣的学科、领域出发，通过正确的自我认识和科学的生涯规划，找到自己真正喜欢并愿意为之长期奋斗的目标。高中生涯教育的主要内容包括：自我认知、学业规划、职业探索与规划等。

（一）自我认知

生涯教育指导学生正确认识自我、悦纳自我，帮助学生解答一系列成长难题，包括"你喜欢做什么""你适合做什么""你擅长做什么"等，引导学生积极探索自己的兴趣与优势，认清自己的不足，准确定位自身角色，唤醒学生的生涯发展意识，找准学生的人生理想和发展方向，增强学生自我反思、自我发展、自主成长的能力，为制订适合学生的生涯规划方案提供科学依据。

（二）学业规划

学习是中学生的重要任务，因此，学业规划是中学生涯教育的重要内容。生涯教育指导学生采用科学方法，对自己的学习特点、学习习惯、学科兴趣、学习能力等进行正确评估，制订适合自己的学业规划，激发学生学习的内驱力，调动学生的学习热情与积极性，让学生在学业规划的引领下，积极主动地完成学习任务，发展学习能

力,进而有效提高学生的学习效率和学习成绩,并为未来学科、专业选择和职业发展做好必要的准备。

(三)职业探索与规划

职业生涯规划是学业生涯规划的延续。生涯教育能指导学生拓宽生涯发展的视野,认识各类职业与行业的特点,了解经济社会的发展趋势和需求,提高学生对大学专业与社会职业的探索能力,帮助学生培养职业兴趣,制订真正适合自己的职业规划,既为填报高考志愿提供依据,也为今后个人的职业发展指明方向。

延伸思考

1. 在你生活的城市,有哪些传统的与"生涯"相关的风俗习惯?其内容和意义是什么?

2. 请你根据所学知识和个人理解,简单阐述生涯教育的意义。

3. 你是否为自己制订了学业规划?如果有,请用纸笔认真、详细地写下自己的学业规划。如果没有,请你行动起来,尝试为自己制订一份适合自己的学业规划吧。

第二章

中学生涯教育的理论基础

第一节 特质与类型取向的生涯理论

导 语

特质与类型取向的生涯理论主要研究个人特质、类型与职业的适配情况。其代表人物有帕森斯、霍兰德等。

"现代职业心理学之父"帕森斯提出的特质因素论是最早的职业辅导理论,它强调个人特性与职业所需技能之间的匹配性,为职业辅导理论的发展奠定了基础。

霍兰德职业兴趣类型理论也是具有广泛社会影响力的生涯理论,该理论对个人职业兴趣的探索和职业方向的选择具有重要的指导意义,至今仍在教育、培训、企业管理等领域得到广泛应用。

理论学习

一、特质因素论

(一)特质因素论的缘起

19世纪末,第二次工业革命兴起,机器生产普遍代替手工劳动,大批工人因劳动力过剩而下岗,加上越来越细的社会分工,新的职业种类层出不穷,人们的就业压力骤增。与此同时,欧美发达国家兴起了心理测试运动,应用心理学被广泛应用于社会生活的各个领域。

在这样的社会大背景下,1909年美国波士顿大学教授弗兰克·帕森斯(Frank.Parsons)在其著作《选择一个职业》中提出了"人职匹配"(Matching-Men-And-Job)的概念,也就是特质因素理论,又称人职匹配理论。

(二)特质因素论概述

1.特质因素论的基本理论

所谓"特质",是指个人的人格特征,包括能力倾向、兴趣、价值观和人格等,这些都可以通过心理测量工具来加以评量。所谓"因素",是指在工作上要取得成功所必需具备的条件或资格,这可以通过对工作的分析而了解。

特质因素理论的核心是人格特性与职业因素的匹配。帕森斯认为,每个人都有自己独特的人格模式,具有某种人格模式的个人都有与其相适应的职业类型,个人特性与工作要求之间配合得愈紧密,职业成功的可能性就愈大。

2. 人职匹配的类型

(1)因素匹配。对专业技能和专业知识有明确要求的职业与掌握这种专业技能和知识的求职者相匹配。例如,劳动强度大、劳动条件比较艰苦的职业,需要身体素质好、吃苦耐劳的求职者与之匹配。这就是所谓的"活找人"。

(2)特质匹配。具备某种性格、气质等的求职者与有类似特质的职业相匹配。例如,具有敏感、有个性、理想主义等人格特性的求职者,适合从事自我情感表达、审美性、艺术性的创作类职业。这就是所谓的"人找活"。

3. 特质因素论的意义

特质因素论重视人才测评的作用,以对人的特性进行测评为前提开展职业指导,强调测评能揭示个人所具有的特性与职业所需要的素质与技能(因素)之间的协调性和匹配度。这一理论奠定了人才测评的理论基础,推动了人才测评在职业选拔与指导中的运用和发展。

(三)特质因素理论的应用

1. 选择职业的三大步骤

步骤一:采用科学的心理测评、面对面会谈、调查问卷等形式,获取求职者在身体状况、人格气质、兴趣与能力、学业水平、家庭背景、工作经历等方面的相关信息,综合评价求职者的生理和心理特点。

步骤二:分析各种职业对人的要求,并向求职者提供相关职业的信息。包括:职业的性质、工资待遇、工作条件以及晋升的可能性;求职的最低条件,诸如学历、所需的专业训练、身体、年龄、各种能力以及其他心理特点的要求;为准备就业而设置的教育课程计划,以及提供这种训练的教育机构、学习年限、入学资格和费用等;就业机会。

步骤三:人职匹配。咨询师在综合评估求职者特质和职业相关指标的基础上,帮助求职者选择一种与其特质相匹配、成功率较高的职业。

2. 特质因素理论的优点与不足

特质因素理论非常重视求职者的个性特征,以及客观的职业特点。但是该理论预设了一个前提:只有一种职业是适合自己的,求职者在择业时,只有一个"正确"目标,别无他选。而且它还假设每一种工作只需要单一类型的人来从事。这样的假设将个人特质与工作要求视为静态关系,低估了一个人学习与成长的潜能,忽视了工作要求发生改变的可能性。

二、霍兰德的类型论

(一)理论缘起

约翰·霍兰德(John Holland)是美国约翰·霍普金斯大学的心理学教授,美国著名的职业指导专家。1959年,约翰·霍兰德提出了职业兴趣类型理论,该理论在社会上产生了广泛的影响。

关于兴趣测验的研究可以追溯到20世纪初。1912年,桑代克对兴趣和能力的关系进行了研究与分析。1915年,詹姆士设计了一个关于兴趣的问卷,标志着对兴趣测验进行系统研究的开始。1927年,斯特朗编制了最早的职业兴趣测验——《斯特朗职业兴趣调查表》。1939年,库德设计了《库德爱好调查表》,又于1953年编制了《职业偏好量表》,并在此基础上发展了自我指导探索理论(1969),据此提出了"人格特质与工作环境相匹配"的理论(1970)。

由此可见,在霍兰德提出职业兴趣类型理论之前,职业兴趣测试和个体分析是孤立的,霍兰德将二者有机结合起来。

(二)基本概念

霍兰德职业兴趣类型理论认为:个体的职业兴趣可以影响其对职业的满意程度,当个体所从事的职业和他的职业兴趣类型匹配时,个体的潜在能力可以得到最彻底的发挥,工作业绩也更加显著。霍兰德职业兴趣类型理论将职业兴趣归纳为六种类型:现实型(R)、研究型(I)、艺术型(A)、社会型(S)、企业型(E)和常规型(C)。

现实型(R):相对动手能力强,偏好具体任务,不善言辞,缺乏社交能力,擅长与物体打交道,喜欢摆弄和操作工具;不太喜欢和人打交道。

研究型(I):擅长对各种现象进行观察、分析和推理;不喜欢组织、领导方面的活动。

艺术型(A):偏好模糊、自由和非系统化的活动,并在这些活动中创造艺术作品;厌恶明确、秩序和系统化的活动。

社会型(S):偏好对他人进行传授、培训、教导等方面的社会活动,不喜欢与材料、工具、机械等实物打交道。

企业型(E):对领导角色和冒险活动感兴趣,喜欢从事领导他人实现组织目标或获取经济效益的活动。

常规型(C):偏好对数据资料进行明确、有序的整理工作,如整理书面资料。

（三）霍兰德职业兴趣类型理论的应用

1.霍兰德职业兴趣类型理论在众多领域得到应用

经过多年发展,职业兴趣类型理论已在教育、培训、企业管理等领域得到广泛应用。例如,企业招聘时,通过职业兴趣测试来判断求职者属于哪种类型,据此决定求职者的具体岗位。在企业的日常管理中,如果出现员工和职位不匹配的情况,可测试出员工的职业兴趣,再安排与其职业兴趣相匹配的岗位。

职业兴趣类型理论对个人升学与职业方向的选择也具有重要的指导作用,已成为众多职业咨询机构的重要工具。

2.职业兴趣代码

由于人具有高度复杂性,六种类型无法完全概括,而且各种类型之间并非完全独立、互斥,霍兰德职业兴趣代码(即霍兰德码)较好地解决了这个问题。1982年,霍兰德编撰《霍兰德职业兴趣代码字典》,对美国职业大典中的每一个职业都给出了职业兴趣代码,这成为职业辅导的重要工具。

霍兰德码由霍兰德职业兴趣类型理论划分的六种类型的六个英文字母组合而成,其先后顺序可以由有关的测量工具测得,依据测验分数高低排列,分数最高的前三项就代表个人的人格组型。

以 RIA 为例,该码表示这个人的人格组型为 RIA,他是现实型人格,并且具有研究型倾向,又带有些许艺术型特征。霍兰德又依照相同的编码系统将 456 个职业予以分类,拿 RIA 这个码来说,就有"建筑制图"与"牙技师"两类行业属于此码,经过测试属于此码的人,就可以积极探索与此码相关的职业。

延伸思考

1.请你根据特质因素理论,简要叙述职业选择的基本步骤。

2.请你简要叙述霍兰德职业兴趣类型理论的六大职业类型的特点和相关职业。

3.请你完成霍兰德职业兴趣类型测评,了解自己的职业倾向,并谈一谈测评结果对自己的职业规划有什么启发。

第二节 发展取向的生涯理论

导 语

发展取向的生涯理论把职业选择看成是一个随时间变化的一系列抉择的动态发展过程,代表人物有金斯伯格、舒伯等。

金斯伯格的职业发展理论主要研究个人进入职业前一段时期的职业观变化情况及进入职业前的职业选择问题。

舒伯是世界职业规划与生涯教育领域最具权威性的人物,被誉为"超级思想家"。他的职业生涯发展理论是一种纵向职业指导理论,他把职业生涯的发展看成是一个持续渐进的过程,一直伴随个人的一生。

理论学习

一、金斯伯格的职业生涯发展理论

（一）职业生涯发展理论简介

金斯伯格(Eli. Ginzberg)是美国著名的职业指导专家,职业生涯发展理论的先驱和代表人物之一。1951年,金斯伯格出版了《职业选择》一书,提出了职业生涯三阶段理论,将职业生涯的发展分为幻想期、尝试期和现实期三个阶段,认为职业在个人生活中是一个连续的、长期的发展过程。

（二）生涯发展阶段

1. 幻想期（11岁之前）

儿童对他们所看到或接触到的各类职业工作者充满好奇。这个时期的职业需求特点是:单纯凭个人兴趣来看待职业,完全处在对职业的幻想中,不考虑自身的条件、能力水平、社会需要与机遇等。

2. 尝试期（11~17岁）

青少年的生理、心理迅速成长、变化,独立意识增强,知识和能力显著增长,开始

形成一定的价值观。这个时期的职业需求特点是:形成一定的职业兴趣,并开始注意到职业角色的社会地位、意义,以及社会对该职业的要求,同时开始客观审视自身的条件和能力。

3.现实期(17岁以后)

个人能够客观地把自己的职业目标,与个人能力、条件,以及社会对职业的要求等方面紧密联系起来,寻找适合自己的职业。这个时期的职业需求特点是:个人的职业愿望不再是模糊不清的,而是客观的、现实的、具体的。

金斯伯格把职业生涯的尝试期和现实期两个阶段又分成若干个子阶段。具体内容如下:

1.尝试期分为兴趣阶段、能力阶段、价值观阶段和综合阶段四个子阶段

(1)兴趣子阶段:开始注意并培养对某些职业的兴趣,期盼着将来从事某些职业。

(2)能力子阶段:不仅考虑个人的兴趣,同时注意到个人能力与职业的关系,注重衡量自己的能力,并积极参加各种相关的职业活动,以检验自己的能力。

(3)价值观子阶段:个人的职业价值观逐步形成,能兼顾个人与社会的需要,以职业的价值性选择职业。

(4)综合子阶段:综合考虑上述三个阶段的职业相关资料,以正确判定未来的职业生涯发展方向。

2.现实期分为试探阶段、具体化阶段和专业化阶段三个子阶段

(1)试探子阶段:根据尝试期的结果,进行各种试探活动,探索各种职业,为做出进一步的选择做准备。

(2)具体化子阶段:根据试探阶段的经历,做进一步选择,使职业目标具体化。

(3)专业化子阶段:依据选择的目标,做具体的就业准备。

(三)金斯伯格的职业生涯发展理论的意义

金斯伯格的职业发展理论主要研究的是个人进入职业前的一段时期的职业观的变化及进入职业前的职业选择问题,揭示了初次就业前人们的职业意识或职业追求的发展变化过程,对实践活动产生了广泛的影响。但该理论对于个人进入职业角色后如何调整与发展职业生涯等方面的研究不多。

二、舒伯的生涯发展理论

(一)舒伯的生涯发展理论简介

唐纳德·E.舒伯(Donald E. Super)是全球最有影响力的生涯发展研究者,在世界职业规划与生涯教育领域做出了杰出贡献,被誉为"超级思想家"。

舒伯的职业生涯发展理论是一种纵向职业指导理论,重在对个人的职业倾向和职业选择过程本身进行研究。他把职业生涯的发展称为一个持续渐进的过程,一直伴随个人的一生。

(二)舒伯的生涯发展理论的核心概念:自我概念

"自我概念"是指个人对自己的兴趣、能力、价值观及人格特征等方面的认识。一个人的自我概念从青春期前就开始形成了,青春期阶段日趋明朗化,进入成人期后逐渐由自我概念转变为职业生涯概念。舒伯认为,"职业生涯就是对自我的实践"。一个人对自己的工作和生活是否满意,主要取决于个人能否在工作和生活中找到展示自我的机会。

(三)生涯发展阶段理论

舒伯将一个人的职业生涯发展划分为成长、探索、建立、维持和衰退五个阶段(如下表所示)。这五个阶段可以和人一生的发展周期相匹配,也包括了个人在不同阶段所要发展的具体任务。划分具体的生涯发展阶段及其特点、任务,可以帮助个人更好地思考生涯发展之路,探寻职业最优选择。

生涯发展五阶段示意表

职业生涯阶段	特点	任务
成长阶段(出生~14岁)	开始辨认周围的事物,并逐渐意识到自己的兴趣所在,以及和职业相关的一些最基本的技能	发展自我形象,形成对世界的正确态度,了解工作的意义
探索阶段(15~24岁)	开始通过尝试一些自己感兴趣的职业活动,对自我能力及角色、职业进行探索。职业倾向趋向于某些特定的领域	职业兴趣具体化,初步确定职业选择,并尝试将它作为长期职业
建立阶段(25~44岁)	开始尝试选择适合自己的职业领域,大部分人处于最具创造力的时期	找到从事所期望的工作的机会,学习和他人建立关系,维持职业和生活的安定
维持阶段(45~64岁)	个人通过不断努力来获得职业生涯的发展与成就,并逐渐在自己的领域中占有一席之地	维持既有成就与地位,接受自身条件的限制,找出工作中遇到的新难题,发展新的技能
衰退阶段(65岁以上)	由于生理和心理机能日益衰退,个人职业角色的分量逐渐减弱,开始考虑退休并享受自己的晚年生活	发展非职业角色,做先前想做而未做的事,淡然处之

在后期研究中,舒伯进一步提出生涯发展五阶段是一个循环往复的过程。生涯发展的五个阶段并不完全与年龄相关,各阶段之间也不存在严格界限,每一个职业生涯阶段都可以构成一个五阶段的"小循环"。

(四)生涯彩虹图

1976~1979年间,舒伯在英国进行了为期四年的跨文化研究,之后他提出了一个更为广阔的新观念——容纳了生活广度、生活空间的生涯发展观。

在这个发展观中,除了原有的发展阶段理论外,舒伯加入了角色理论,他将人一生的生涯历程比喻成一道绚丽的彩虹,不同的颜色象征人在一生中扮演的不同角色。人的一生要经历不同的发展阶段,承担不同的生涯角色,职业、家庭和社会角色交互影响,并由此构成每个人独一无二的生涯彩虹图。如下图所示。

彩虹图的横向层面代表横跨一生的生活广度,外层显示人生主要的发展阶段和大致年龄。

彩虹图的纵向层面代表纵贯上下的生活空间,是由一组职位和角色所组成。舒伯认为人在一生中必须扮演6种主要角色,依序是:子女、学生、休闲者、公民、工作者、持家者。

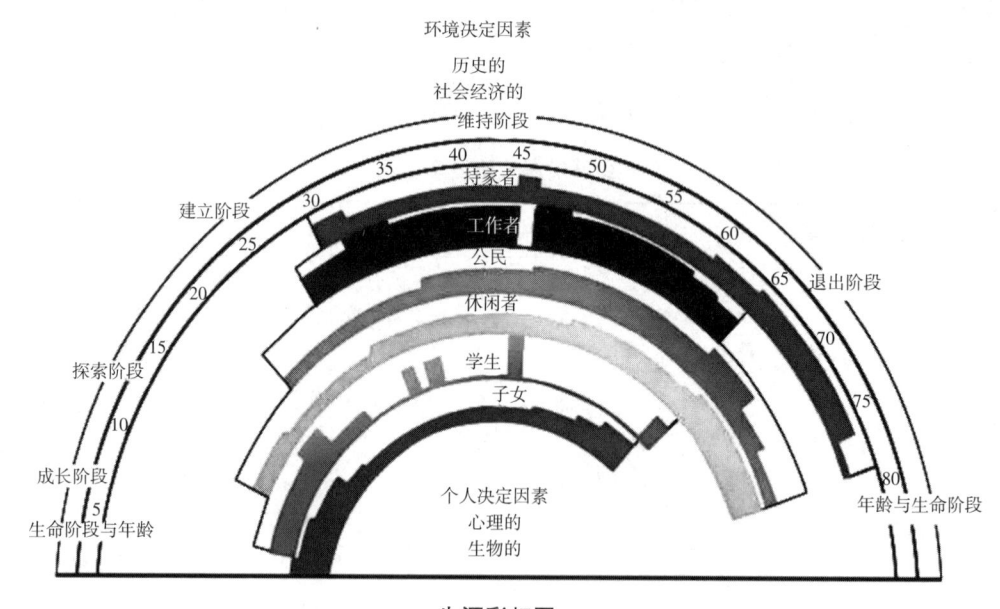

生涯彩虹图

延伸思考

1.请你简要叙述金斯伯格职业生涯发展理论的三个生涯发展阶段。

2.你正处于舒伯生涯发展阶段理论中的哪一个阶段?这个阶段的特点和任务是什么?你打算如何完成这个阶段的任务?

3.请你认真观察生涯彩虹图,想一想至今为止,你扮演过哪些生涯角色,其中你最喜欢的角色是哪个,并说明原因。

第三节　社会学习与社会认知取向的生涯理论

导　语

社会学习与社会认知取向的生涯理论重点研究影响生涯发展的各种因素,包括遗传特征、环境、自我效能、结果期望等。其代表性理论有社会学习理论、社会认知生涯理论等。

克朗伯兹的社会学习理论强调社会、遗传与个人因素对职业决策的影响,认为每个人都有独特的学习经验,这些学习经验影响最终的职业选择,并强调把偶发事件整合到个人生涯规划中,发展出积极的学习经验,抓住机会学习与成长。

社会认知生涯理论(SCCT理论)试图揭示生涯选择的动力机制,以此预测个体的兴趣、职业目标、生涯选择等过程。该理论认为提升自我效能和结果期待能有效激发职业兴趣,进而帮助个体形成职业目标,而学习经验是影响个体自我效能和结果期待的关键。

理论学习

一、克朗伯兹的社会学习理论

(一)克朗伯兹的社会学习理论简介

20世纪六七十年代,美国斯坦福大学教育和心理学教授克朗伯兹(Krumboltz)与同事一起对高中学生进行了一系列研究,于1979年出版《社会学习理论和生涯决定》一书,将班杜拉的社会学习理论应用于生涯辅导领域,探索职业生涯决策中社会、遗传与个人因素对职业决策的影响。

克朗伯兹理论继承和发展了社会学习理论,其理论最主要的观点集中在两个方面,一方面是对生涯决定的研究,另一方面是对偶发事件与生涯发展关系的研究(在此基础上提出了"善用机缘论")。

（二）生涯决定

克朗伯兹提出，个人的社会成熟度在很大程度上依赖于对他人行为的学习和模仿，这一过程将对他们的职业选择产生重要影响。影响职业决策的主要因素有四种：遗传因素、环境因素、学习经验因素、处理任务的技能因素等。

1.遗传因素

包括种族、性别、外表特征、智力、动作协调能力等。一些遗传特质，在某种程度上决定了个人的职业表现或影响个人所获得的经验。

2.环境因素

通常指在个人控制之外的，来自人类活动（如社会、文化、政治、经济、家庭、教育等），或自然力量（如自然资源的分布或自然灾害等）的对职业决策产生影响的因素。

3.学习经验因素

克朗伯兹的生涯决定论继承和发展了社会学习理论，他指出，每个人都有独特的学习经验，这对个人的生涯抉择具有重要影响。他将学习经验分为以下两种：

（1）工具式学习经验。个人为了得到好的结果，在特定的环境中采取一定的行为，其后果对个人会有重要的影响。克朗伯兹认为，生涯规划和职业所需的技能，可以通过工具式学习经验而获得。

（2）联结式学习经验。个人通过观察真实和虚构的模型，通过对人、事之间的比较来学习对外部刺激做出反应。某些环境刺激会引起个人情绪上积极或消极的反应。

4.处理任务的技能因素

包括解决问题的能力、工作习惯、心理状态、情绪反应和认知的历程等。

克朗伯兹认为，在个人发展的历程中，上述四种因素共同作用，使人们形成了关于自我和职业世界的信念系统、问题解决技能和试验性行动，并最终决定了人们的生涯选择。

（三）善用机缘论（Planned Happenstance）

Planned happenstance直译成中文即"规划偶发事件"，由金树人先生首先翻译为"善用机缘论"。克朗伯兹认为，一直以来的生涯理论都在试图尽可能地降低生涯选择所面临的不确定性，尽可能使所有事合乎情理，但忽视了不可避免的偶发事件的重要性。

他认为：

（1）偶发事件无所不在，意外的发生并不意外。

（2）偶发事件可能成为学习机会，应该对不能做决定之事持开放态度。

（3）应该善用机缘，拥抱偶然，从中发现机会，甚至规划偶发事件。

(4)五大因素有助于发现机会：好奇、坚持、乐观、善于变通、敢于冒险。

该理论主张，我们应该把偶发事件整合进自己的生涯规划中，从偶发事件中寻找机会，并抓住机会去学习成长，发展出积极的学习经验，并形成对自我和职业世界的积极信念，提升行动意愿，扩展能力与兴趣，随时培养职业应变能力。

二、社会认知生涯理论（SCCT理论）

（一）社会认知生涯理论简介

1994年，伦特（Lent）、哈克特（Hackett）、布朗（Brown）提出社会认知生涯理论（Social Cognitive Career Theory，简称SCCT），它以班杜拉社会认知理论为基础，主要围绕核心认知变量（主要指自我效能、结果预期与目标）、个人特质与环境因素三者间的互动关系来分析个体生涯发展进程。SCCT理论试图揭示生涯选择的动力机制，以此预测个体的兴趣、职业目标、生涯选择。该理论较好地回答了"人们的兴趣是如何发展起来的？""人们如何做出职业选择？""人们如何从工作中体验满意度或幸福感？"等生涯问题。

（二）社会认知生涯理论的基本假设

SCCT理论对生涯选择与行为提出了以下假设：

（1）个体职业目标源自职业兴趣，又会影响生涯选择和行动，进一步决定后续的成就表现。

（2）提升自我效能和结果期待能有效激发职业兴趣，进而帮助个体形成职业目标。

（3）学习经验是影响个体自我效能和结果期待的关键，它受个体因素和环境变量的限制。

（三）社会认知生涯理论模型

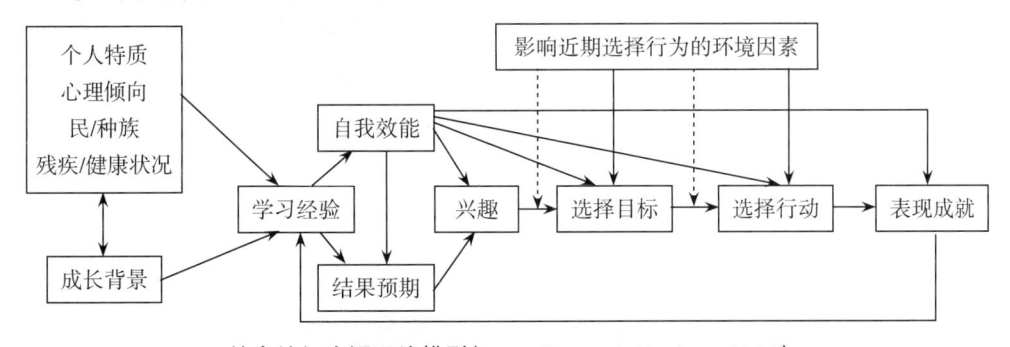

社会认知生涯理论模型（Lent, Brown & Hackett, 1994）

SCCT理论提出了三个相互关联的模型，即职业兴趣模型、职业选择模型、工作绩效模型，并由此构建了社会认知生涯理论模型。

职业兴趣模型：该模型强调个人的职业兴趣与特定职业的自我效能和结果预期紧密相关。如果个人认为自己擅长从事某种职业，或预期从事该职业将得到令自己满意的报酬、收获，个人将会形成对该职业的兴趣，并采取行动，长期坚持下来，直至取得一定的工作成绩。而工作成绩又会反过来作用于自我效能和结果预期，形成一个动态循环。

职业选择模型：个人形成职业兴趣后，职业兴趣将影响个人职业目标的确定，并进一步引导个人的职业行动。当个体通过职业行动实现个人目标后，又形成反馈环路。

在职业选择模型中，该理论加入了两类环境变量的影响：一是个人背景变量，诸如性别、种族、性格倾向、社会经济地位等，这些因素直接影响个人学习经验的形成。二是与选择行为相关的环境因素。整个职业选择过程中，环境因素既直接影响个人目标的设定及其职业行为，又能调节兴趣对职业目标的影响，调节职业目标对职业行为的影响。

工作绩效模型：个人选择特定目标后，推动相应行动的发生，行动导致一定绩效成就的产生，所产生的绩效成就又通过影响学习经验把影响传递给自我效能和结果预期。

自我效能和结果预期是SCCT理论中比较重要的变量。自我效能是指人们对自身能否利用所拥有的技能去完成某项工作的自信程度。这个要素回答的是"我能做好这件事吗？"。结果预期是指完成特定行为的个人信念。这个要素回答的是"如果我做了这件事，会产生什么结果？"。

SCCT理论认为，影响自我效能与结果预期的要素主要包括以下方面：

(1)成就事件：即个人的成败经验，通过挖掘有成就感的事件和行为，借此提升自信和自我效能感。

(2)替代经验：即看到某人取得成功的行为，继而考虑在自己与对方情况相似的前提下，也采取相同或类似的行动。

(3)情绪状态：即一个人因自己希望取得成绩、达成目标而产生的一些情绪上的表现。

(4)社会鼓励：通过语言表达来帮助个人提升自我效能感。

(5)情境条件：不同的环境对人的自我效能感的影响也是不一样的。

同时，个体的支持系统对职业目标落实到选择和行动有重要影响。支持系统包括身边与这个目标相关的所有重要人物，比如父母、亲人、朋友、导师等。当个体支持系统完备，个体能从中获得来自资源、经验或者心理上的支持，其职业目标将更容易达成。

总的来说,SCCT理论模型的基本逻辑如下:

个人的特质、心理倾向以及个人的成长背景共同塑造了个人的学习经验,个人的学习经验对自我效能与结果预期产生影响,而自我效能与结果预期直接影响了职业兴趣,自我效能与职业兴趣共同影响到目标的选择,由此推动目标导向的行动产生,最终通过行动获得表现成就,表现成就又反过来影响个体的学习经验。当然,外部环境因素如家庭、同伴、学校、社区等,对个体的选择也存在影响。

延伸思考

1. 根据克朗伯兹的社会学习理论,谈一谈影响职业生涯决策的因素有哪些。
2. 请你查阅相关资料,谈一谈提升自我效能感的方法有哪些。

第四节　后现代取向的新兴生涯理论

导　语

后现代生涯理论突破了传统生涯理论实证主义与还原论模式，接纳生涯的不确定性和流动性，认为个体是自我生命的创作者，强调对生涯的主动建构，更符合当代个体生涯的本质特征。其代表性理论有生涯建构理论、无边界职业生涯理论等。

生涯建构理论分别用职业人格类型、生涯适应力和人生主题回应了个体职业行为中"是什么""怎么样"以及"为什么"三个问题。其中，生涯适应力是核心。

"无边界职业生涯"理论是在灵活多变、短期化的雇佣关系日渐流行的背景下产生的，探讨不限于单一雇佣范围的一系列就业机会或职业路径。这一理论，在雇佣关系变化、成功标准变化、中介模式兴起等方面产生了深刻影响。

理论学习

一、后现代生涯理论概述

随着全球化和信息化的进展，职业生涯的多变性、流动性等特点愈发明显。原来长期、稳定的职业变成了短期项目，出现了"岗位弱化"（dejobbing）或"无岗位工作"（jobless work）等现象，给人们带来了巨大压力。强调确定的、可预测的生涯路径的传统生涯理论，已经不适应生涯发展的特征与变化。

许多学者对生涯理论进行了重大革新，提出了"后现代生涯理论"，如生涯建构理论、叙事生涯咨询、生涯教练技术、无边界职业生涯理论、生涯混沌理论等。本文所称"后现代生涯理论"是指20世纪末，融合了西方后现代主义的世界观和方法后，产生了新观点和新变化的生涯理论。

"后现代生涯理论"的主要特征包括以下几个方面：

1. 接纳生涯的不确定性，强调生涯的发展变化性

例如，"无边界职业生涯"的提出者认为，21世纪职业的多变性和组织的流动性已

取代传统职业的稳定性和安全性。不可预测性和不确定性才是生涯发展的本质特征。

2. 弱化生涯发展的规划力，强调生涯发展的适应力

传统生涯理论以"规划"为目标，强调建立明确的生涯目标。而后现代生涯理论则认为，生涯适应力（Career adaptability）比生涯规划力更重要。生涯适应力强调个体在面对不确定的未来时能够有所准备，并灵活适应各种变化。

3. 重视生涯的主观建构，强调生涯的多元性

后现代生涯理论积极回应多变的社会环境，强调生涯的多元性，并重视个体真实的生涯情境，强调生涯的主观建构，这对当代生涯教育与辅导具有重要的指导意义。

二、生涯建构理论

（一）生涯建构理论简介

生涯建构理论来自乔治·凯利（George·Kelly）的个人建构理论（Personal Construct Theory），他认为，在成长的过程中，个人体验到种种生活经历，逐渐形成自己的理论体系，并由此预测自己的行为，然后根据预测来行事。这种行为方式就是"建构"。由于这种行为方式类同于科学家的行为方式，因此，乔治·凯利认为"每一个人自己就是科学家"。

目前，生涯建构理论领域影响最大的研究者是萨维柯斯（Savickas），他认为"生涯不是自我展现出来的，而是被建构出来的"，并提出生涯建构理论的三方面：不同个体间的特质存在差异，个体在不同生涯阶段所面临的任务和应对的策略具有承前启后的发展性，生涯发展是一个充满内动力的变化过程。

生涯建构理论分别用职业人格类型、生涯适应力和人生主题回应了个体职业行为中"是什么（What）""怎么样（How）"以及"为什么（Why）"三个问题。

（二）生涯建构理论的核心

生涯建构理论的核心是生涯适应力。生涯适应力是指，个体对可预测的生涯任务、所参与的生涯角色，与面对生涯改变或生涯情境中不可预测之生涯问题的准备程度。它是个体与环境交互作用的结果，能够帮助个体在生涯适应中不断前进。这种能力也可以通过后天来培养。

生涯适应力包括四个维度：生涯关注（career concern）、生涯控制（career control）、生涯好奇（career curiosity）和生涯自信（career confidence），分别代表了个体对职业生涯发展的四个角度的思考，即"我关注自己的未来吗？""我拥有什么样的职业生涯？""我能掌控自己未来的生涯发展吗？""我对自己的生涯发展有足够的信心吗？"。

个体生涯适应力的发展贯穿于这四个维度，最终形成与生涯规划、决策和调整

有关的独特态度、信念和能力,即生涯建构的ABC,A代表态度(attitude),B代表信念(belief),C代表能力(competency)。此三要素对四个维度起到调节作用,会影响个体在职业生涯发展中的行为,从而帮助其做出更具体有效的职业应对策略。

萨维柯斯还认为,生涯适应力高的人具备以下特点:关注未来职业前景;对自身的职业生涯具有较强的掌控力;对自身职业生涯发展充满了探索欲;对自身生涯发展的实现充满信心。因此,解决职业生涯发展中的各种困境的重点在于提高个体的生涯适应力。

生涯建构理论在后现代生涯理论中影响最大,研究者最多,体系较为清晰,实践运用最广,并因此衍生出不同取向的后现代生涯咨询辅导流派。在生涯干预方面为生涯教育、辅导咨询提供了理论基础和具体方法,不断引起关注。

三、"无边界职业生涯"理论(The Boundaryless Career)

(一)"无边界职业生涯"的定义

"无边界职业生涯"的概念最早出现于20世纪90年代,是由亚瑟(Arthur)在1994年《组织行为杂志》(Journal of Organizational Behavior)的特刊上首先提出来的,是指"超越单个就业环境边界的一系列的就业机会"。随后,亚瑟(Arthur)和卢梭(Rousseau)提出"无边界职业生涯"包含的六个方面:

第一,跨越不同雇主的边界,雇员为追求自己的利益最大化而改变组织。

第二,得到现任雇主和市场的认可,即员工有能力在当前组织外的组织中工作。

第三,受外部关系网络或信息的支撑,这类雇员一般都通过广泛的人际关系网络来发展自己的职业生涯。

第四,打破组织中传统的关于职位等级和晋升等级的假设,认为员工追求心理上的职业成功,即使是平级调动也可能是一种成功。

第五,个体因个人或家庭原因,拒绝当前的工作机会,如员工期望花更多的时间陪伴家人,他可能就会选择能满足其要求的职位。

第六,基于从业者自身的理解,认为是无边界而不受结构限制的职业。

(二)"无边界职业生涯"的核心与分类

1."无边界职业生涯"的核心特征

流动性是"无边界职业生涯"的核心特征,那些拥有更强生涯能力(包括认同力与适应力)的人,可以为自己创造更多的工作机会,更好地应对工作变动。

2."无边界职业生涯"的分类

无边界职业生涯可以分为自愿无边界和非自愿无边界。自愿无边界是指当听说或者找到一个能够获得更多发展和回报的机会时,人们主动选择进入一个新的企业。非自愿无边界则是指当发生比如缩小规模、淘汰、重构或者裁员时，人们被迫去寻找新的工作。

这种划分体现了环境和结构因素在无边界职业生涯中的影响，也为现实世界中的无边界职业生涯提供更加准确和精细的分析框架。

（三）"无边界职业生涯"理论的影响

1. 雇佣关系变化

组织结构变革打破了传统职业生涯规划的"稳定性"，迫使员工在不同企业中频繁求职，雇佣关系中出现了雇佣短期化、员工派遣等变化。而员工就业能力无疑是实现雇佣、促成派遣的核心要素，"能力恐慌"也成了员工重视企业提供的培训、参与有挑战性工作的动因。

另外，无边界职业生涯中，员工与组织之间的心理契约由关系型转变为交易型。在交易型心理契约影响下，员工更关注现实条件下组织为员工提供的经济利益和自身就业能力的提升。

2. 成功标准变化

传统职业生涯的成功标准主要体现在薪酬增长、职位晋升等职业生涯结果，以及社会地位、社会声誉等外在的社会评价。

而无边界职业生涯的成功标准则看重职业生涯经历、职业社会网络等职业生涯过程，以及工作是否与兴趣相符、工作与家庭是否和谐平衡等个人内在感受。

3. 中介模式兴起

人力资源中介业务的迅速发展是雇佣关系变化的直接结果，集中表现为20世纪末员工派遣业务和网络招聘的崛起。而猎头服务更具有冲击力，这种以职业社会网络关系为基础的定向招募服务，既能满足企业对高端人才的需求，也为高端人才突破组织边界获得职业发展提供了便捷途径。

延伸思考

1. 请你简要分析后现代生涯理论的主要特征。
2. 请你简要阐述生涯建构理论的核心内容。
3. "无边界职业生涯"理论强调个人就业能力的重要性，请你思考如何培养个人能力，以应对职业挑战。

第三章

基于综合实践活动的生涯教育

第一节　基于综合实践活动的生涯教育的理念设想

导语

西南大学附属中学校作为教育部直属重点大学西南大学的附属中学,是国家基础教育改革的引领者、示范者、先行者。在近二十余年的办学过程中,生涯教育一直是学校课程改革的重要路向之一。

经过长期的探索,西南大学附属中学校形成了"基于综合实践活动的生涯教育"的教育体系。该体系具有探究性、实践性、发展性等特点,其理念目标集中体现在激发学生学习兴趣、激活学生学习潜能、激励学生终身学习三方面。该体系形成了多元化实践形式,包括与研究性学习对接的调查研究类实践,与社区服务、社会实践对接的志愿服务类实践,与信息技术、劳动教育对接的职业体验类实践,以及其他非指定领域的实践形式。

理论学习

一、"基于综合实践活动的生涯教育"的理念体系

随着国务院办公厅《关于新时代推进普通高中育人方式改革的指导意见》出台,构建普通高中多样化、有特色的发展格局,推进高考综合改革迈入新阶段,加强学生发展指导,开展生涯教育,成为普通高中发展的重要课题。然而,生涯规划指导工作要真正落实,仅靠自上而下的推进无法从根本上解决当下现存的诸多问题。生涯教育的对象特殊性与实践多样性也决定了学校在实地开展教育时呈现出个性化与特色化的生存图景,"但由于独立的课程体系尚未形成等问题,职业生涯规划教育在普通高中仍未得到真正落实"。因此,基于学校实践,立足学生个性发展,构建特色校本课程与教育体系,深化生涯教育实践势在必行。

作为高中课程中必不可少的一环,生涯教育亟待以综合实践活动为依托,发挥课程集群作用,构建全面的人才培养体系,借以推动普通高中生涯教育实现综合化、

创新性发展。这既是普通高中推进育人模式改革的应然之义,更是实现学生全面发展教育理想的必然要求。因此,西南大学附属中学校结合学校实际,尝试以综合实践活动为载体,构建融合性、实践性、创造性的生涯教育体系,这对于破解当前普通高中生涯教育形式单一、课程体系不完善的难题或有裨益。基于综合实践活动推进生涯教育,既是生涯教育在实践形式上的创新发展,也是对综合实践活动的丰实,更是学校育人思想的深层变革。

"基于综合实践活动的生涯教育"是以提升学生生涯规划能力为目的,以信息技术、研究性学习、社区服务与社会实践、研学旅行等综合实践活动为载体,融入学科课程,激发学生内生动力,促使其选择、发展、适应,获得认知、合作、创新、职业等幸福一生的关键能力的教育。"基于综合实践活动的生涯教育"的理念体系如下图所示:

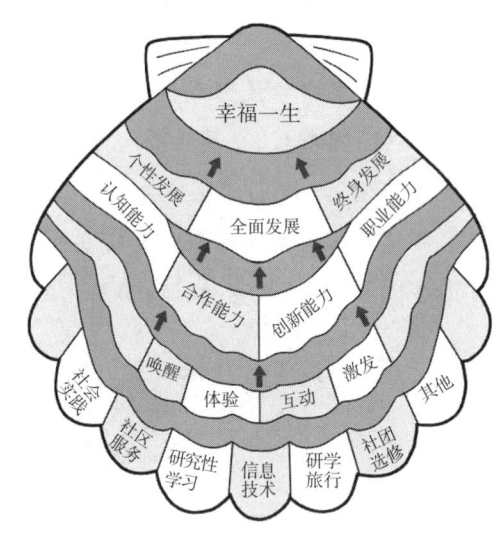

"基于综合实践活动的生涯教育"的理念体系:贝壳图

该体系以"贝壳"为喻体,"学生"为主体,旨在通过基于综合实践活动的生涯教育,发掘学生的潜能与主体性,帮助其打开自我,发现自身所孕育的"珍珠"。

二、基于综合实践活动的生涯教育的性质特点

普通高中以综合实践活动为载体推进生涯教育,其实质在于利用综合实践活动的实践形态、过程导向与综合属性,密切联系学生的自身生活与社会生活,实现学生知识与能力的内在统一,帮助学生适应未来社会的发展。基于综合实践活动的生涯教育具有如下特征:

一是探究性。生涯教育以综合实践活动为主要形式,既要多领域尝试,充分尊重学生的兴趣爱好,为学生提供涵盖社会各领域的主题活动,如创意设计、职业体验、志愿服务、模拟联合国等,引导学生在多元活动中发现兴趣、挖掘潜能;又要个性

化发展,借由开放、生成的活动形式,为学生提供发展空间,鼓励学生在活动中的个性化创造展示。

二是实践性。基于综合实践活动的生涯教育以学生的学校生活与社会生活为基础进行顶层设计,而非单向度地因循学科建构的逻辑,同时强调学生"从做中学",通过亲历操作、考察、调研、服务等活动,积累具有价值的各种形式的经验,并与学科知识进行内化整合,使"日常经验不再是瞬间的事情,而获得一种持久的实质",发展自身的实践能力与创新能力。如学校已开展多年的研学活动,从大学参观、课程参与、城市文化体验到"专业浸泡"、参研课题、成果发表展示等,帮助学生增强体验,使其获得实在的能力提升和充足的自我效能感。

三是发展性。基于综合实践活动的生涯教育以促进学生全面发展为旨归,对学生终身发展具有奠基作用,同时,其"所研究的问题都是有关共同生活的问题,所从事的观察和传授的知识,都能发展学生的社会见识和社会兴趣",强调对学生人际交往、团队协作等可持续发展的素养品质的培养。如学生在辩论活动中,为论证本方观点,需根据各人所长分配任务、搜集材料,再整合梳理,模拟质询;与对方场上交锋之时,互相掩护、互相成就。在此过程中,提升学生个人素养与团队协作能力,而教师的全程陪伴及引导点拨也增强了学生能力培养的有效性。

三、基于综合实践活动的生涯教育的理念目标

帮助学生学会选择、适应变化是生涯教育的核心目标,而成就自我、实现人生价值是生涯教育的终极目标。以综合实践活动为载体推进生涯教育,从本质而言,就是要引导学生全方位成长,实现知识与能力、个性与共性、自我与社会统一且和谐地发展。

一是激发学生学习兴趣,引导学生在探究中明确志向。探究学习是综合实践活动的主要形式,基于综合实践活动的生涯教育要以学生兴趣为导向,将动机、兴趣、个性发展置于首位,鼓励学生自主选择与探究,激发学生参与生涯规划的主观能动性。同时,引导学生在参与多元化的生涯规划活动中,正确认识自我、认识社会,明确学习目标与自我发展方向。

二是激活学生学习潜能,促进学生在实践中发展能力。基于综合实践活动的生涯教育要克服传统生涯教育实施途径单一的痼疾,注重采用多种活动形式,如教室内的小组讨论、团体辅导活动、讲座咨询活动等,教室外的社区志愿者活动、职业体验、企事业单位实习等,联结学生的学校世界与社会生活,强调学生实践体验的获得。在此基础上,完成对内部经验与外部经验的优化整合,更新生涯规划的认知结构,从而形成各种适应未来职业岗位的实践能力。

三是激励学生终身学习,强化学生在发展中形成生涯意识。"'综合实践活动'课程为学生开辟了一条与其生活于其中的世界形成交互作用、持续发展的渠道,倡导学生对自我、社会和自然之内在联系的整体认识与体验。"在这个意义上,通过综合实践活动开展生涯教育,主要目的在于引导学生从自我走向他我、从学校走向社会,学生获得的不仅是知识和能力的发展,更是一种内生的可持续发展思想的形成。这种思想是促进学生自觉养成良好品质、寻求人生价值的原动力。

四、基于综合实践活动的生涯教育的实践形式

以综合实践活动为载体推进生涯教育,既要发挥综合实践活动的"跨界"作用,又要尊重学生的兴趣,体现学校特色。因此,可以按照综合实践活动的内容领域,据此完成与生涯教育的板块对接,形成生涯教育的多元化实践形式。

一是与研究性学习对接的调查研究类实践。1997年学校结合环境选修课程的开设,探索学生小课题的实施;2003年学校开始举办一年一度的研究性学习成果多媒体展示活动;2011年学校成为重庆市青少年科技创新人才培养雏鹰计划项目学校;2017年学校成为全国中学生科技创新后备人才培养英才计划试点学校;2020年立项建设的全市首个研究性学习课程创新基地成功通过省市级验收。实施研究性学习要求基于学生兴趣,以学科知识为依托,围绕认知自我、了解他人、洞悉社会等社科类主题,由师生共同确定研究课题,并围绕课题进行探究学习。学生可在教师的带领下对学校周边自然环境、社会环境进行探索研究,如学校STEAM课程班的学生,在教师指导下完成了"对非牛顿流体性质与应用探究"的课题。类似的探究方式已成为西南大学附属中学校学子学习体系中常态化的一部分。

二是与社区服务、社会实践对接的志愿服务类实践。此类实践强调学生走出学校,走进社区、社会,在真实情境中进行服务性与体验性学习,如参与敬老院关爱活动、解决社区治理问题等,以此增强学生的社会责任感与解决问题的能力。

三是与信息技术、劳动教育对接的职业体验类实践。此类实践既通过与学科课程联合,以专题为单位进行活动教学,引导学生了解必要的通用技术和职业分工,形成初步的技术能力,又要有效利用假期时间,鼓励学生深入到真正的职业岗位中或生涯教育基地进行体验参观,参与阶段性实习,获得对相关职业的具体感知,形成积极的劳动情感,树立正确的职业价值观。

四是其他非指定领域的实践形式。除上述内容领域外,基于综合实践活动的生涯教育还可采用诸多形式,如学校开发的校本课程、班团队活动、传统节日以及学校特色活动。例如,学校开设的生涯规划系列课程为学生适应中学、走班选科、志愿填报提供支持;"时间管理""情绪管理""生活管理"等活动侧重于培养学生的生涯管理

能力;"缤纷艺术节"则强调对学生音乐、美术、书法、编导、播音、武术、戏曲、表演等方面能力的培养;依托大学优势设置的"彩虹生涯月"活动,以专业巡礼、家长沙龙等方式,为学生生涯选择提供参考。

延伸思考

1. 请你用自己的语言总结"基于综合实践活动的生涯教育"的理论体系。

2. 请你查阅资料,并思考为什么"职业生涯规划教育在普通高中仍未得到真正落实"?

第二节　基于综合实践活动的生涯教育的现实逻辑

导　语

综合实践活动与生涯教育的课程体系联系密切,存在着较强的内在耦合性。基于此,西南大学附属中学校实施的"基于综合实践活动的生涯教育"具有"有需""能为""双赢"的三重现实逻辑。

第一,生涯教育存在外部资源支持缺乏与内部规划意识薄弱的双重困境,需要进一步探索开展生涯教育的合适方式。第二,综合实践活动在价值追求上体现"学生本位",在实践样态上为学生个性化和全面化发展创造更充足的空间,在课程形式上有利于推进学生生涯教育的融合发展,因此,综合实践活动能为生涯教育提供有力支撑。第三,生涯教育的"有需"和综合实践活动的"能为"将推进二者走向互促共生,包括目标和资源的融合共生,实现双赢。

理论学习

一、综合实践活动与生涯教育课程体系的内在耦合性

综合实践活动与生涯教育的课程体系存在内在耦合性。在强调注重学生的问题解决方面,综合实践活动与生涯教育的课程体系不谋而合;在引导启发学生的兴趣特长方面,综合实践活动与生涯教育的课程体系殊途同归;在帮助学生把握生涯的自我效能感方面,综合实践活动与生涯教育的课程体系一脉相承。

基于此,西南大学附属中学校生涯教育以"为学生的幸福人生奠基"为宗旨,着力引导学生发现自己、认识自己,满足学生发展的需求,激发学生的潜能,帮助学生成长。

二、"基于综合实践活动的生涯教育"的现实逻辑

(一)有需:生涯教育遭遇双重困境

普通高中生涯教育既是基于职业发展要求对学生生命历程的定位,更是立足于人的全面发展对学生自我实现、自我成就的透视,旨在帮助学生实现从"找一个好的工作"到"过一个好的人生"的转变。但受制于现实因素,这一诉求面临着普通高中生涯教育基础薄弱这一根本性难题,表征在外部资源支持缺乏与内部规划意识薄弱两方面。就外部而言,普通高中生涯教育缺乏持续有效支持;就内部而言,普通高中对生涯教育的重视程度不够。

为明确学生的发展需求,学校对1115名学生进行了问卷调查,结果表明:第一,学生对自身的兴趣特点与职业意愿不明确。对"自我兴趣"了解程度较好的学生仅占50%左右,23.7%的学生表示不太了解,8%的学生表示完全不了解自我兴趣。第二,学生对自身能力(优势)的认知存在偏差。在参与调查的1115名学生中,253人对自我优势能力表示非常了解,434人认为比较了解,136人对自我能力了解不足,可见大部分学生对自身的能力认知不够清晰。然而,结合访谈得知,高中生倾向于把能力当作"在学习成绩或学习能力上的表现"。实际上,根据多元智能理论,一个人至少具备八种智能,但当前的教育模式导致大部分教学都忽略了学生其他智能的发展。此外,作为职业选择的重要保障,职业认知是学生发展必不可少的能力,但调查发现,大部分学生并没有喜爱的职业,甚至从未思考过此类问题。可见,在学校推进生涯教育的过程中,必须重视对学生自我认知能力和职业认知能力的培养。然而,现实中,由于学校课程形式的固定化与内容的理论化,生涯教育难以同时承载实践活动与体验思考,因此,如何以合适的方式开展生涯教育,成为学校亟须解决的问题。

(二)能为:综合实践活动能为生涯教育提供支撑

当前,生涯规划教育之所以"游离"于普通高中之外,成为学校课程的"拼盘",是因为学校缺少落实推进的有效载体,而综合实践活动因其实践性、体验性、探索性,又与生涯教育所倡导的自主选择、自由发展、自我实现的主旨不谋而合。在这一意义上,通过综合实践活动开展生涯教育,既能有效构建学生与专业、与职业的沟通渠道,引导学生全方位认知自我,也有利于完善学校课程结构,发挥课程整合作用,优化生涯教育的实践效果。

一是综合实践活动的价值追求为学生的职业生涯可持续发展奠定坚实基础。综合实践活动作为一门从学生的真实生活和发展需要出发,将生活情境转化为实践活动的实践性课程,其价值追求自然回归到"学生本位"上,即引导学生"知行合一"。这种学生本位的价值追求将会完善人的知识框架和社会能力,促使学生从"认

识世界"走向"我能做什么""我能成为什么样的人"的转变,因而这种价值追求将会为学生职业生涯的可持续发展提供强有力的支撑。

二是综合实践活动的实践样态为学生生涯规划提供多种了解自我的可能性。综合实践活动作为一门以实践活动为主的新型的、非学科性的课程,它指向的是学生个体的生活世界,即通过现实情境中的主题活动,帮助学生去面对实际生活情境中的困境与解决难题,从而促进学生了解自己,促进其社会能力的发展。因此,综合实践活动的实践样态是立足于学生的直接经验,关注学生的亲身实践,为其个性化及全面化发展创造了更为充足的空间,这最终将会为学生的生涯规划提供多种了解自我的可能性。

三是综合实践活动的课程形式能有效推进学生生涯教育的融合发展。综合实践活动的课程形式极为丰富,作为一门具有探究式、体验式的课程,它尊重学生个体的差异、地域文化的差异、学校的差异等,是一门既渗透在各个学科中,又走出了书本、走出了课堂的课程。多实践、多内涵、多学科的课程形式也将会推进学生生涯教育的融合发展。

(三)双赢:综合实践活动与生涯教育互促共生

生涯教育的"有需"和综合实践活动的"能为"是推进二者走向互促共生的重要前提。普通高中以综合实践活动为载体推进生涯教育的落地扎根,集中表征在目标和资源上的融合共生。

一是目标的融合共生。《中小学综合实践活动课程指导纲要》明确将职业体验活动纳入综合实践活动课程中,为综合实践活动与生涯教育结合奠定了制度基础。

二是资源的融合共生。综合实践活动已经在我国的基础教育中实践多年,以此为基础在普通高中推进生涯教育更具有现实可行性,可谓抓住了撬动生涯教育的一个支点。从这个角度上说,基于综合实践活动的生涯教育是培养学生综合能力的绝佳资源、载体和培养方式,既有利于生涯教育的常规化和可持续化发展,也有利于课程实施在师资、教学等方面实现资源整合,充分发挥各方力量的联动效果,整体提升学生生涯体验、生涯探索抉择、生涯创新的能力。

延伸思考

1. 综合实践活动与生涯教育之间的内在耦合性体现在哪里?
2. 文中提到"高中生涯教育基础薄弱",其遭遇的困境有哪些?请谈一谈你的认识。

第三节　基于综合实践活动的生涯教育的实践路径

导　语

在"基于综合实践活动的生涯教育"的具体实践中,西南大学附属中学校形成了四条实践路径:完善制度化顶层设计、构建系列化生涯规划课程体系、确立整合化运行机制、创设立体化的生涯素养评价体系,力图改变传统意义上高中学校重视知识传授、学科本位、机械训练等弊端,以促进学生全面发展,回归生活世界,达到该项目"为学生的幸福人生奠基"的目标、愿景。

理论学习

基于综合实践活动开展生涯教育,既是普通高中优化学校课程体系的一种创新设计,更是焕发学生的内在生命自觉的实践探索。从根本上说,就是要改变传统意义上高中学校重知识传授、重学科本位、重机械训练、重甄别选拔、重集中管理的弊端,以促进学生全面发展,回归生活世界。基于此,必须做好生涯教育的顶层设计,构建系列化生涯规划课程体系,确立整合化运行机制,为学生实现自主发展提供保障。

一、完善制度化顶层设计

普通高中基于综合实践活动开展生涯教育首先要做好顶层设计,从制度层面明确生涯教育的价值理念、课程边界与实施主体,盘活学校各类教育资源,确保生涯教育在学校的扎根落地。

一是打造基于综合实践活动的生涯教育名师团队。名师共享备课资源,让名师引领一线教师,让班主任、心理教师也加入生涯教育团队中,让生涯基础课易于操作,让生涯个体咨询更加日常化。目前,通过系统的专业学习,西南大学附属中学校已有数十名国家级生涯规划师。其中,部分教师承担了以先进理论辐射区县的任务,学校生涯规划师团队多次赴重庆市内外区县开展"生涯规划课程设计及实践"讲座,也为西南大学每年的教师培训助力。

二是构建基于综合实践活动的生涯教育教研制度。为构建基于综合实践活动的生涯教育教研制度,西南大学附属中学校不断落实三个转变——转变教师角色,变"学科教师"为"生涯导师";转变学科定位,变"各专一项"为"跨科融合";转变教研方式,变"鼓励提倡"为"制度保障"。在三大转变过程中,学校建立了学生生涯发展中心:硬件上,有职业体验的AR专业设备、团辅教室、活动教室等;软件上,大学老师、全校教师均为该中心的"智库"。

三是细化基于综合实践活动的生涯教育课程开发。基于综合实践活动的生涯教育课程不是简单的综合实践活动课程或生涯教育课程,而是融合了两者特色的课程体系。在长期的实践过程和科研开发中,西南大学附属中学校不断创生、细化了基于综合实践活动的生涯教育课程,已经建构出了一套完整的课程体系,并得到了广泛应用。

四是健全基于综合实践活动的生涯教育评价制度。当前,综合实践活动与生涯教育课程评价存在较突出的"活动取向",由此带来了评价中的游离学生问题,不利于学生的全面成长与发展。对此,西南大学附属中学校探索出了一套基于"学生本位"的评价制度,使评价指向学生的个人认知、社会能力以及服务意识等方面。每隔一段时间,学校都会对学生进行评价,并依照评价结果科学有效地及时向学生反馈。

二、构建系列化生涯规划课程体系

推进落实生涯教育的关键在课程,重点在课程建设。无论是高校还是中小学,课程教育都仍然是生涯教育的主阵地。由此,普通高中基于综合实践活动开展生涯教育的实质就在于构建系统性、开放性与整合性的生涯规划课程。

西南大学附属中学校以学段为单位,根据各年级学生的身心特征与实际情况,将生涯教育分为生涯认知、生涯管理、生涯决策等不同维度和内容,由易到难、由浅入深、由具体到抽象,形成一系列有机协调、梯度分明、独具特色的生涯规划课程(如下图所示),逐步拓展学生生涯阶梯的宽度,延伸生涯阶梯的长度,提升生涯阶梯的高度。

新高考政策在重庆落地之前,西南大学附属中学校就已经开始探索、实践着生涯教育,乘着新高考改革的春风,西南大学附属中学校正在将以往的经验系统化、理论化。2015年和2019年,学校先后立项重庆市教改重大课题"基于生涯规划的高中个性化教育探索研究"和"新高考背景下提升高中生生涯管理的策略研究",成立了"学生生涯发展中心",建立了以专职生涯规划教师为骨干、班主任队伍为核心、学科教师全员辐射的"三位一体"的生涯规划指导团队,形成了具有西南大学附属中学校特色的生涯规划系统。基于生涯规划系统的支持,西南大学附中的学生要做好三件事:一是从中学生时代就开始学会了解"我是谁";二是从中学开始就慢慢明白"我要去哪里";三是从中学阶段开始就要学会判断"我要怎么去"。

"基于综合实践活动的生涯教育"的课程结构:蝴蝶图

一是构建有关生涯认知的基础课程。生涯决策只有建立在个体对自我及人生目标的充分认识的基础上才有意义,才能推动学生的可持续性发展。基础课程主要包括认知自我与认知世界两大板块,涵盖了解生涯与生涯规划,认知自我的兴趣优势、气质类型、能力倾向、发展潜能,认知外界的环境复杂性与不确定性、职业探索、科学选课、志愿服务、企业见习等主题。秉持促进学生个性化发展的原则,学校以阅读成长课、博雅艺体课、特色选修课、社团活动课、生涯彩虹影院、缤纷艺术节、专业巡礼、立人大讲堂大小先生讲座等为主要实践形式,着重培养学生的观察能力、记忆能力、思维能力、想象能力。

二是开设生涯交往合作的促进课程。高中生处于生涯探索和生涯准备的重要阶段,这是一个对周遭世界逐渐敏感并养成崇高道德心性的过程,也是个人发展与整个社会的发展相统一的过程。此类课程强调培养学生的交往合作能力,包括两种实践形式:一是合作式探究,即围绕同一主题活动,如人格教育课程中的"龙行万里""驿站传书""极限90秒"等参悟训练,学生分团队进行无领导小组的讨论与协作,探究问题,解决问题;二是竞争式探究,以辩论社、模拟联合国、各学科竞赛课程等社团形式为主,学生既以团队小组的形式实现内部协作,习得思考问题的基本方法,又在"对话交流"的博弈过程中习得换位思考、适时妥协、反思的合作方法,形成合作思维方向的多面化发展,继而提升交往的能力与水平。

三是打造生涯发展规划的主干课程。主干课程既关注内容的系统化,要求学生完成知识学习与社会体验的内容整合,形成涵盖高中生"学业—专业—职业""操作—技能—能力""兴趣—理想—信念"一体化发展的序列内容,又重视能力的模块化,强调把生涯发展所需知识、能力分解成若干模块,实行弹性教学,构建课程容量有弹性、教学难度有弹性、生涯师资有弹性、兴趣差异有弹性的理论与活动 S+Z(生涯综合课程融合)系列弹性小课程。如设置专业探索课、社会职业探索课、职业体验课、职业决策管理课等,引导学生通过循序渐进的模块化体验,针对性地强化学生发展所需的关键能力。

三、确立整合化运行机制

通过多年的教育实践,学校逐渐形成了"与研学旅行融合、与学科课程整合、与高校院所联合、与家校社企汇合"的基于综合实践活动的生涯教育"四合"运行机制。

研学旅行,促进学生的探究能力发展,发挥基于综合实践活动的生涯教育的体验性与探究性作用。整合学科课程,充分挖掘各类学科课程中的生涯教育价值,整合各类活动课程,在现有的各类课程资源中充分渗透生涯教育的理念,从而让基于综合实践活动的生涯教育融入课堂,融入每一门学科知识中,实现全息育人。与高校院所联合,建立互动式的培养模式,利用高校的优势资源促进学校教师科研、课程开发能力的发展,帮助学生初步了解专业、职业的作用与功能。与家校社企汇合,重视指导学生走出课堂,在社会中打开视界,了解职场中的社会角色、社会分工,认识社会政治、经济及文化之间外显及内隐的关系,进而指导学生正确认识专业与学科、专业与职业、个人与社会之间的二元关系。"四合"运行机制相辅相成,成为一个稳固、完整、高效的基于综合实践活动的生涯教育模式。

四、创设立体化的生涯素养评价体系

要使基于综合实践活动的生涯教育落到实处,就需要切实有效的评价反馈机制,用来保证生涯教育的效果。否则,基于综合实践活动的生涯教育很有可能成为"镜中花、水中月",难以对学生产生真正的积极影响。

一是建立动态跟踪式的生涯规划系统。生涯规划系统是一个动态、贯穿学生多年的数字智慧系统。首先,建立学生初始信息档案。在高一新生入学不久,学校就会利用测评系统对他们的兴趣、爱好进行测评,确定其职业倾向,然后根据学生对某一方面的关注、喜好程度等得出"猜你喜欢"的内容,预判学生可以进行哪一方面的学习、在哪些方面存在缺陷、可以尝试哪些练习等,并将测评的数据推送给每个学生,引导学生自由组建社团、选择选修课,以此来进一步验证和发展学生的职业倾向。其次,建立动态的跟踪制度。学校以采访、问卷调查等形式定期了解学生的生

涯教育落实情况,加强对学生生涯教育过程中数据的收集,并更新学生的《跟踪记录表》,及时发现并解决学生生涯教育过程中存在的问题。再次,建立已毕业学生的生涯发展信息库和毕业生联盟,收集他们在自己新学校或工作岗位上的生涯发展表现,为学校的生涯教育课程方案进一步更新与改进提供参考。采集的数据越多,评估的准确性就越高。学校通过动态、一体化的跟踪系统,实现教育的精准化,学生也可以凭借"优势智慧"对学科和专业进行选择。另外,在此基础上,学校也以学生的生涯规划方案为基础,为每个学生制定个性化的课程方案。

二是采用多元多样的评价方式。在建立动态、可跟踪的生涯系统,给予学生及时、精准的信息反馈的同时,学校也从多方面对学生的生涯教育学习进行过程及结果的及时评价。在评价主体上,建立学校、家长、社团、企业与社区等的联动评价机制,成立生涯教育咨询评价中心,整合"学校—社会"系统资源,发挥学生、家长、教师、学校、社团、社区等多元主体的协同作用,让各主体参与到评价的各环节中来,为评价的科学性提供保障。在评价内容上,设立多角度的科学的评价指标,比如,企业、社区、社团等对学生职业的体验、活动的参与、小组的合作等进行考评;学校把课程学习、课外活动、生涯计划、行动执行等方面纳入学生综合素质评价体系中;同时学校还尝试基于真实职业情境开展学科考试命题及评价,多角度地测评学生的生涯教育学习情况。在评价方式上,采用定性评价与定量评价并重的评价方式,以诊断性评价和过程性评价为主。学校在持续动态的评价过程中不断地发现和挖掘学生的优势和潜能,并针对学生存在的不足及时指出改进措施或发展方向,以使每个学生都能得到最优势的发展。另外,学校还采用区别化的评价标准,即评价时考虑不同学生的个体差异性,根据学生的差异对不同学生实行不同的评价标准。

延伸思考

1.请你结合蝴蝶图,简要阐述"基于综合实践活动的生涯教育"的课程体系的内容和特点。

2.本书提到生涯教育"四合"运行机制,"四合"指的是什么?它们在"基于综合实践活动的生涯教育"中发挥着怎样的作用?进一步探索,还有哪些社会力量能够助力高中学生生涯教育和生涯发展。

第四章

变化中的职业世界

第一节　认知未来社会发展趋势

导　语

生涯规划的一个重要步骤是"知彼"。这就要求我们学会用全局性和前瞻性的眼光来认识社会、了解时代，准确把握自己所处的外部环境，科学预测社会发展趋势。只有做到"知己知彼"，我们才能制订出既符合个人兴趣特长又顺应社会与国家发展需要的生涯规划，并在未来发展中学有所用、学以致用。

理论学习

一、未来社会与产业发展趋势

我们每个人都是社会的一员，我们的生活、工作、休闲等无不与社会紧密联系。可以说，如果脱离了社会，我们将孤立无援。因此，在制订生涯规划的过程中，我们必须对社会发展趋势有一个基本的了解，争取牢牢抓住社会与时代为我们提供的发展机遇。

（一）以互联网、人工智能等技术为特征的新经济时代正在崛起

随着互联网、人工智能等技术的发展，当今社会已经步入以信息经济、数字化经济等为特征的新经济时代。2020年国务院政府工作报告提出，全面推进"互联网+"，打造数字经济新优势。以云计算、物联网、大数据为代表的新一代信息技术和现代制造业、生产性服务业等传统产业进行深度融合，形成了新的产业增长点。未来，以信息技术、人工智能等为代表的高新技术将被广泛应用到各行各业，带给人类社会翻天覆地的变化。

（二）消费趋于多元化和个性化

随着人们生活水平和受教育程度的提高，人们的消费观念不断更新，消费需求也日趋多元化和个性化。"私人订制""按需定制"俨然成为时尚潮流。特别是先进技术的发展和应用，使得按消费者个人要求进行各种消费品的大规模生产成为可能。

据了解,未来二十年,AI系统会成为很多行业的基础。AI这种电脑智能系统,将成为和电力一样无处不在的商品化服务,会被植入到人类制造的产品中,人们对它有需求时只要"下单"就可以了。人工智能的发展,为满足人们的多元化和个性化需求提供了极大的便利。

(三)服务业将迎来井喷式发展

随着城乡居民收入持续增长和消费升级,人们的社会需求也日趋多样化和个性化,为服务业的发展创造了契机。教育、健康、娱乐、美容、文化、旅游等服务行业需求迅速扩张。2019年,服务业占GDP比重上升为53.9%。尤其是信息技术的发展,降低了服务业的准入门槛,也加快了服务业的发展步伐。

二、探索我国人才需求状况

(一)我国人才开发面临挑战

随着我国经济发展增速,市场竞争加剧,加上人口老龄化加速,我国人口红利逐渐减弱,人才红利逐步释放。我国面临着高新技术人才、复合型人才、创新型人才等新型人才短缺的危机。高层次、多功能的人才将成为我国,乃至世界各国"人才争夺战"的主要争夺对象。单低层次、功能的工作者将受到冷遇。人才短缺的危机必然会加速国家人才培养制度的进一步完善与优化,加快推进人才强国战略。

(二)我国出现技能型人才紧缺现象

我国技能型人才紧缺现象主要体现在以下几个方面:一是技能人才总量不足,特别是中、高级技能人员和高级专业人员需求旺盛,人才缺口较大。二是技能人才结构不合理,在我国总体劳动力供大于求的状况下,求职者中技能人才所占比例偏低。2019年,由教育部、劳动保障部、国防科工委、信息产业部、交通部、卫生部六部门联合推出"制造业和现代服务业技能型紧缺人才培养培训工程",参与"工程"的企事业单位和职业院校将发挥各自优势,实行产教结合和校企结合,共同培养制造业和现代技能型紧缺人才。

三、社会发展趋势与生涯规划

中国科学院院士施一公是世界顶尖结构生物学家,曾获得瑞典皇家科学院爱明诺夫奖、2017年未来科学大奖生命科学奖等科学界的至高荣誉。他在求学期间,凭借河南省数学竞赛第一名的优异成绩被保送到清华大学。当时,他报考的第一专业并非他现在从事的生物化学专业,而是机械专业。清华大学的老师在招生时对他说:生物化学是21世纪的科学。于是,施一公便放弃了机械专业,转而走上了生命科学研究这条路。施一公说,他是根据未来世界发展的需求选择了生物化学专业。

施一公的经历告诉我们,在进行生涯规划的过程中,要顺应社会需要和未来趋势选择专业,这样才能学有所用、学以致用。

国家培养人才,其根本目的是满足社会经济发展的需要。我国人才培养的使命是为实现中华民族伟大复兴培养有用人才。因此,我们在为自己制订生涯规划时,要用全局性和前瞻性的眼光来认识社会、了解时代,既要了解社会的发展现状,更要看到社会未来的发展趋势,学会根据社会的需要来选专业、选职业,学会与时代同频共振、与社会同步向前。这样社会才会为我们提供一展所长的平台,我们也能有效避免学非所用、用非所学,甚至毕业就失业的现象。

在进行生涯规划时,我们既要顺应社会发展趋势,又要考虑自己的兴趣和特长,尽量找到既适应未来社会发展需要又符合自己兴趣特长的职业,这是最佳的选择。

延伸思考

1. 请你简单总结未来社会与行业发展趋势的特点。
2. 请你根据所学知识,谈一谈新时代对人才有哪些要求。
3. 为了顺应社会与行业发展趋势,你打算从哪些方面提升自己的素质与能力?

第二节 探索职业世界

导 语

据调查,有38%的高中毕业生表示,他们毕业前对职业的了解非常有限,如果当时了解再多一些,他们或许会做出不一样的选择。中学生应该对职业世界进行基本探索,正确认识各种职业类型,了解未来职业的发展趋势。特别是在新时代、新技术背景下,大量新兴职业层出不穷,中学生有必要及时掌握最新的职业动态,了解职业市场对人才的要求,从而找准自己的职业方向,明确职业发展规划,为今后的职业发展做好准备。

理论学习

一、职业简述

职业是在参与社会分工的过程中利用专门的知识和技能,创造物质财富、精神财富,获得合理报酬,满足物质生活、精神生活的工作。

从社会角度看,职业是劳动者获得的社会角色,劳动者为社会承担一定的义务和责任,并获得相应的报酬;从国民经济活动所需要的人力资源角度来看,职业是指不同性质、不同内容、不同形式、不同操作的专门劳动岗位。

二、行业与职业分类

"行业"一词专指经济活动部门,而"职业"则指工作者所担任的职务或所做的工作。

根据《中华人民共和国国家标准(GB/T 4754-2017)》,目前,中国有20种行业门类,如下表所示。

行业分类表

农、林、牧、渔业	房地产业
采矿业	租赁和商务服务业
制造业	科学研究和技术服务业
电力、热力、燃气及水生产和供应业	水利、环境和公共设施管理业
建筑业	居民服务、修理和其他服务业
批发和零售业	教育
交通运输、仓储和邮政业	卫生和社会工作
住宿和餐饮业	文化、体育和娱乐业
信息传输、软件和信息技术服务业	公共管理、社会保障和社会组织
金融业	国际组织

2015年修订的《中华人民共和国职业分类大典》把职业分为8个大类（如下表所示），75个中类，434个小类，1481个职业。

职业分类表

分类	说明
第一大类	国家机关、党群组织、企业、事业单位负责人
第二大类	专业技术人员
第三大类	办事人员和有关人员
第四大类	社会生产服务和生活服务人员
第五大类	农、林、牧、渔业生产及辅助人员
第六大类	生产、运输设备操作人员及有关人员
第七大类	军人
第八大类	不便分类的其他从业人员

三、未来职业发展趋势分析

随着社会的发展，我国的社会职业构成和内涵发生了很大变化。部分传统职业开始衰落甚至消失，新兴职业不断涌现并迅速发展。可以说，职业环境的变化时刻都在发生，今天是热门的职业，明天可能就被社会淘汰。这就要求学生密切关注职业环境的动态发展，及时了解未来职业的发展趋势，在确定职业方向时做出更加理性的判断。

(一)新兴职业层出不穷

近年,新兴职业如雨后春笋般出现在人们的生活里,有理财规划师、游戏设计工程师等时下比较热门的职业,也有陪购师、酒店试睡员等让人"脑洞大开"的职业。

2015年版《中华人民共和国职业分类大典》中新增347个职业,取消894个职业。新增的职业包括"人工智能工程技术人员""物联网工程技术人员""电子竞技员"等。取消的职业包括"收购员""平炉炼钢工""凸版和凹版制版工"等。

2019年4月1日,人力资源和社会保障部、国家市场监督管理总局、国家统计局公布了13项新职业信息,包括人工智能工程技术人员、物联网工程技术人员、大数据工程技术人员、云计算工程技术人员、数字化管理师、建筑信息模型技术员、电子竞技运营师、电子竞技员、无人机驾驶员、农业经理人、物联网安装调试员、工业机器人系统操作员、工业机器人系统运维员。

本批新职业主要集中在高新技术领域。随着人工智能、物联网、大数据、云计算等高新技术的创新突破和广泛应用,各行业对高新技术人才的需求大幅增长。另外,科技进步也引发了传统职业的变迁。传统工业、制造业大量采用机器人生产,由此催生了工业机器人系统操作员和系统运维员等新职业,其岗位人才的需求量也随之大幅增长。值得一提的是,这些新职业普遍以高水平的专业知识和专业技能为支撑,要求从业人员具有较高学历。

(二)经济转型使新兴职业大量出现在服务业

目前,我国经济正从生产型主导向服务型主导转变。第一产业、第二产业朝着机械化、自动化、智能化的方向发展,减员增效趋势明显;第三产业服务业则呈现出增员增质的趋势。

新兴职业集中出现在服务业的原因,一方面是由于服务业与人们的生产生活联系密切,存在很多不容易被机器取代的工种和岗位。另一方面是由于人们的生活水平大幅提高,其对高品质生活的需求也逐渐升级,"私人订制""个性化服务"等创新消费模式以及不断细分的市场需求,催生出很多生机勃勃的新兴职业。

(三)择业观和就业形态发生了新变化

随着时代的进步,越来越多的年轻人把热爱与否、擅长程度等作为择业的新标准,他们更看重自身的独立,渴望做自己热爱和擅长的工作,而不再把收入作为衡量职业的唯一标准。所谓的"工作",正从过去养活家庭的生计来源,变成年轻一代眼中自我定义、自我实现的方式。择业观的改变进一步改变了就业形态,出现了诸如自由职业者、网络写手、私人裁缝、旅游体验师等具有灵活、创意的就业方式。

四、新兴职业的优势与困境

(一)新兴职业的优势

1. 新兴职业发展迅速,潜力无限

在中国经济转型升级的大背景下,新兴职业已经成为劳动力市场的源头活水,有效激发出经济发展的活力。目前,很多新兴职业正处于快速发展阶段,其创新性、时代性、先进性等特点比较明显,能够有效填补市场空白,提高生产效率,满足社会发展需要,拥有极强的生命力和创造力。如果新兴职业的潜力得到充分释放,甚至有可能创造一个新行业,带来更多的就业机会,对社会经济发展的贡献将远远超过行业本身。

2. 新兴职业催生大量就业岗位,人才需求旺盛

新兴职业的产生,能够丰富已有的职业体系,对一些传统职业进行嫁接和延伸,同时会诞生全新的职业岗位,为社会提供大量就业机会。例如,物联网被普遍应用于住宅、办公等领域,为了确保物联网正常运行,使人们居家、办公畅通无阻,物联网安装、调试、维护等工作就显得尤为重要,物联网安装调试从业人员的需求量也大幅增长。

3. 未来女性在新兴职业中优势明显

随着新时代就业市场的变迁,新兴职业的就业机会和技能需求对女性呈现出了空前的优势。根据职场社交平台——领英在2019年2月发布的《中国新兴职业报告》显示,在过去五年,中国从业者数量增速最快的五大职业(新媒体运营、前端开发工程师、算法工程师、UI设计师、数据分析师)中有两项职业,其女性从业者的增速都高于男性,分别是新媒体运营和数据分析师。

另外,在新兴职业中,领导力、项目管理、人员管理、顾客服务、战略规划等软技能的重要性愈发凸显,而女性在软技能方面有着独特优势,这将为其带来更多的职业发展机会。领英调研显示,职场女性(尤其是生育后)最大的优势体现为细心、耐心等处理细节的能力,同理心、理解力等人际沟通交往能力,以及对待工作强烈的责任感。

(二)新兴职业的困境

1. 新兴职业缺乏应有"配套"

新兴职业作为新生事物,往往会出现"配套"不足、乱象丛生的问题,例如,新兴职业缺乏规范化管理,职业管理制度和办法缺失,从业人员缺乏系统培训和资格认证,与传统职业冲突不断等。如果新兴职业想要得到规范化、科学化的发展,就必须做好相应的政策、制度"配套"工作。

2.新兴职业给人才培养带来新挑战

新兴职业的迅猛发展带来巨大的人才缺口,但由于许多新兴职业以较高的专业技术知识和能力为支撑,要求从业人员普遍具有较高学历,这给人才培养带来了新挑战。目前很多高校在重构专业门类、课程体系、人才培养模式等方面存在一定困难,特别是对于三四线城市的职业院校来说,因为缺乏师资力量和相关企业的支持,致使很多专业难以顺利开设,例如工业机器人、人工智能、云计算等专业。

各高校、职业院校必须积极调整人才培养模式,大力整合优质教育资源,重构适应市场需求的专业和课程体系,构建专业设置与调整动态机制,培养符合新时代、新经济、新职业要求的高水平人才。

延伸思考

1.请你简单总结未来职业发展趋势。

2.请选择你感兴趣的一项新兴职业,了解该项职业必备的素质与技能。

3.你最感兴趣的职业是什么?该项职业对从业人员有怎么样的要求?你打算采取什么措施来培养该项职业的必备能力?请你试着为自己制订一份3年内的职业能力提升方案。

第三节　中学生探索职业世界的方法

导　语

目前，我国的职业种类繁多，新兴职业不断涌现，各种职业信息让人眼花缭乱，无从下手。学生应该在实践中找到适合自己的信息检索方法，同时，积极依靠家长、老师、专业机构的力量，在专业人士的指导下，高效、快捷地找到自己所需的职业信息，为探索自己的职业兴趣，明确职业发展目标提供重要依据。

理论学习

一、探索职业世界的常用方法

"知己知彼，百战不殆。"能否获取和有效利用职业信息，会影响我们的生涯决策乃至人生发展道路的选择。中学生探索职业世界的常用方法有以下几类：

1. 家族职业分析

我们了解职业最直接的方式，来自家庭成员，包括父母亲、祖父母，以及家族亲戚等。家族成员的职业情况以及他们对我们的期望，是我们选择职业发展方向的重要参考，对我们的生涯发展会有很大的影响。建议学生多和父母及其他家人交流职业信息，听取他们对职业环境、职业优劣势等方面的分析，这些都是很宝贵的生涯信息。

2. 网络检索

互联网技术的普遍应用为我们开辟了一条高效便捷的信息检索渠道，网络上的海量信息，都是我们探索职业的重要资源。只要进入搜索引擎，输入关键词，就能检索到大量相关信息。为了确保我们能获得更加准确和权威的信息，建议学生访问一些权威的官方网站。例如，访问教育部或大学的主页可以了解到各种招生政策与信息。另外，还有一些专门提供生涯规划资讯的网站和招聘类网站。

3.阅读书籍

即使是在网络发达的今天,书籍依然是我们获取宝贵知识和信息的重要工具。我们可以广泛涉猎一些历史、文化、科技类书籍,这些都有助于我们更好地了解社会与自我。特别是人物传记,因为它所记述的几乎都是某一领域中有较大影响力、取得较高成就的人,这类书籍可以帮助我们较深入地了解人物一生的发展,探知他在学习、工作等方面的机遇、选择与追求,倾听他在生活、娱乐、情感、信念等方面的体验、认知与感悟,从而获得对自己成长和未来选择的启发或警示。

4.观看电视节目

电视、广播等传统媒体中有些专题节目能够系统、真实地反映社会对人才的需求,如中国教育电视台的《职来职往》、天津卫视的《非你莫属》《创业中国人》等。我们可以感受不同视角的人生故事,为自己获得更多生涯信息提供帮助。

5.人物访谈

深入了解一个职业或者专业最好的方法,就是直接询问与之相关的人。学生可以根据自己的实际情况,选择自己感兴趣或欣赏的人进行"生涯人物访谈",以获取被访谈人的学业、专业、职业、生活、价值追求等各方面信息,将其借鉴到自己的生涯规划之中。

6.实地游学考察

实地游学考察是帮助自己近距离接触职业环境,掌握第一手职业资讯的有效方法。学生可以走进大学、政府机构或公司等,采取游学参观、跟随观察、作为学徒帮工等方式切身体验相关专业、职业与工作。

7.关注新媒体

作为新一代的网络原住民,很多学生都能熟练使用手机、平板电脑等电子通信设备进行人际交往,其实QQ、MSN、微博、微信这些看似主要用于休闲和娱乐的新媒体工具,也能成为我们获取生涯信息的有力武器。例如,我们可以在微信上搜索出大量与"职业探索"相关的公众号、小程序等,根据个人需要关注相应的公众号,即可查询各类与职业探索相关的文章、资讯、活动等。

8.职业生涯规划机构

专业的职业生涯规划机构能够在分析学生成长特点的基础上,为其制定个性化的生涯规划方案,提供系统的生涯管理服务。需要注意的是,同学们在选择专业机构时应当考虑机构的声誉、知名度、专业性等因素,也可以请有经验的老师、长辈帮忙选择可靠的机构。

二、职业探索的内容

职业探索,是对你喜欢或要从事的职业进行理论分析和实际调研的过程。通过职业探索,学生能够对职业的工作内容、职场环境、发展前景、收入空间、晋升通道等方面进行深入了解,进一步明确自己的职业发展方向,同时找到理想与现实之间的差距,从而有效地规划职业生涯。要想达到职业探索的目的,在职业探索过程中可以考虑从以下方面去了解职业:

1.职业描述

就是职业的概念、内涵,具体包括职业名称、各方对其的定义等。很多职业分类大典都有对职业的详细介绍。

2.职业的核心工作内容和工作能力

核心工作内容就是这个职业必须要做的工作是什么。职业工作能力包括从事这个职业一般的、基本的,以及这个职业特定的某些特殊能力,如摄影师必须会摄影、修图、剪辑等。了解职业的核心工作内容和具体工作能力,有利于我们找到自己目前的能力和职业工作能力要求之间的差距,从而将需要加强和补充的能力列入学习规划中,对学生现阶段的能力培养有针对性和导向性作用。

3.职业的发展前景

具体包括职业在国家阶段发展中的作用,职业对社会、生活的影响等。一般情况下,我们都愿意选择前景好的职业,通常我们可以通过劳动部门的权威预测来了解职业在国家发展中的作用。而职业对社会和生活的影响方面,则需要我们去进行调查、访问,例如与这个职业的资深人士对话、访谈。

4.薪资待遇及潜在收入空间

获得金钱收入是每个人参加工作最基本的目的。所以在探索职业过程中,职业的薪资待遇,特别是入职后收入的潜在上升空间,是我们有必要了解的一项内容。我们可以通过一些网络求职机构的薪资情况去了解。

5.入门岗位及其职业发展通路

入门岗位是指针对应届毕业生的工作。我们要了解一个岗位对应的日后职业发展通路是什么,最高端岗位是什么,可以通过一些校园招聘网站找到相关信息。

6.职业标杆人物

要想领略某个职业的魅力,最好的方法就是去了解该职业的标杆人物,或者说是领军人物。通过标杆人物的职场奋斗史,我们就可以加深对该职业的了解,找到在这个职业领域奋斗的途径。

7.职业的典型一天

对于职场人来说,日复一日地完成工作流程与工作任务可能才是最真实的职场生活。所以,要了解某个职业,最典型的方式是通过人物访谈或者岗位实习的方式,去了解和体验职业生活的普通一天,看看这个职业一天的工作流程是怎样的,这个工作会对你的生活产生怎样的影响,从而进一步判断自己是否喜欢、适合这个职业。

延伸思考

1.除了上述职业探索方法,你还知道哪些有效的职业探索方法?

2.请使用职业探索方法查找你感兴趣的某项职业的相关信息,并简要记录下来。

第四节　基于综合实践活动的生涯教育之附中实践：探索职业世界

生涯教育——校本课堂

【教学目标】

1.为学生自主选择高中选修课程打下基础,同时为高中生选考科目、报考专业提供指导。

2.让学生通过不同的职业和专业体验,处理好自己的兴趣爱好与国家和社会需要的关系,最终为未来职业的发展打好基础。

【教学准备】

结合13大学科门类,衔接相应的大学和学院,组织、设计为期一天的课程,为高中生自主选择选修科目和报考专业提供指导。

【教学环节】

一、导入

2019年6月,国务院办公厅印发《关于新时代推进普通高中育人方式改革的指导意见》(以下简称《指导意见》),明确提出"统筹课堂学习和课外实践,强化实验操作,建设书香校园,培养学生创新思维和实践能力""加强对学生理想、心理、学习、生活、生涯规划等方面指导……提高选修课程、选考科目、报考专业和未来发展方向的自主选择能力。……建立专兼结合的指导教师队伍""为学生适应社会生活、接受高等教育和未来职业发展打好基础"。

根据文件精神,为进一步统筹资源,为高中生搭建课堂之外的教育实践大平台,让学生通过行课间前往企事业单位进行各行各业的职业体验或者前往各高校进行不同的学科专业体验,为学生自主选择高中选修课程打下基础,同时为高中生选考科目、报考专业提供指导,处理好自己的兴趣爱好与国家和社会需要的关系,最终为未来职业发展打好基础,西大附中联合社会资源,实施了一系列高中生生涯规划职业和专业课程体验。

二、认识和体验职业

1.大学专业类体验

为让高中生提前认知大学专业，提前做好学业及职业规划，西南大学附属中学结合13大学科门类（哲学、经济学、法学、教育学、文学、历史学、理学、工学、农学、医学、管理学、军事学、艺术学），衔接相应的大学和学院，组织、设计为期一天的课程，为高中生自主选择选修科目和报考专业提供指导。

2.社会职业类体验

为发现、培养学生职业兴趣、职业认知、职业倾向，深化学生的职业自我认识，增强学生的社会意识和参与能力，培养学生职业规划、生涯决策和自我管理能力，西南大学附属中学统筹社会资源，结合行业分类，组织学生利用一天的时间，体验诸如金融业，交通运输、仓储和邮政，计算机服务和软件业，建筑业，电力、燃气和水的生产和供应，卫生、社会保障和社会福利，文化、体育和娱乐业，公共管理和社会组织，商务服务等行业，为学生接受高等教育和终身职业发展提供指导。

三、开展方式

该项目利用行课期间的周末时间，进行为期一天的体验课程。

每一个课程，会提前两周到一个月发布课程主题和所对应的专业或行业，并根据不同专业的特点和不同行业的属性，对每一期的学生人数、价格、报名截止时间等做出合理、明确的设置，由学生自主选择报名。

学生可利用周末时间参加不同的课程，每一个课程也可根据学生的反馈进行后续的调整和优化，再次开设或者取消等。

每一个单独的课程，教师都需向学校提交完整的课程实施方案，包括：课程目标、课程所涉及的学科或行业、承接该课程的具体学院或单位、课程开展的具体方式和安排、交通、饮食与安全预案等，经学校同意后方可实施。

课程一经启动，将在高一、高二年级同时开展，校方应积极做好学生宣传工作，通过海报张贴或者班会通知等形式，让全年级学生知晓并根据自身情况自主选择报名。

学校统计报名情况后，以电子档形式将报名表给组织方，组织方在收到报名表后，应积极联系学生家长完成后续缴费等工作，随之展开项目筹备、执行等工作。

每一个项目执行结束，组织方应尽快收集学生的反馈，以文字和图片、视频等方式向学校提交项目总体执行情况的书面汇报。对项目实施过程中出现的问题和不足之处应予积极处理并提出整改或优化措施，以让生涯规划的职业和专业体验课程项目持续、健康地运转,以提高学生在选修课程、选考科目、报考专业和未来发展方向等方面的自主选择能力。

生涯教育——综合实践

一、研学旅行

在中华人民共和国成立70周年之际,学校设计、组织了主题为"厉害了我的国"中国制造主题研学营。这是以北京、天津两座文化历史名城及四所双一流高校为坐标开展的研学旅行:走进清华北大,领略顶尖综合类学府的魅力;深入北航,了解我国在航空航天工程取得的非凡成就;进入"新工科"排名第一的天津大学,在国家实验室深切感受大国重器的风采。研学期间,学生体会科研人员严谨治学与勤学专研的精神境界,养成"求真学问、练真本事"的求知态度和人生品格,学习科学知识、培养科学兴趣、掌握科学方法、增强科学精神,树立国家安全意识和国防意识,以期成为既有个人梦想也怀揣家国情怀的综合型人才。

二、生涯人物访谈

在研学旅行的过程中,学生5人为一个小组,在高铁上寻找3名30~50岁的职场人士,进行职业生涯人物访谈,3名访谈者需要来自不同职业,且年龄各不相同。

团队组建:每10名同学一个小组,在小组班主任的带领下选举小组长,设计本组的队名、队徽、口号。

通过对陌生人的生涯访谈,了解职业知识、技能需求、待遇和发展前景。来自不同班级的同学组建团队,团队分工与合作,共同完成研学任务。

学生在访谈中接触了工程师、医生、大学教授、电气工程师等各种不同的职业,完成初步的职业了解,对各职业需要储备的基础知识也有了基本的认识,对今后的学业规划也有了基本的定位。

教师总结:职业体验的目的,就是让学生走出课堂,以最直接的方式了解各行各业;让学生通过不同的职业和专业体验,在未来的职业选择与事业发展中有精准的定位和最优的选择。

第五章

生涯测评工具在中学生涯教育中的应用

第一节　生涯测评在生涯辅导中的运用

导　语

医生看病，需要借助医学仪器进行验血、测温、扫描等检查，准确诊断病情，了解病因，才能对症下药。生涯咨询师在对当事人生涯指导时同样需要借助科学的测评工具。从美国职业辅导萌芽开始，心理评估方法就是职业辅导工作的重要辅助性工具。科学的生涯指导策略大多建立在正确的生涯问题测验与评估基础上。

生涯测验与评估在生涯指导工作中发挥着重要作用，包括确认原有兴趣，发现新的兴趣，激发更多的探索行为，开创新的生涯愿景等。在实践中，生涯测验与评估形成了系统的概念模型和操作步骤，进一步增强了生涯评估的严谨性、科学性、准确性和实用性。

理论学习

一、测验、测量、评估与诊断的关系

在生涯评估的实际操作上，测验、测量、评估与诊断这几个词经常交互使用。因此，我们首先需要明确这些名词的定义，并厘清它们的关系。

1. 测验

测验（test），习称心理测验（psychological test），是指以一系列标准化的程序，使当事人根据一组题项做出回答或反应，以测量其心理特质的工具。测验是评估工具中最常用的一种，例如，兴趣测验、人格测验、生涯决定量表、生涯信念量表等。

2. 测量

测量（measurement），是指根据测验所得的量化结果，对当事人所具有的某种心理特质予以呈现的过程。通常，测量所依据的是量化所得的数字。

3. 评估

评估（assessment），包括衡量与鉴别，指采用适当的测量工具，搜集个案的资料，

以分析、解释其结果的一种历程。

4. 诊断

诊断（diagnosis），是指以一种系统的方式，对个案问题的类型进行确认或分类，借以决定进一步干预或处理的历程。换言之，诊断是分析病症情况及原因，然后对症下药，达到有效治疗的目的。

二、生涯测评的作用

1. 确认原有的兴趣和发现新的兴趣

科学的生涯测评可以帮助当事人评估个人兴趣与生涯目标的匹配情况，让当事人了解自己原有的兴趣是否与目前的生涯目标相吻合，有效排除"兴趣不合"这一影响因素，将当事人的注意力集中到其他影响因素的分析上，例如专业难度、师资力量、人际关系等。

另外，测验时机的不同可能会帮助当事人发现新的兴趣。例如，某人的霍兰德测验中"S"（社会型）和"A"（艺术型）都很高。后来，他逐渐开始不喜欢从事很久的教师工作，对此他感到不安。他重新进行测验后发现自己对"A"的兴趣高于"S"。通过对比前后测验数据的结果，他了解到造成自己不安的原因是兴趣指向的转变。

2. 激发更多的探索行为

经过测评工具的解释后，当事人会对自己有一定的认识，还可能会被激起探索欲望，积极主动地展开新的探索行为，发掘选择新方向的可能性，或者求证新的生涯方向和路径。生涯测评还有助于对当事人的各种特质予以精确测量，提高当事人的生涯决策质量，形成新的生涯愿景。

3. 建立认知结构，辅助生涯决策

生涯辅导者使用的生涯测验，大多是经过精挑细选、严格论证的，具有科学的、完整的理论架构和评价标准，可以帮助当事人建立一套系统的认知结构，让当事人更好地思考、理解自己在生涯情境中的各种信息，正确认识自我，了解所处环境，做出比较符合现实的生涯抉择。

4. 提高当事人对专业的信赖程度

科学、规范的测验，能够使生涯辅导有一定的数据作为支撑，让整个过程清晰、具体，从而增强当事人对生涯辅导人员专业能力的信心，促成当事人积极参与辅导过程，有效促进当事人的成长以及咨询问题的解决。而这样的信赖感，必须建立在当事人对自己的测验进行科学解释，进而产生有意义觉察的前提之下。

三、测验在生涯辅导中的运用

(一)测验在生涯辅导中运用的概念模型

测验只有在生涯辅导的框架内运作才有意义。因此,著名生涯规划学者金树人教授提出了"测验在生涯辅导中运用的概念模型",提出测验在生涯辅导过程中实施、解释及运用的步骤与方法。

这一模型架构分为八个步骤,包括确定生涯发展的阶段、分析需要、设立目标、决定施测工具、解释测验结果、探索教育或职业世界、探索个人与环境的关系、生涯决定等。整个概念模式在探索生涯发展的过程中是可以循环往复的。

(二)测验在生涯辅导中实施与运用的步骤

1. 确定生涯发展的阶段

不同的生涯发展阶段,从心理成长的角度来说,应该有不同的生涯发展任务。生涯辅导者首先要确定,当事人现在处于哪一个发展阶段,再来使用适宜的生涯测评工具,这样有助于协助其设立生涯探索目标,也有助于辅导者明确辅导重点和方向。

2. 分析个别需要

倡导现实治疗法的葛拉瑟(W. Glasser)指出,无论一个人的问题是什么,当他需要辅导时,表明他有一个适应上的根本困扰:他无法满足他的基本需要。生涯辅导者协助当事人分析自己的个别需要,既有利于初步建立良好的咨询关系,也能使当事人内省到自己的生涯需求后,积极主动地参与测验实施与解释的全过程。

3. 设立目标

为了使测验的结果成为有意义的参考数据,生涯辅导者在分析了当事人的需要之后,必须和当事人共同决定测验的目标,将测验的目标和当事人的需要紧密联系起来。

4. 决定施测工具

每一种测验在生涯辅导上都有不同的用途和功能。因此,在选择测验工具时,应当考虑测验本身的特性,以及测验的目标。例如,成就测验可以协助生涯辅导者测量当事人在教育上的表现;兴趣测验通常用来测量个人的兴趣类型,并和参照团体相比较,指出一个人的职业兴趣与哪一类职业人员的兴趣最为接近。

5. 解释测验的结果

测验的解释应在测验手册所规定的范围内进行。此外,不同的测验目标会引导不同的解释方式与方向,因此,测验结果的解释应与前面提到的测验目标相呼应。

6.测验的应用

测验的数据结果主要运用于进行"探索教育或职业世界""探索个人与环境的关系""生涯决定"等方面的辅导。一方面,当事人根据测验数据,对相关的职业或教育世界做一番深入的了解。另一方面,测验数据帮助当事人更好地认识自己,如成长现状、兴趣爱好、优势潜能、价值观等,同时更好地了解自己所处的外部环境,如家庭背景、父母师长的期望、社会价值、社会需要等。

一个好的生涯决定,必须以"知己知彼"为基础,而测验结果为此提供了不可或缺的数据。由此可见,协助当事人做好生涯决策才是测验在生涯辅导上应用的最终目的。

生涯测评的应用不仅在于协助当事人了解自己的特质,还希望以此为起点引发进一步的生涯探索活动,其最终目的是协助当事人厘清目前的生涯困惑,为未来发展做好生涯决策。

延伸思考

1.请你结合本节所学知识和个人理解,谈一谈生涯测评的意义和作用。

2.请你结合自己经历或体验过的生涯辅导案例,参考金树人教授提出的"测验在生涯辅导中运用的概念模型",概括总结测验在生涯辅导中的应用过程。

第二节 测验的种类

导 语

20世纪初心理学开始蓬勃发展,关于个别差异的研究引起了许多人的关注。为了解决个人在选择职业与工作适应中的问题,对编制测验工具的需求逐渐提高。在传统的测验分类中,智力、性向、成就量表测得的是一个人的能力,分数经过比较之后就会有相关指标上的高低。而兴趣、人格和价值观等量表测的是一个人的特征和特质,测得的分数高低,代表了人与人之间的差异,并没有好坏对错之分。

另外,在生涯咨询的过程中,有一些经常被用来促进自我觉察、探索生涯的方法,虽然是非标准化的评量工具,但若能妥善使用,不但可以避免某些当事人对测验的抗拒,还可以作为协助会谈和订立目标的工具。

理论学习

一、智力测验

许多研究指出,智力测验与学业成绩有中度以上的相关性,因此智力常被视作个人教育成就的基础,并作为以后学习表现、职业成就与日常生活表现的预测因素。智力并非单一的能力,它是由几种能力组合而成的。通常包括抽象思考和推理能力、学习能力、环境适应能力、问题解决能力等。

个别智力测验发展在团体智力测验之前,最常用的包括:比奈-西蒙智力量表(Binet-Simon Intelligence Scale,又称比西量表、斯比智力量表)、韦氏智力量表(Wechsler Intelligence Scale)等。比奈-西蒙智力量表起源于法国,包含感觉、知觉以及语文等方面的题目,可以测量判断、理解、推理等方面的能力,只适用于儿童。韦氏智力量表包含语文与实际操作部分,后来发展为韦氏儿童智力量表(Wechsler Intelligence Scale for Children)与韦氏成人智力测验(Wechsler Adult Intelligence Scale)。

二、能力倾向测验

能力倾向(aptitude)是指一个人在学习某种事物前,对学习该事物所具有的潜在能力(potential ability),也就是每个人与生俱来的某种天赋或潜能。能力倾向不单单是指个体之间的差异,还包括个体不同方面的能力之间的差异。如果不能将每个人能力倾向上的相对优缺点找出来,就很难对个人有更深层次的了解。一个人如果能够充分发挥自己的潜在能力,就能使自己的生涯得到最好的发展。能力倾向测验是评量潜在能力的测验,可以由分数高低预估受测者在哪些方面具有可塑性和发展潜力,再给予适当教育,这样更有机会充分发挥受测者的才能。

能力倾向测验大约可分为两种。第一种是综合能力倾向测验,测量多方面潜能,常由多个分测验组合而成,完成测验后,通过分数比较,可以找出受测者适合哪方面的训练(与自己比),也可以知道受测者的优势能力和别人比有多好,弱势能力差距有多少(与他人比),在升学辅导、职业安置等领域有广泛用途。第二种则是特殊能力倾向测验,仅针对单一能力,如美术能力、音乐能力等,常用于甄选有特殊(单一)能力的人,以接受更密集、更精深的教育。

国际上具有代表性的能力倾向测验有区分能力倾向测验(Differential Aptitude Test,DAT 5th Edition)和通用能力倾向测验(General Aptitude Test Battery,GATB)。区分能力倾向测验的测验内容有:言语推理、数字能力、抽象推理、文书速度与准确性、机械推理、空间关系、语言运用之拼写、语言运用之文法等。

通用能力倾向测验(也称普通能力倾向测验),以15种测验项目来测定9种能力倾向:智能(一般的学习能力)、言语能力、数理能力、书写知觉、空间判断能力、形状知觉、运动协调、手指灵巧度、手腕灵巧度。

三、成就测验

成就是指在某一领域内,达到某种成功的水准或程度。成就测验(achievement test)可以是对学生接受教学或训练后学习成果的测量,也可以是对特定的情境下学生在某些学科上学习效果的测量。

成就测验应用在教育上,可以评估受测者的学习成就,以作为教师调整教学计划的重要依据。教师根据学生受测的结果,调整教学方法或教学进度,促使教学产生最大的效果。经由成就测验以获知受测者能做的以及已知的部分,这是有效教学的第一步。教师对测验结果适当地运用,是制定班级教学策略的必备条件,也是对个别学生辅导的基础。成就测验也可以作为增进教学效果的辅助工具,并且使教学达成教育的目标。

以题型来划分,成就测验可分为客观测验题和主观测验题。以实施测验的阶段来划分,则主要分为教学过程中进行的形成性测验(formative test)和某一阶段教学结束后进行的总结性测验(summative test)。

成就测验大多采用团体测验的方式,它有可大量施测、计分方便快捷、时间短且容易控制、资料丰富容易建模、题本可重复使用、经济高效等优点,但也有受测者的行为不容易保持一致、容易出现作弊现象等缺点。

四、人格测验

人格(personality)又称"性格"或"个性",是指个人在生活情境中,对一切人、事、物所表现出的持续的独特特质。"人格"一词在心理学上有两种含义:一是指个人在各种不同场合表现出相当一致性的行为特质;二是个人有自己独特的特质,即使在相同情境下的行为表现,也有个别差异。

人格测验(personality test)是测量个人情绪状态、人际关系、动机、气质、态度、自我概念、行为困扰、焦虑、绝望感、心理健康等方面的特征。测验结果只体现人格特质,没有对错之分。

人格测验有多种测验方式,其中纸笔式(自陈式)最普遍,其他还有情境式、投射式、评鉴式等。人的"性格"是非常抽象的概念,为了使测验更加可靠,因此从纸笔式测验中发展出许多理论来确定测验的效度,如因素分析法、实证法、内容效度法等。要解释测验的结果,必须先熟悉测验是用哪些方法建立的,所以表面上施测很简单,实际上进行纸笔式测验解释时应特别谨慎。目前国际上常用的人格测验量表有卡特尔16种人格因素测验(Sixteen Personality Factor Questionnaire,16PF 5th Edition)、迈尔斯-布里格斯类型量表(Myers-Briggs Type Indicator,MBTI)和加州人格量表(California Psychological Invenytory,CPI)。

五、兴趣测验

我们常将兴趣和态度、价值观放在一起考虑,因为它们共同反映了一个人的成长背景因素,如性别差异、教育环境、家庭环境、社会文化等,对日常生活中遇到的各种活动、事物、人群以及角色所产生的偏好、信念和评价。

兴趣测验一方面广泛地提供各种可能性,让个人可以多方位挑选自己的喜好,另一方面整理生活中各种可能的事件和角色,并加以分类分析,然后找出相互之间的关系。所以受测者选择自己喜欢的部分,马上可以和测验的架构配合,解释测验结果的人就能清晰地指出受测者的兴趣有什么特色、应该如何发展。所以,兴趣测验的好处在于能尊重个人的主观感受,也可以跳出自我有限的经验去体会更多事件。

由于编制原理的不同,兴趣量表通常分为规范性量表(normative scale)和同质性量表(homogeneous scale)两种。在较具知名度的兴趣测验中,斯特朗兴趣量表(Strong Interest Inventory, SII)同时包括两种量表的类型。库德职业兴趣量表(Kuder Occupational Interest Survey, KOIS)只有规范性量表的设计。而霍兰德编制的自我探索量表(Self-Directed Search, SDS)只有同质性量表设计。

在生涯辅导与咨询的应用上,这两类量表都非常有效,只是使用时机有些不同。规范性量表对于选择特殊的职业有较好的预测效度,而且题目的"表面效度"较低,和同质性量表相比,比较不容易作假。而同质性量表在应用上,则能协助当事人发现某一职群的喜好,而不只是狭隘地限定在找出单一职业的兴趣。由此观之,规范性量表比较适用于面临生涯决定关口,需要缩小探索的范围至某一特殊职业的个案;而同质性量表则比较适用于需要自我评量以发现一般性职业兴趣的个案。

六、价值观量表

价值观量表主要是了解一个人对人、事、物的主观评价,找出个人认为有意义的、值得的、重要的价值项目。每个人受过去经验的影响,都会发展一套自己的价值观,用以衡量人、事、物对自己的意义与重要程度,作为选择方向和安排人生的"指导原则"。

价值与生涯选择有关的至少有两个部分:生活方式与工作角色。"生活方式"的选择与"一般价值"关系密不可分,而"工作角色"则受到"工作价值"的影响。舒伯(Super, 1970)设计的工作价值量表(Work Values Inventory),可以用在高中生与大学生的学业与生涯咨询中,也可以作为职场人事甄选的工具。

七、生涯成熟测量

生涯成熟是指一个人准备好去应对职业发展任务(Savickas, 1984),生涯成熟的程度是由发展过程中个人的位置决定的。舒伯(Super, 1994)界定了六个生涯成熟的向度,这六个向度也是一般生涯成熟量表编制的参考基础:

(1)职业选择取向:一种态度的向度,决定个体对职业选择关心的程度。

(2)资讯与计划:一种能力的向度,测验个体职业咨询的掌握及生活计划的程度。

(3)职业偏好的一致性:表示个人对职业喜好的一致性程度。

(4)个人特质的具体化:一种表示个人自我概念进行程度的向度。

(5)职业独立:一种表示个人的工作选择独立程度的向度。

(6)职业偏好的智慧:一种人格特质与职业喜好一致的向度。

由于生涯成熟的概念包括个人所完成的发展任务,能反映出个人在不同阶段因各项任务所显现的行为特征——如课程的选择、工作经验的获得等,因此生涯成熟的评量能够诊断个人职业发展的程度、职业态度及职业能力等。这些资料的获得，特别是和生涯探索有关的态度和能力，及与同年龄团体相比较的成熟程度，可以协助生涯咨询工作者研究判断当事人问题所在，作为生涯咨询进一步辅导的依据。

八、非标准化的测评

1. 检表法(check list)

生涯咨询人员设计一些表格，用于收集当事人历史性或背景性的资料，如家庭背景、学历经验、过去的工作经验等，在初次对话或咨询中，根据实际需求，请当事人填写。这类表格可在短时间内收集一些基本的资料，节省对话时间，也可以让当事人经由整理资料的过程，对自己的状况有重新思考的机会，同时提供讨论时佐证的素材。

2. 生涯幻游(daydreams and mental imagery)

生涯咨询中使用幻游，目的在于提供一个没有威胁性的情境，让当事人探索内心的需求，激发当事人内心对未来的纯真期待。它可以用来探索性别刻板印象对当事人生涯期待的影响，也可以用来明确个人生涯目标。

这种技巧的运用有增多的趋势，因为每个人通常会对自己的未来怀有幻想，而且白日梦的内容有时也是有用的资讯。所以，通过系统渐进的放松练习，让当事人对未来的职业生涯及工作角色产生憧憬，然后说出来，并加以讨论和处理很有必要。

3. 生命线(lifeline)

生命线的具体运用是让当事人画一条水平线，用于反映对生活的满意程度。采用平稳或高低不等的曲线，分别代表人生中的平坦、起伏等关键点，可以从中看到生命从出生到未来的这条线上，哪里是高峰，哪里是低谷，借此观察生命历程中的重要时刻及对未来的期望。

4. 家庭作业(homework)

个体的探索行动需要落实在生活和社会现实中，才能收集到真实的合乎现状的信息。这类探索行动通常会以家庭作业的方式，请当事人在咨询以外的时间进行，比如请当事人作生涯人物访谈、参加志愿者工作或收集现有工作咨询的表格；也可以采用作业的方式请当事人带回加以作答。家庭作业必须考虑当事人的能力，协助指引探索的方法，让当事人明确地了解如何执行，并且与当事人约定时间，就探索的结果加以讨论。因此家庭作业的实施可以缩短咨询的时间，也可以用来增加当事人的生涯行动力。

5. 职业卡片分类法(Vocational Card Sort)

制作手掌大小的卡片，写上职业名称及有关该职业的相关资料(如工作性质、内容环境、所需技能、相关兴趣价值观等，由使用者根据使用习惯及目的决定）。咨询顾问可依据想要达成的目的，使用不同方法，如要了解当事人喜欢的职业属于哪一类，可请当事人根据喜好将卡片分为喜欢、不喜欢及不确定三类。如果想知道当事人喜欢的原因，可以再请当事人将喜欢的职业卡片随意分成小堆，分类的原因或标准由当事人自己决定，分类完毕，再请当事人对每一堆卡片命名，从中探索当事人选择职业的标准。

卡片分类法可成为讨论生涯选择原因的媒介，促进生涯探索，满足对职业的好奇心，提供及时的回馈，有助于生涯决定，在个别团体中都可以采用。

延伸思考

1. 请你查阅相关资料，了解目前常用的生涯测验有哪些，分别介绍这些测验的特点与作用。

2. 请介绍一项你参加过的生涯测验，谈一谈测验结果对你的生涯探索有怎样的影响。

3. 请你画出属于自己的"生命线"，谈一谈在生命的高峰和低谷，你分别经历了什么，你是如何选择与应对的，这对你未来的人生有怎样的启发。

第三节 生涯测评的结果运用与发展趋势

导 语

使用测评工具是生涯咨询的一大特色,咨询人员可以在适当的时机判断使用何种工具,并对结果加以适当统整与运用,增加当事人的自我觉察或收集必要的资料。在此过程中,咨询人员需特别注意评量结果的科学性、准确性、适度性,正确认清测评结果的局限性,不宜过分依赖测评结果。

另外,随着对生涯测评工具研究的深入,以及科学技术的发展,生涯测评的未来发展趋势呈现出本土化、网络化等特点,测评工具能够更好地适应当地人文环境,测验报告、结果解释等也形成了多元化的选择和呈现方式。

值得一提的是,测评工具好用却不可滥用,比如太早使用兴趣测量会限制当事人生涯选择项的探索,也容易使当事人以为生涯咨询就只是心理测验的实施与解释。

理论学习

一、生涯测评结果的应用

(一)生涯测评结果应用的益处

在生涯辅导过程中,生涯辅导者使用标准化的测验量表来为当事人进行生涯测评,通常具备相当的信度和效度,其益处主要体现在以下几个方面:

(1)增加辅导者对当事人的了解。

(2)当事人加强自我探索,澄清自我概念,如喜欢与不喜欢、性格特质等。

(3)辅导者与当事人之间进行更集中、更具相关性的交流和讨论。

(4)当事人将个人兴趣、能力、性格等纳入生涯抉择的条件中。

(5)判断生涯发展的各种可能性和替代性。

(6)协助辅导者和当事人做出生涯决策,制订生涯目标。

(二)生涯测评结果应用的注意事项

需要强调的是,生涯测评结果在应用过程中存在一些局限性,所以在统整测验时,要注意以下情况:

(1)测验的结果要附上当事人其他的相关资料。
(2)确定测验的计分过程正确无误。
(3)辅导者要有心理计量的知识才可以诠释测验结果。
(4)要选用合宜的常模对照。
(5)在有效的生涯辅导过程中,对测验结果进行完整解释,并说清楚它的限制。

二、生涯测评的发展趋势

(一)测验本土化

国际通用的测评量表往往会被广泛应用于不同的族群、人口,容易产生泛文化测验(cross culture testing)的测验偏差(test bias)争议。测验的作用在于增进自我了解和个人发展,协助当事人做职业或生涯计划,因此它的客观性以及能适用于当地人文环境是相当重要的。

未来,生涯测评的研究和应用将朝着本土化方向发展,生涯测评的研究范围将日渐扩大,测验应用机会也会增多,测验统计技术将不断更新发展,将有更多贴合本土文化、环境、人口特质等因素的测验量表、对照常模和正式出版物等问世。

(二)测验电脑化

随着科技发展,信息处理能力的提高及成本的降低,测评量表网络化发展的趋势越来越明显,其所包含的功能大致有:电脑测试、电脑计分、提供结果及解释、打印解释报告等,这使生涯测验的选择、应用和呈现方式更具多元化和灵活性。

1.电脑化测评的编制

编制一个好的标准化测验,需要收集丰富的资料,而且题目撰写完之后,需要找到适当的样本加以试测,分析测验结果,以证实试题具有相当难度,也能区分能力较强者与能力较弱者在测试领域或测验结果上的差异。

2.电脑化测验分析及报告

目前,互动式电脑系统已被应用于教育与职业计划,以及生涯决策等咨询目的。在该系统的支持下,当事人可以直接在终端机上与电脑沟通,就好像两个人实际进行对话一般。在这种情境中,测验分数通常与个案提供的其他相关资料合并存于资料库中,电脑会在已储存的教育与职业资料中,选择有用的信息加以整理,在此基础上回答当事人提出的问题,并逐步引导当事人做决定。

3.电脑化测验的施测

测验的施测可以在网上进行。电脑化测验(computerized testing)是电脑辅助教学的自然附属品,这种施测方式非常适合不同速率和不同水准的受试者单独施测。电脑化测验是把测验题库输入电脑档案中,受试者根据需要在电脑上完成指定测验,并立即得到测验结果的反馈。

4.电脑化测验的解释

电脑程序经过设计,落在某一给定范围的分数,两个或更多的特殊组合,甚至对某些特定问题的反应组合,都可导引出一个或多个描述结果。虽然这些电脑的报表叙述有赖于咨询顾问或临床评鉴,但不可否认,它的确提供了有用的参考资料。

需要注意的是,某些应用可能招致误解及产生对分数的错误解释。所以,电脑分数解释报告的服务必须提供适当的信息,让使用者评估该系统的信度、效度及其他技术上的特性。

生涯评量的网络化应用相当高效、便捷,设立时费用可能较高,但在后续使用过程中经济且高效。而且随着技术进步,生涯测评量表的网络化成本也会相应降低。生涯测评量表在网络化设置时会形成标准化的操作程序,便于快速统分和即时反馈。而且,测评过程中,可以获得更多测试者的信息,如哪些答案更改过、回答所用时长等。网络的记忆存储功能也方便了测评信息的储存,为日后的修订和研究提供资料。

延伸思考

1.选择一种你熟悉的生涯测评工具,谈一谈该测评的评量结果的用处与局限性。

2.请你根据所学知识及个人理解,畅想一下生涯测评的未来发展趋势和可能更多的应用场景。

第四节 基于综合实践活动的生涯教育之附中实践：精准生涯测评

生涯教育——项目背景

生涯测评是帮助学生增进自我认知，做出科学合理决策的重要辅助工具。从广大学生的需求出发，兼顾测量的信度、效度与适用性，我们选取生涯测评中较为重要的兴趣、性格、能力、价值观四个板块进行测评。接下来，我们节选部分测评结果进行展示。

生涯教育——测评实施

一、兴趣

兴趣测评通过霍兰德兴趣测验完成。以某学生为例，霍兰德兴趣测评结果如下。

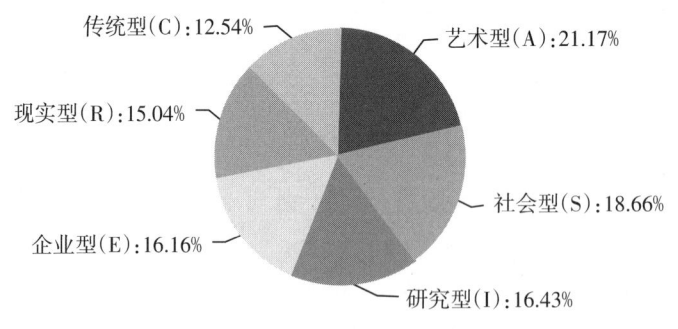

- 传统型(C)：12.54%
- 艺术型(A)：21.17%
- 现实型(R)：15.04%
- 社会型(S)：18.66%
- 企业型(E)：16.16%
- 研究型(I)：16.43%

可以发现，该生的霍兰德兴趣代码为 AS，兴趣指向艺术型与社会型。结合当下的社会职业门类，该生倾向从事与艺术相关的音乐、写作、传媒等工作，同时对教师、咨询辅导、社会救助、公益志愿等工作有倾向。推荐的大学专业有艺术教育类、中国语言文学类、新闻传播学类、戏剧与影视学类等。

二、性格

性格测评的工具有很多，在我校实践中，我们更倾向于使用MBTI性格测验。以某学生为例,性格测评结果如下。

性格测评代码为INFJ(内向+直觉+感性+判断)。

特质分析:

因为坚韧、创意及必须达成的意图而能成功,会在工作中投注最大的努力;默默地、强力地、诚挚地及用心地关切他人;坚守原则,有明确愿景而为人所尊敬与追随;追求创见、关系及物质的意义及关联;想了解什么能激励别人,对他人具洞察力。

对应学群:

文史哲学群、艺术学群、建筑设计学群、外语学群。

推荐学科门类:

哲学(哲学类)、文学(中国语言文学类)、历史学(历史学类)、艺术学(艺术学理论类、音乐与舞蹈学类、美术学类、设计学类)、文学(外国语言文学类)、工学(测绘类、建筑类)。

三、能力

能力部分通过多元智能测评完成。以某学生为例,多元智能测评结果如下。

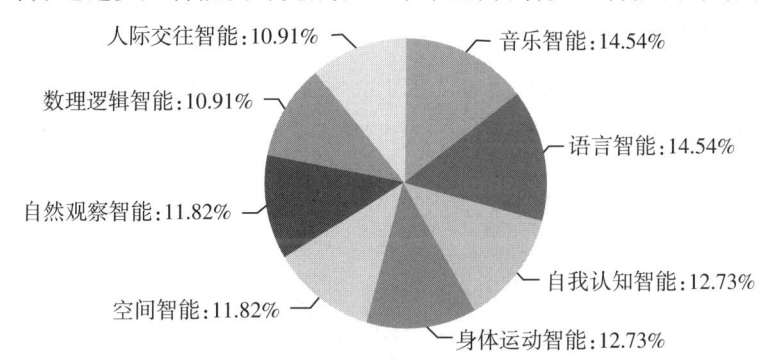

人际交往智能:10.91%
音乐智能:14.54%
数理逻辑智能:10.91%
语言智能:14.54%
自然观察智能:11.82%
自我认知智能:12.73%
空间智能:11.82%
身体运动智能:12.73%

优势智能为:

节奏-音乐智能(G)、言语-语言智能(A)

1. 节奏-音乐智能(G)

节奏-音乐智能是指人们察觉、辨别、改变和表达音乐的能力。

节奏-音乐智能得分高:说明您能够敏锐地感知音调、旋律、节奏、音色,在唱歌、捕捉声音、回忆旋律、节奏感等方面表现较为突出。您平时可能喜欢唱歌、演奏、听音乐一类的活动。

高中学科相关:节奏-音乐智能较高的学生在高中音乐学科的学习中有一定优势。适合职业为作曲家、音乐家、演奏家。

2. 言语-语言智能(A)

言语-语言智能是指有效运用口头语言和书面文字的能力。

言语-语言智能得分高:说明能够顺利而高效地利用语言描述事件、表达思想并与人交流,在阅读、写作、说故事、记忆数据、思考文字方面表现较为突出。平时可能喜欢做阅读、写作、说故事、记忆、猜谜题一类的事。

高中相关学科:言语-语言智能较高的学生在高中语文、英语、历史、政治、生物、地理学科的学习中有一定优势。适合职业为作家、编辑、记者、政治家、律师、演说家、主持。

优势智能推荐匹配的大学专业:

教育学:教育学类(艺术教育、中文教育)。

文学:中国语言文学类(汉语国际教育、中国少数民族语言文学);外国语言文学类(英语、俄语、德语、法语、西班牙语、阿拉伯语、日语、波斯语、朝鲜语、菲律宾语等小语种);新闻传播学类(广播电视学、广告学、传播学、编辑出版学、网络与新媒体、数字出版)。

艺术学:艺术学理论类(艺术史论);戏剧与影视学类(录音艺术)。

四、价值观

一个人的价值观,在哲学上属于世界观、人生观的范畴;在心理学上,则可以将它看作是社会态度的一个重要组成成分。未来的专业职业选择中,价值观的影响很大。

在本校实践中,我们选择职业价值观自测量表来帮助学生大致了解自己的职业价值观倾向。以某学生为例(如下图所示),发现其得分最高的三项为:

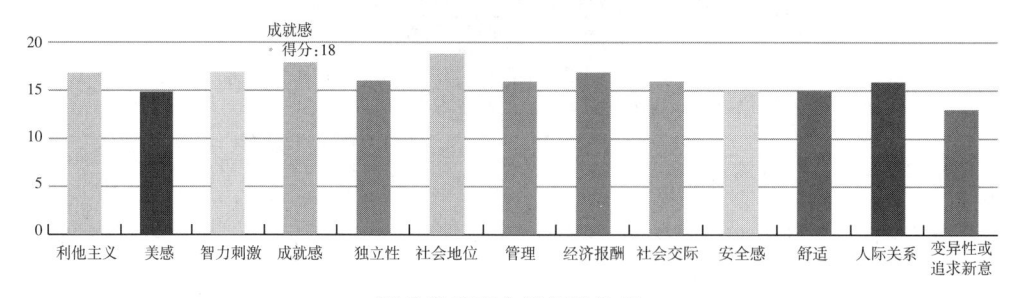

职业价值观自测量表结果

社会地位:工作的目的和价值,在于所从事的工作在人们的心目中有较高的社会地位,从而使自己得到他人的重视与尊敬。

成就感:工作的目的和价值,在于不断创新,不断取得成就,不断得到领导与同事的赞扬,或不断实现自己想要做的事。

经济报酬:工作的目的和价值,在于获得优厚的报酬,使自己有足够的财力去获得自己想要的东西,使生活过得较为富足。

得分最低的三项为:

变异性或追求新意：希望工作的内容应该经常变换，使工作和生活显得丰富多彩，不单调枯燥。

美感：工作的目的和价值，在于能不断地追求美的东西，得到美感的享受。

舒适：希望能将工作作为一种消遣、休息或享受的形式，追求比较舒适、轻松、自由、优越的工作条件和环境。

结合相关的结果，学生可以发现自己在未来职业选择中更加重视哪些因素，哪些因素并不重要，据此作出更符合自己的决策。根据此结果，该生未来可能更加倾向于选择公务人员、高校教师、行政管理人员等工作。

五、测评结果应用的注意事项

生涯测评是学生进行自我探索，增进自我认知的有效手段。但是测评同样有其局限性，教师、家长乃至学生自身在参照测评结果的时候，需要保持一个合理的度，不将单个测评结果作为绝对正确的指向标，尽量合理参照多个测评的综合结果。

此外，测评结果不应脱离个体自身家庭、生活、学习以及过往的成长经历。对于测评的结果可以融合个性化生涯规划辅导（详见本书第十一章 第四节），给予学生更加契合且有参考性的帮助及引导。

生涯教育——综合实践活动

精品社团课

西南大学附属中学校将综合实践活动中的经典部分——社团活动，重新改革凝练提高，变身为目前的社团选修课程，每周定期开展课程活动，成为落实生涯教育的有力途径。原因有二，首先，社团组织的丰富多样给学生提供选择的机会，让学生有机会在一年内完成一个"选择—进入—体验—整合—再选择"的循环，让学生经历一个类似于未来专业选择、职业选择的完整过程。其二，社团活动可以将学生的参与度和体验大大提高，不同的社团类型融合了综合实践活动的一个或多个领域，例如青年志愿者协会充分发挥了社区服务与社会实践的领域特点，让社团成员体会到助人奉献的成就感；"404研究所"以生物实验为主要特色，既能在实验室中体验到科研探索的乐趣，又能在作物培育的过程中体会动手劳作的辛苦与收获，融研究性学习和劳动教育为一体，让成员感受到科研人员的真实体验，增进职业认知。在这一过程中精准的生涯测评能够帮助学生更好地完成选择决策，更好地完成体验成长的过程。

第六章

中学生的学习与成就动机

第一节 需要、动机和目标

导 语

需要引发动机,动机引发行为,行为又指向目标,这是需要、动机、目标三者之间的内在联系。只有厘清个人行为模式的构成与关系,才能充分唤醒个人的内在需求,有效激发个人的行为驱动力,有力推动个人生涯目标顺利实现。

理论学习

一、需要与动机的关系

普通心理学给"需要"下的定义是:需要具有"缺乏"的含义,产生于生理和心理的不平衡状态,表现为有机体对内外环境条件的欲求。例如,当血液中缺乏水分时,会产生渴的感受和喝水需要。

马斯洛的需要层次论认为,人的需求由低到高分为七个等级,即生理需要、安全需要、归属与爱的需要、尊重需要、认知需要、审美需要及自我实现的需要。但无论是低级还是高级需要,人一旦产生"需要",就意味着人正处在一种"缺乏"的失衡状态。

动机是指能引起并维持人的活动,将该活动导向一定目标,以满足个体的念头、愿望或理想等。它是推动个人采取行动的一种源自内心的动因,即内部动机。

动机的产生受需要和诱因两种因素共同影响。需要是动机产生的源泉,诱因是动机产生的条件,需要如果没有诱因的催化,不达到一定的强度,就仍然只是需要,而无法转化为动机,也不会产生相应的行动。

二、动机与目标的关系

动机是直接推动一个人进行行为活动的内部动力,而目标是人们通过活动所要达到的结果。动机是实现目标的内在驱动力。例如,学习动机使学习者具有明确的学习目标,知晓自己为什么而学习,朝着哪个方向努力。很多研究的结果都已证明,动机水平高的学生能够在长时间的学习中保持认真的学习态度,拥有坚持完成学习任务、达成学习目标的学习毅力。

动机与目标既有区别又有联系。动机与目标的区别在于:第一,两者在行为中的作用不同,动机决定行为动力,目标决定行为方向。第二,两者与需要的关系不同,动机由需要引发,与需要是直接关系;目标是行为的结果,与需要是间接关系。第三,同一目标行为,可能由不同动机引发;同样动机也可能引起不同的目标行为。例如,学好功课,取得优异成绩,有的人是受到报效国家的崇高动机指引,有的人是为谋求今后优渥生活的动机所驱动。

动机与目标的联系在于,两者都属于动力系统范畴,其动力性与方向性是统一的。动机与目标之间可以相互转化,在一种行为中是目标的事物,在另一种行为中可能成为动机。

三、需要、动机与目标的关系

心理学研究表明,人的行为具有目的性,而目的源于一定的动机,动机又产生于需要。由需要引发动机,动机支配行为并指向预定目标,是人类行为的一般模式。

客观环境刺激个体,首先产生需要,需要一旦被明确意识到,就会以动机的形式表现出来,继而驱动个体产生相应的行为,该行为朝着需要的方向追求一定的目标,追求目标就是满足需要。

当动机引发的行为目标实现时,需要得到满足。个体在客观环境作用下将产生新的需要,动机、行为、目标也会随之转移。个体行为就这样周而复始、循环往复地进行下去,从而推动个体去从事各种各样的活动,达到一个又一个目标。

延伸思考

1. 请你根据自己的成长经历,谈一谈需要、动机和目标之间的关系。

2. 请你根据动机与目标的关系,想一想如何激发学习动机,促使学习目标顺利实现。

第二节　设立目标

导　语

功夫巨星李小龙曾定下清晰的人生目标:"我——李小龙,将会是美国最高片酬的东方超级巨星。为了达到这个目标,我愿意付出努力,为观众带来最刺激的功夫表演,尽我所能成为有素质的演员。从1970年开始,我将会在国际上扬名;从70年代至80年代末期,我将会拥有一千万家产;从此我将过上我喜欢的生活,得到我内心的和谐与快乐。"

一个清晰远大的目标能够照亮人的一生。明确目标是生涯规划的核心内容。我们必须掌握目标制定的基本原则与方法,学会为自己制定科学合理、清晰长远的目标,为自己的人生点亮灯塔,指明方向。

理论学习

一、目标是生涯规划的核心

哈佛大学曾经对一群智力、学历、环境条件都相差无几的毕业生进行了一次关于人生目标的调查,发现:

27%的人,没有目标;

60%的人,目标模糊;

10%的人,有清晰、短暂的目标;

3%的人,有清晰而长远的目标。

哈佛大学经过25年的跟踪调查发现,那3%的人,25年来一直朝着一个方向不懈努力,后来大都成为社会各界的成功人士。

大量调查研究发现,成功者都有一个共同特点:明确的目标。他们始终头脑清醒,目标明确,并向着那个清晰而长远的目标奔跑不息,最终抵达成功的彼岸。目标是驶向成功之船上的罗盘,它使我们认清方向,产生动力,自觉克服前进道路上的一切困难。由此可见,确立目标是制定生涯规划的关键,目标是生涯规划的核心内容。

二、明确目标的意义

1. 明确的目标将为学生的生涯发展指明方向

清晰、长远的目标将帮助学生明确自己想要什么,要到哪里去,并引导学生科学判断各项事务的轻重缓急,让学生有计划、高效率地完成学习和生活中的事务。因为,如果做事没有目标,就很容易陷入跟理想无关的日常杂事中,严重影响办事效率和效果。有人曾说过:"智慧就是懂得该忽视什么东西的艺术。"这句话的道理就在于此。

2. 明确的目标有利于激发学生持久的内在动力

缺乏目标的学生,对于生活和学习往往抱着得过且过的散漫的态度,或者迫于外界压力而被动地采取行动。家长可能需要花费更多精力和努力去督促学生的学习与成长。一旦学生明确了清晰、长远的目标,将有利于激发学生持久的内在动力,促使学生充满激情和斗志地一路奔跑,在行动力上超越身边的人。他享受追逐目标的过程,也渴望收获目标实现那一刻的成果与喜悦。目标会提高学生学习中的激情与效率,使他付出更多,也收获更多。

3. 明确的目标有利于培养学生良好的自我管理能力

目标是学生自我管理的起点。在目标的驱使下,学生会有意识地开始思考:为了实现目标我应该做什么,不应该做什么?他会主动地求进步、求改变、求发展,而不再被动地接受长辈的管束;他会合理地安排自己的学习与生活,有计划地成长,不再虚度光阴;他会学习控制自己的情绪,约束自己的行为,懂得对自己的人生负责,提高自我管理能力,实现自主成长和自主发展。

4. 明确的目标有利于培养学生的顽强毅力

学生有了目标,心中就有了"盼头",他会为实现目标而努力,并表现出超乎想象的意志力与勇气。即使遇到困难和挫折,对目标的渴望和执着也会带来坚持下去的信念和力量。

三、订立目标的基本原则

要制订真正有效的目标,建议学生在制定目标时遵循"SMART"原则。

Specific(S):明确的。即目标要尽量具体,不要含糊不清或太广泛。

Measurable(M):可以量度的。指目标应该是可以行为化的,验证目标的数据是可以获得的。

Achievable(A):实际可行的。目标太高,难以实现,我们会慢慢丧失斗志。目标太低,太容易达到,也会让人失去兴趣。所以,"跳一跳能够得着"的目标最具有吸引力。

Rewarding(R)：有足够满足感的。想一想完成这个目标将获得的满足感,将激励我们定下目标、实现目标。

Time limited(T)：有时间限制的。没有时间限制的目标,很容易被我们用各种借口来推迟。

四、学会分解目标

明确长远目标后,不要急着行动,应进一步把大目标分解成若干个小目标。把一个较大的目标分解成一个个相对简单的阶段性目标,能够化整为零,降低难度,更容易激发我们完成目标任务的决心和信心。当我们实现一个又一个小目标后,就会惊喜地发现,我们离大目标越来越近了。

大目标和小目标的关系就像一座金字塔(如下图所示)。例如,将人生终极目标依次分解为长期目标(5~10年)、中期目标(3~5年)、短期目标(1年内)、小目标(每月、每周、每日)。

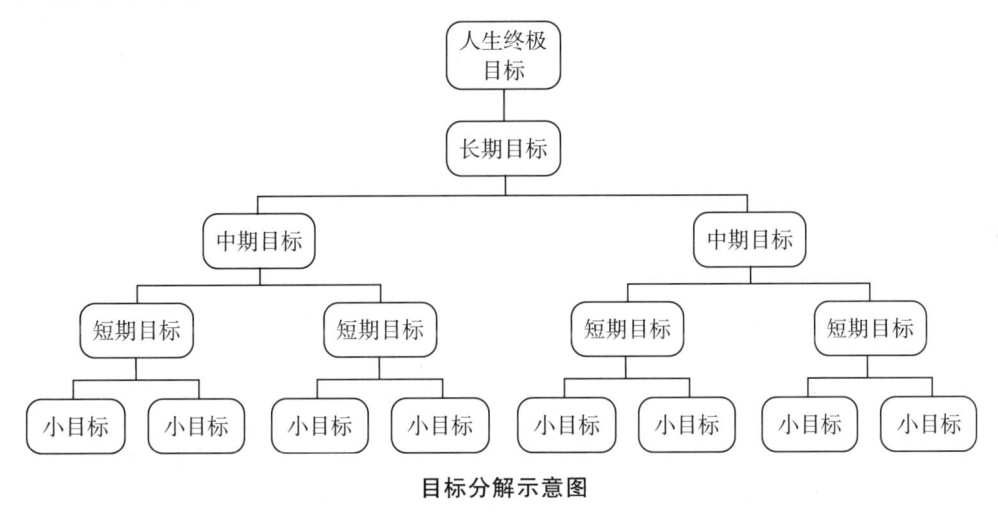

目标分解示意图

延伸思考

1.请你简单总结制定目标的基本原则。

2.请你为自己制订一个中长期学习目标(3~5年),并将大目标分解成一个个小目标。

3.如何判断你制订的目标是否科学合理、切实可行?

第三节　成就动机

导　语

纵观古今中外许多成功人士的成才之路就会发现,虽然他们有着不同的天赋、机遇和客观条件等,但他们都具备一个共同的特质:拥有坚定信念和渴望成功的进取心。换句话说,他们都具有较强的成就动机。

我们有必要加强成就动机的培养,激发我们成长的内驱力,促使我们以较强的韧性和毅力来应对学习、生活中遇到的挫折与失败,为生涯目标奋斗不息,勇往直前。

理论学习

一、成就动机概述

（一）成就动机的定义

成就动机,是个体追求自认为重要的有价值的工作,并使之达到完美状态的动机,即一种以高标准要求自己,以力求取得活动成功为目标的动机。

（二）成就动机的基本特点

（1）人的行为活动总带有一定的目标指向性,力争在某方面得到收获、取得成功。成就动机会使人正视自己遇到的挫折和失败,并表现出极大的韧性和毅力,不达目的决不罢休。

（2）成就动机具有复杂的多级性。幼年时,儿童的成就动机主要表现在努力做好言语学习、生活自理、游戏等事情上；入学后,儿童成就动机的主要表现是学好功课,取得优良学习成绩；青少年时期,成就动机逐渐复杂化,青少年既追求优异的学习成绩,也追求文娱、体育、团体活动等方面的成功；成年以后,人们主要追求在劳动、工作、学术等方面有所成就。

（3）成就动机是个人的整个动机体系中的一种动机,它与求知、创造、赞誉、归属等动机相互渗透,相互作用。

(三)成就动机的影响因素

(1)目标吸引力:目标的吸引力越大,成就动机越大。

(2)风险和成败的主观概率:很有把握的事和毫无胜算的事都不会激发高的成就动机。

(3)个体施展才干的机会:个体施展才干的机会越多,成就动机越强。

二、成就动机理论

1.成就需求理论

美国哈佛大学教授戴维·麦克利兰(David.C.McClelland)是当代研究动机的权威心理学家。他提出了著名的"三种需要理论",把人的高层次需求归纳为对成就、权力和亲和的需求。

麦克利兰认为,成就动机是人格中非常稳定的特质,个体记忆中存在着与成就相联系的愉快经验,当情境能引起这些愉快经验时,就能激发人的成就动机欲望。高成就需要者渴望的往往不是成功带来的物质奖励,而是追求成功过程中挑战困难、解决问题的乐趣,以及获得成功后的成就感。因此,对于高成就需要者来说,成败概率各占一半的工作,对他们更有吸引力,他们的表现也更出色。他们喜欢设定通过一定努力才能达到的目标,非常享受从自身的奋斗中体验成功的喜悦感和满足感。

此外,麦克利兰还认为,个体的成就需要与他们所处的经济、文化、社会、政府的发展程度,以及社会风气等有关。

2.期望价值理论

著名学者阿特金森(J.W.Atkinson)将麦克利兰的成就需求理论进一步深化,提出了具有广泛影响的成就动机模型。

阿特金森的成就动机理论被认为是一种期望价值理论,这一理论认为动机水平依赖于一个人对目的的评价以及达到目的可能性的评估。他把成就动机分为两种倾向:追求成功的动机与避免失败的动机。追求成功动机占优势者,会对取得的成功感到非常自豪,对于遭受的失败却不会感到那么羞愧;相反,避免失败动机占优势者,会对自己的失败感到非常丢脸,对取得的成功则没那么自豪。

麦克利兰的实验研究证实了成就动机的水平与完成学业任务的质与量紧密相关。如果一个追求成功动机较强的学生在追求某个目标时,即使遇到一定的困难和失败,依然会坚持努力,甚至会提高他们努力达成目标的意愿。研究表明,这类学生最有可能选择成功概率约为50%的任务,因为这种选择能给他们提供最大挑战,他们能抵御风险,在学校进行的智力测验中能得到较好的分数。相反,这类学生对完全不可能成功或稳操胜券的任务,动机水平反而下降。

而一个避免失败动机较强的学生,往往倾向于选择非常容易或非常困难的任务,选择容易的任务可使他们免遭失败,而选择非常困难的任务,即使失败了,也可找到适当的借口,减少失败感。

三、成就动机培养策略

1. 确定适宜的成就目标

麦克利兰曾说:"个体应根据现实情况审时度势,提出切实可行的目标,避免不切实际的幻想。"学生应正确认识自我,准确评估个人现状,认真考虑自己希望在哪些科目、哪些方面取得成功,然后合理确定自己的目标,包括学习目标、健康目标等,帮助自己建立适当的成就动机。

需要注意的是,学生制定的目标应该清晰明确、难度适中,是自己"跳一跳"就能够得着的。如果目标定得太高,学生拼尽全力都难以达成,这样不但无法增强学生的成就动机,反而严重打击学生的自信心。如果目标定得太低,学生在实现目标的过程中缺乏克服困难的体验,即使达成目标也毫无成就感,这样的目标也难以激发学生的成就动机。

2. 增加学生的成功体验

美国教育心理学家奥苏伯尔指出:"动机与学习之间的关系是典型的相辅相成的关系,绝非一种单向性的关系。"让学生在成长过程中不断得到成功体验,已成为运用现代心理学研究成果激发学习动机的最重要的方法之一。

建议家庭和学校尽量为学生提供体验成功的机会,例如,家长可以有意识地让孩子亲自参与生活中的各种事务,哪怕孩子一开始可能做得一团糟,也要让他大胆去做。让孩子从一些生活小事做起,逐渐增加成功体验,培养自立精神与自信心,继而增强其成就动机。

在教学中,教师可以设计不同水平的问题,让每一个学生根据自己能解答的问题进行交流,在问题思考与回答中增强学生的自信;或者针对学生的个性差异设计多梯级、多层次的作业,提出不同的作业要求、内容和形式,供学生自主选择,使每个学生都有机会获得成功,体验成功的喜悦。教师还可以根据学生的实际情况,鼓励和组织学生参加各种团体活动和竞赛,让孩子有更多机会体验到通过适度竞争赢得胜利的自豪感和喜悦感,有效培养学生的成就动机。

3. 学会合理归因

美国心理学家伯纳德·韦纳(Bernard.Weiner)从认知心理学的角度,把人们对成功和失败的原因分析归纳为六个因素：能力、努力、工作难度、运气、身心状况、其他。他认为，人们对成功和失败的归因，会对其今后的行为产生重大影响。

在遭遇失败时，成就动机高的学生，更倾向于把失败归因于自己不够努力等稳定因素，他们会付出更多的努力和耐心，期待下一次取得成功。而成就动机低的学生，往往会把失败归因于自己能力不高、任务太难等不稳定因素，以至于对改变现状、取得成功缺乏信心。反复经历失败后，学生会产生"自己是无能者，再努力也没有用"等极端消极心理，造成"习得性无助"。

作为对成就需要理论的一个补充，归因理论特别强调成就的获得有赖于对过去工作是成功还是失败的不同归因。因此，教师应加强对学生进行归因训练，一方面引导学生实事求是地进行归因；另一方面，引导学生将成功归因于自己能力高、比较努力等内部因素，将失败归因于自己努力不够、运气不好等不稳定因素，这对增强学生的自信心和意志力，提高学生的成就动机是很有必要的。

延伸思考

1. 请你查阅成就动机的相关资料，谈一谈培养成就动机的意义和作用。

2. 你是如何对自己的成败进行归因的？请举例说明，并思考你的归因方式对你后来的学习和成长有何影响。

3. 你打算采取什么策略来培养自己的成就动机？

第四节　基于综合实践活动的生涯教育之附中实践：落实核心课程——动机

生涯教育——校本课堂

【教学目标】

1. 认识和了解自己的兴趣和志趣。
2. 挖掘成长的内在成就动机。

【教学准备】

学生提前观看视频《漂在水上的足球场》，对自己的兴趣有初步的认识。

【教学环节】

一、导入

凿壁借光、悬梁刺股、囊萤映雪、韦编三绝等是我们熟悉的经典故事，它们展现了古时候中华儿女艰苦奋斗、刻苦学习的精神。童第周、华罗庚、陈景润等当代名人在求学阶段孜孜不倦，奋力拼搏才取得了伟大的成就。求学路漫漫，我们要怎样做才能实现自己的梦想呢？

是不是所有的兴趣都会让自己舒服、愉快呢？有没有哪些兴趣是伴随着艰难和痛苦的呢？请把你的思考与周围的同学分享。

理论链接：兴趣金字塔。

处于底层的"感官兴趣"主要是对感官刺激的喜爱，如喜欢吃东西，喜欢听相声，喜欢睡觉等，人们谈论兴趣时往往谈论的是感官兴趣。这一层的兴趣是外控的、不稳定的，会因为时间甚至心情的变化而变化。

处于中层的是"自觉兴趣"，除了感官刺激之外，自觉兴趣往往意味着我们对这种感官刺激的原因产生了探究的意愿，开始问"为什么"。此阶段的兴趣是内控的，相对稳定，如一个爱美食的人开始探索如何做出美食，一个喜欢看小说的人开始思考为什么有的小说特别吸引人而有的却平平无奇……

处于顶端的是"志趣",志趣在感官刺激体验、主动认知行为之外,还能得到自我的价值激励。此时,他每在自己的兴趣上投入一分,就能获得一分创造带来的价值效能感,因此,这是一种非常稳定的兴趣。

你的兴趣,处在哪个层面呢?如何帮助自己把感官兴趣上升为自觉兴趣甚至是志趣呢?

二、生涯探索,寻找动机

心理学有一种理论叫作"自我决定理论",该理论认为除了解决生理需求以外,如果能让一个人主动去做一件事,那么这件事情至少能同时满足这个人的自主需求、胜任需求和归属需求。

活动一:同学甲非常喜欢玩一款团队对抗的游戏,在这款游戏中,他可以自己决定选取哪个"英雄"、自己决定搭配哪些"装备"(自主需求),还可以通过不断练习提升自己的技能和实力,相应地也会有"段位"的提升(胜任需求)。在游戏中,会有玩得不错的好友,甚至可以加入"战队"一起玩(归属需求)。

同学乙爱好打篮球,每逢周末总是会去篮球场挥汗如雨。在篮球场上,他可以自己决定和谁一起组队、自己决定采用何种玩法(自主需求)。每当他发挥出色,篮球投进篮筐的一刹那,或是为队友奉献了巧妙助攻,他都感觉好极了(胜任需求)。篮球场外,几个经常打篮球的同学也都互相熟悉,经常相互约着打球(归属需求)。

上面两个例子中,玩游戏和打篮球都满足了两位同学各自的自主需求、胜任需求和归属需求,激发了他们做这件事的内部动机。因此,他们愿意主动去做这些事,甚至即便在无法做这些事情的时候,他们也心心念念地想去做。这些,就是自我决定理论所讲述的内部动机的产生来源。

活动二:学习疑惑诊断

学习效果除受学习动机的影响外,还与学习兴趣、学习目标密切相关,学习中你遇到了哪些问题呢?请通过下面的测试初步诊断自己在学习动机、学习兴趣、学习目标上是否存在困扰。相符打"√",不符打"×"。

学习困扰小测试

1.如果别人不督促你,你极少主动地学习。
2.你一读书就觉得疲劳与厌烦,直想睡觉。
3.当你读书时,需要很长的时间才能提起精神。
4.除了老师指定的作业外,你不想再多看书。
5.在学习中遇到不懂的知识,你根本不想设法弄懂它。
6.你常想:自己不用花太多的时间,成绩也会超过别人。

7.你迫切希望自己在短时间内就能大幅度提高自己的学习成绩。
8.你常为短时间内成绩没能提高而烦恼不已。
9.为了及时完成某项作业,你宁愿废寝忘食、通宵达旦。
10.为了把功课学好,你放弃了许多你感兴趣的活动,如体育锻炼、看电影与郊游等。
11.你觉得读书没意思,想去找个工作做。
12.你常认为课本上的基础知识没啥好学的,只有看高深的理论、读名家作品才有意思。
13.你平时只在喜欢的科目上下狠功夫,对不喜欢的科目则放任自流。
14.你花在课外读物上的时间比花在教科书上的时间要多得多。
15.你把自己的时间平均分配在各科上。
16.你给自己定下的学习目标,多数因做不到而不得不放弃。
17.你几乎毫不费力就实现了你的学习目标。
18.你总是同时为实现好几个学习目标而忙得焦头烂额。
19.为了应付每天的学习任务,你已经感到力不从心。
20.为了实现一个大目标,你不再给自己制订循序渐进的小目标。

上述题目可分为四组,它们分别测试你在四个方面的困惑程度:

1-5题测查你的学习动机是否较弱;6-10题测查你的学习动机是否过强;11-15题测查你的学习兴趣是否存在困扰;16-20题测查你在设定学习目标时是否存在困扰。

假如你对某一组题中的3个及以上持认同态度,则一般说明你在相应的学习欲望上存在一些不够正确的认识,或存在一定程度的困扰。[1]

三、问题的解决之道

学习动机太弱:我们必须清晰地认识到,只有努力学习,不断拼搏才能为我们未来的人生之路奠定坚实的基础。学习时要有明确的学习目标,端正学习态度,养成良好的学习习惯,努力学习。

学习动机太强:学习动机太强会给我们造成很大的心理压力,患得患失,甚至产生焦虑情绪。学习中若出现此种情况,我们需要摆正自己的心态,适时进行自我调节,做到劳逸结合,松弛有度。

学习兴趣:兴趣是最好的老师,浓厚的兴趣是驱动我们努力学习最实际、最有效的内部动力。学习时可通过一些方法来增强学习的兴趣,如找一个比你成绩略好的同学作为对象,暗下决心,争取逐步赶上和超过他,以此增强学习的兴趣。

学习目标:学习上,首先最重要便是有明确的学习目标。在学习过程中,要养成

---

[1] 卢秀安,陈俊,刘勇.教与学心理案例[M].广州:广东高等教育出版社,2002.

制定目标计划的习惯,为各门学科制定目标。除此以外,也可对学习环节制定目标,如预习目标、课堂听课目标、课后作业目标等。

生涯教育——综合实践

一、校园选修课

高一年级每周有一节针对高一全体学生的选修课,学生可根据自己的兴趣选择选修的内容。周末,学校单独为长住生开发了选修课。选修课有演讲与口才、思维与辩论、围棋、象棋、写作、木工、科学实验、乒乓球等。这是我们把感官兴趣转化为认知兴趣的好时机! 把握机会,选择你喜欢的选修课。

二、研究性学习——给志趣以舞台

如果你有奇思妙想或是学术疑惑,要通过实验来验证或是通过研究来证明,那么研究性学习小组的大门为你敞开!

1. 专项课题培训

包括集中通识培训、专业课程培训、成果交流与展示。

2. 专项课题研究

(1)在学校综合实践活动导师的指导下确定研究主题或方向。

(2)与本研究小组讨论制订研究计划,确定研究内容、研究方法和技术路线。

(3)开展研究,并随时向导师反馈研究情况,及时修正改善。

3. 成果总结

撰写成果报告、学习体会、收获及建议。

第七章

中学生的能力倾向与培养

第一节　培养学生的职业兴趣

导　语

我们常常会有这样的体验：对于感兴趣的事会精神百倍、乐此不疲地投入其中；对于不感兴趣的事情则很难集中精力，心浮气躁，办事效率也不高。这就是"感兴趣与否"带来的截然不同的成长体验。伟大发明家爱迪生用他的两千多项发明成果印证了一个道理：兴趣是最好的老师。学生应把目光聚焦到自己的"兴趣点"上，积极探索自己愿意为之长期奋斗的"志趣"，明确自己的职业兴趣和人生理想。当你找到了自己的"志趣"，祝贺你，你拥有了生涯发展所需的源源不断的原动力。

理论学习

一、"兴趣"概述

1. 什么是兴趣

兴趣是指个人力求接近、探索某种事物和从事某种活动的态度和倾向，是个性倾向性的一种表现形式。大家不妨回想一下，什么事情能够让自己兴奋不已，乐此不疲地一遍又一遍尝试，专心致志地投入其中，即使遇到重重困难也不退缩，甚至达到"浑然忘我"的境地，这大概就是因你的兴趣所在。

2. 兴趣发展的三个层次

一般来说，兴趣的形成和发展可分为有趣、乐趣和志趣三个阶段。

第一阶段：有趣。指对某一事物或活动感到新奇，想要一探究竟。这一阶段的兴趣较短暂、不稳定、容易消失。

第二阶段：乐趣。是在有趣的基础上发展而成，表现为对某一事物或活动较为深入的体验，并时常产生愉悦、满足的感受。这一阶段的兴趣趋向稳定与专一。

第三阶段：志趣。是个人价值观与个人目标和远大理想相结合的产物，具有方向性、自觉性、稳定性和社会性等特点。

3.兴趣对个人的生涯发展意义重大

第一,兴趣是激发学习动力的发动机。

我们对于有兴趣的事物总是愿意付出大量精力去探索、学习与行动。当学生对某学科产生浓厚兴趣,特别是把当前的学习与未来的职业发展结合在一起时,学生就会明白自己为什么而学习,就不会再抱怨学习枯燥乏味,反而能处处感知学习的乐趣与价值,在学习上倾注极大的热情,产生持久而稳定的学习动力,促使个人为职业兴趣和理想奋斗不息。

第二,兴趣是职业选择的起点。

比尔·盖茨从小兴趣广泛,他对喜欢的事物一旦着迷,便能全身心投入。比尔·盖茨的父母非常尊重孩子的兴趣,并给他提供各种发展机会。初中时,比尔·盖茨迷上了计算机,父母就鼓励他按照自己的兴趣来学习计算机课程。比尔·盖茨在兴趣的指引下追逐梦想,最终创办了享誉世界的微软公司。可以说,他是一位因兴趣而成就的天才。

兴趣可以丰富人生,更能够成就事业。兴趣是学生选学科、选专业、选职业的重要依据。如果学生以兴趣为起点,长期学习自己感兴趣的技能,未来就有机会从事自己喜欢的职业,这是激发学生学习与工作热情,开发学生无限潜能的原动力。

第三,兴趣能够帮助学生塑造健全人格。

广泛的、有益的兴趣爱好,能够极大地丰富学生的现实生活与精神世界,有利于塑造学生朝气蓬勃、乐观开朗的个性特点。特别是当学生拥有积极、稳定的志趣,明确了自己的职业方向和人生目标,就会一心为着理想奋斗,从而有效抵制网络游戏、毒品、暴力等不良事物的负面影响,并在崇高理想的引领下,逐渐形成健康向上的心理人格。

二、兴趣与职业的关系

处于成长阶段的学生普遍拥有广泛的兴趣爱好,有学科兴趣、艺术和体育兴趣、休闲娱乐兴趣等,当兴趣指向的对象是职业时,就形成了"职业兴趣"。社会学研究表明,自主选择与自己兴趣、爱好、能力相符的职业的劳动者,其劳动生产率比不符合要求的劳动者要高40%。另有资料表明,如果一个人所从事的工作与其职业兴趣相吻合,能发挥其全部才能的80%~90%,并能长时间地保持高效率的工作。反之,只能发挥其全部才能的20%~30%,而且工作态度消极,效率低。

美国学者霍兰德的职业兴趣理论体系认为:个体的职业兴趣可以影响其对职业的满意程度,当个体所从事的职业和他的职业兴趣类型匹配时,个体的潜在能力可以得到最彻底的发挥,工作业绩也更加显著。学生可以通过职业兴趣测评,了解自己的职业兴趣倾向,积极探索个人兴趣与未来专业、职业的结合点,将兴趣延伸为终身发展的职业与事业,这将大大增加学生未来事业和人生成功的概率,也会让人生更加丰富多彩。

三、培养学生与未来职业紧密联系的志趣

大部分学生都有广泛的兴趣爱好,今天喜欢跑步,明天喜欢弹琴,然而,对学生的人生发展真正有益的应该是学生始终保持浓厚的探索欲望和学习热情,并与其未来职业发展紧密联系的志趣。因此,学生必须有意识地发现和培养自己的志趣。

1. 保持旺盛的好奇心

好奇是兴趣的前提,因为对某样事物感到好奇,我们产生了一探究竟的欲望,继而对其产生了兴趣。无论是培养广泛的兴趣爱好,还是培养相对稳定、专一的志趣,都必须以旺盛的好奇心为前提。凡事多问几个"为什么",并积极探索新鲜事物的未解之谜和潜在奥秘,在此过程中激发浓厚的兴趣。

苹果教父乔布斯是一个有着强烈好奇心和探索欲望的人,他从小就沉迷于各种电子设备,他用箱子装满各种废弃不用的电子元件,每天放学后,他就会拆开这些电子元件,探索其中的奥秘,并用光电路线和反射镜来搞恶作剧。乔布斯乐此不疲地进行着各种创造与设计,他说:"我喜欢把很棒的设计和简便的功能融入产品中,而且不会太贵。"源源不断的好奇心和创造力,让他的"苹果"产品不断推陈出新,创造种种奇迹。

2. 认识和体验职业

学生想要将个人兴趣与未来职业联系起来,就必须对职业有一个清晰的认识。学生可以积极参与学校提供的职业体验机会,例如,担任学校图书馆借阅管理员、校园环境卫生督察员等。

学生也可以走进社会,走进职场,去体验和了解各种职业。例如,到父母的单位去参观,到企事业单位去实习,与各领域的职场精英面对面交流,或者参加社会志愿者活动,以志愿者的身份参与实际工作,等等。美国有一项有趣的职业体验活动——"带孩子上班日",父母带着孩子去上班,让孩子有机会了解父母的职业,为孩子打开未来职业的想象之门,同时有助于增进亲子关系。

3. 用耐心和毅力来培养志趣

当学生找到自己真正感兴趣的事物之后,应精心栽培、耐心守护,通过持之以恒的学习与训练,将兴趣发展成为自己愿意为之长久奋斗的志趣,不断提高兴趣发展水平,并将志趣与职业有效结合起来,成为自己未来职业发展的核心竞争力。

在培养兴趣的过程中,我们可能会遇到各种困难和挫折,这就需要我们加倍付

出耐心和意志力,越难越要鼓足长劲,一个问题一个问题地解决,一层级一层级地往前追,不断夯实兴趣的根基,丰富兴趣的内容,让兴趣发展成为一种强大而持久的能力,带给我们长久的成长乐趣与生命价值。

闻名世界的伟大发明家爱迪生从小热衷于揭示大自然的奥秘,喜欢发明与创造。他和他的团队尝试了1600多种耐热材料和600多种植物纤维,全都失败了。对很多人来说,1000多次的失败足以耗尽其热情和耐性,可爱迪生却毫不在乎,他说:"我没有失败,我只是找到了1000多种不适合做灯泡的材料!"最后,爱迪生终于制成了第一只能够发光45小时的碳丝灯泡。爱迪生为他的发明工作付出了全部的精力和努力,经历了重重困境,却从未想过放弃,反而是越挫越勇,他每天工作超过12小时,晚上在书房读3~5小时的书,因着这份执着与毅力,他将"发明创造"这一志趣发挥到了极致,他在发明领域不断创造辉煌,一生中完成了两千多项发明。

延伸思考

1. 细数你的兴趣,并将你的兴趣分类,例如学科类、休闲类、艺体类等。
2. 请你参与霍兰德职业兴趣测评,了解自己的职业兴趣倾向。
3. 你是否已经找到了自己的志趣?如果还没有,你打算如何发掘和发展志趣?

第二节 发现学生的优势潜能

导 语

中国科学院院士赵国屏说:"别让兔子学游泳,别让老鹰学跑步,要让孩子在擅长的领域发展,他才能体会到乐趣和成功感,更容易取得成绩。"每个人都有自己擅长的领域,多元智能理论还提出,智能不是单一的,而是多元的,不同的人会有不同的智能组合。

发现潜能就是发现希望,发现希望就是发现未来。我们可以借助多元智能评价等科学测评工具,发现并发展自己的优势潜能,让自己潜藏的天赋得以最大限度的开发,成为自己的核心竞争力。

理论学习

一、探寻独属于孩子的优势潜能

泰格·伍兹在高尔夫球场上无往不利,但他曾经有一个致命的缺点,就是在沙地时表现不佳。为了克服这个缺点,他拼命练习,却收效甚微。后来,在教练的引导下,伍兹改变了策略,将原来密集的沙地练习降低到普通次数的训练,而把大部分时间用来练习他的优势项目。结果他的打球优势更加突出,在比赛时更加战无不胜。

泰格·伍兹的故事说明,没有人是全能的,每个人都有自己独特的优势与天赋。正如积极心理学之父马丁·塞利格曼所说:"我不认为你该花太多时间去改正自己的弱点,相反,我认为生命最大的成功在于建立及发挥你的优势。"个人发展最重要的是集中精力发展自己的优势潜能,做自己最擅长的事情。

著名的"海上冰山"理论形象地说明了人类潜能的巨大,人的能力如同一座浮在海面上的冰山,浮出水面的冰山部分就像人类已知的能力,只是很小的一部分;而隐藏在水面下的冰山则是人类未知的潜能,隐藏的部分往往是显露部分的5倍、10倍、20倍、30倍……成功的前提在于知道自己的优势在哪里。

二、多元智能理论概述

（一）多元智能理论简介

1983年，美国哈佛大学教育研究院的发展心理学家霍华德·加德纳提出了多元智能理论。加德纳认为，智力不是单一的，而是多元的（如下图所示）。不同的人会有不同的智能组合。例如，建筑师的空间智能较强，运动员的运动智能比较突出，作家的语言智能和内省智能较强等。

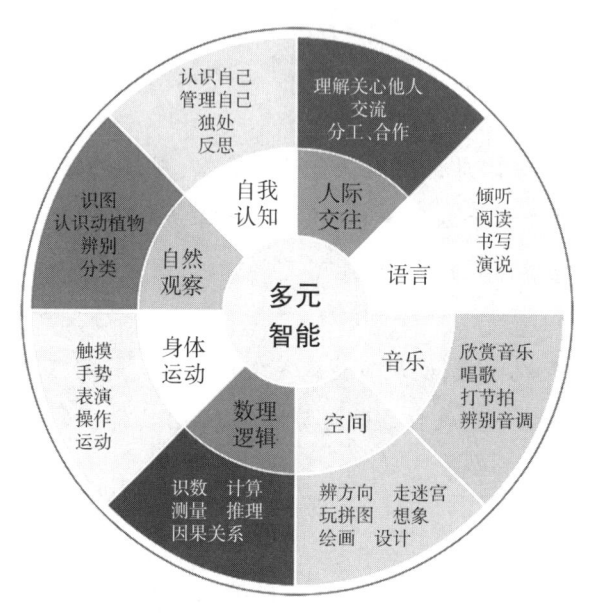

多元智能解释圆形图

（二）多元智能与职业选择

职场上最看重的是个人能力，一个人擅长做什么，通常就代表着他能胜任什么样的职业和工作。例如，一个人有语言天赋，擅长阅读、写作、讲故事等，这说明他的优势智能是语言智能，未来可能从事作家、编辑、记者、律师、秘书等工作。

一个人对数字敏感，擅长逻辑推理和数理运算，在逻辑智能方面表现出明显优势，未来可能从事会计、程序员、经济学家、统计学家等工作。

学生应充分挖掘和发展自身潜能，找准个人能力与职业的最佳结合点，为今后的职业发展打下坚实基础。

（三）多元智能理论主张"扬长补短"

多元智能理论主张"扬长补短"，即以学生的强项为突破口，进而在发展学生智能强项的同时，帮助他们把智能强项中的特点迁移到其他弱项领域中去，带动弱项领域的学习。

第一，学生在其强项领域的成功感，使他在面对弱项领域的困难时压力减小，因此在弱项领域的坚持性也相应增强。

第二,学生在其强项领域的能力有助于他在其他领域的表现。例如,一个学生擅长音乐,那么在运动领域的创造性活动中,如果一边唱一边运动,他就容易获得成功。

第三,任何一种领域都涉及不同的智能和智能组合。学生在完成其强项领域的任务时,往往需要多种智能的配合。例如,一个拥有视觉空间智能强项的学生在完成一个三维作品时还需要运动智能。

三、多元智能在学习中的应用

1.语言智能与高效学习

（1）在课堂上积极回答老师的问题,参与学科知识的讨论,在频繁的说话、讨论和解释中,激发对学习的兴趣,增强学习的自信。

（2）积极参加班级或学校组织的演讲、辩论活动。

（3）养成良好的阅读习惯,定期完整地阅读一本书,写一份报告描述该书的内容、主题、结构,以及个人对该书的理解和感悟。

（4）坚持写日记,把自己的所见、所闻、所感淋漓尽致地表达出来,每篇日记最好只写一件事情,并且尽量详尽地描述与这件事情有关的内容。

2.数理逻辑智能与高效学习

（1）培养独立思考的思维习惯。尽可能给自己多一点思考、解决问题的机会,积极地发现问题、摸索方法、解决问题。

（2）培养坚持反思的思维习惯。建立自己的数学错题集,经常去翻阅和思考,弄清楚错题的解题思路和方法,并学会举一反三,触类旁通。

3.空间智能与高效学习

（1）想象法。闭上眼睛想象学习的知识,在头脑中创造自己的"内心黑板",当问到任何一部分特殊信息时,学生只需调出他们的黑板"看看"上面的数据就行了。

（2）图画法。用图画或图表把知识变成图画形象。例如,学生学习地理时,可以在纸上手绘一张"地图",边画边理解不同的地理位置、地质特点,从而迅速掌握相关知识。

（3）游戏法。学生可以经常进行一些空间益智游戏,例如,制作模型、玩魔方、走迷宫、电脑绘图、拼图等,训练自己的空间想象力。

4.身体运动智能与高效学习

（1）运动是最好的休息方式。学生在经过一段时间的紧张学习后,进行适度运动,能让学生疲惫的大脑得以迅速恢复活力。学生也可以利用运动时间,例如游泳或慢跑时,在头脑中复习一下功课,既不耽误学习,也得到了锻炼。

（2）经常运用肢体语言来学习或表达情感。学生应积极参加话剧、舞台表演等活动,学会运用肢体语言来呈现和内化所学知识。

(3)学生积极参加各种操作性强的学习活动,包括参加科学小实验、制作小发明、植树培花、绘画剪纸等,提高自己的动手能力、创造能力,这是提升大脑智慧的重要方法。

5.自然观察智能与高效学习

(1)观察生活现象,探索知识本质。例如,学习摩擦力时,有意识地观察骑自行车时单人和载人的区别,在公路和在软泥地的区别,以便更好地理解影响摩擦力的因素。

(2)设计和操作实验,观察事物的变化规律。例如,比较种子在阳光充足和没有足够光线时的生长状况,从而深入理解光合作用。

(3)积极参与自然体验活动。如参观科技馆、博物馆,参与户外踏青活动,丰富知识,开阔视野。

6.音乐智能与高效学习

(1)吟唱法。把想要掌握的知识编成歌曲、诗歌等形式,在吟唱中掌握知识。

(2)超记忆音乐法。学习时,播放有节奏的背景音乐,在放松的状态下进行学习,有利于对知识的记忆,提高学习效率。

(3)情感音乐法。为某些知识配上与之相适合的具有感情气氛的背景音乐,如在阅读海边故事前放一段海浪的声音,或海浪击打岩石的声音。

7.人际交往智能与高效学习

(1)合作学习。采用小组合作学习的形式,相互探讨学习问题,用对方的见解来启发自己的思路,利用对方的优势来弥补自己的不足。

(2)同伴分享。与在某学科学习成绩优秀的同学结成"学习伙伴",经常一起探讨学习问题,增强学习动力,提高学习效率。

8.自我认知智能与高效学习

(1)坚持制订学习目标。例如,制订学期目标,如期末考试要考第几名,在学习目标的引导下,制订详细的学习计划,并坚决执行。

(2)坚持自我反省。每天用十分钟反省一天的学习情况,并为下一阶段的学习制定新计划,并做好情绪调控、心态调整,以达到最佳状态。

延伸思考

1.请你完成多元智能测评,了解自己的优势智能组合,并思考如何开发自己的优势智能。

2.请你根据自己的优势智能,思考并选择适合自己的高效学习方法。

第三节　中学生功能性、内容性和适应性技能培养

导　语

对技能的识别和分析是职业规划的核心。技能可以分为三个基本的类别：(1)功能性或称可迁移性技能。(2)工作内容性或称专业知识性技能。(3)适应性或称自我管理性技能。中学生可以将高校看成是未来的雇主，要在中学阶段学会识别和列举自己的功能性、内容性和适应性技能，为未来向高校展示自己所具备的能力做好准备。

理论学习

一、功能性/可迁移性技能

功能性/可迁移性技能用动词来表达，比如说教学、组织、说服、装配、管理、计算、调查、分析、决策、操作、设计、维修等。功能性或可迁移性技能清单（Bolles，1985）将人们所拥有的数以百计的功能性技能归为40个基本的组别。比如，交流的基本技能可以分为倾听、提问、面试、交谈和写作。与"人"打交道，则包括接受指示、服务、谈话或发信号、说服、娱乐、管理教导、商讨或当导师等技能。

功能性/可迁移性技能必须和工作内容性/专业知识性技能联系起来。比如"教学"这个技能，如果有人问起："你擅长什么？"不能只说"我擅长教学"。下一个问题自然是"教什么？"，因此需要提供内容或知识性技能，比如古代历史或其他任何你能教授的学科。下面的练习一是一个常见的功能性/可迁移性技能的清单。

练习一　功能性/可迁移性技能

圈出任何你所拥有的功能性技能，在这个技能的后面，试着用"什么"和"谁"来回答。如果需要，可以使用字典。

达到	照顾	巩固	指导	执行	运送
建设	洞察	适应	制图	联系	发现
管理	选择	控制	拆除	做广告	分类

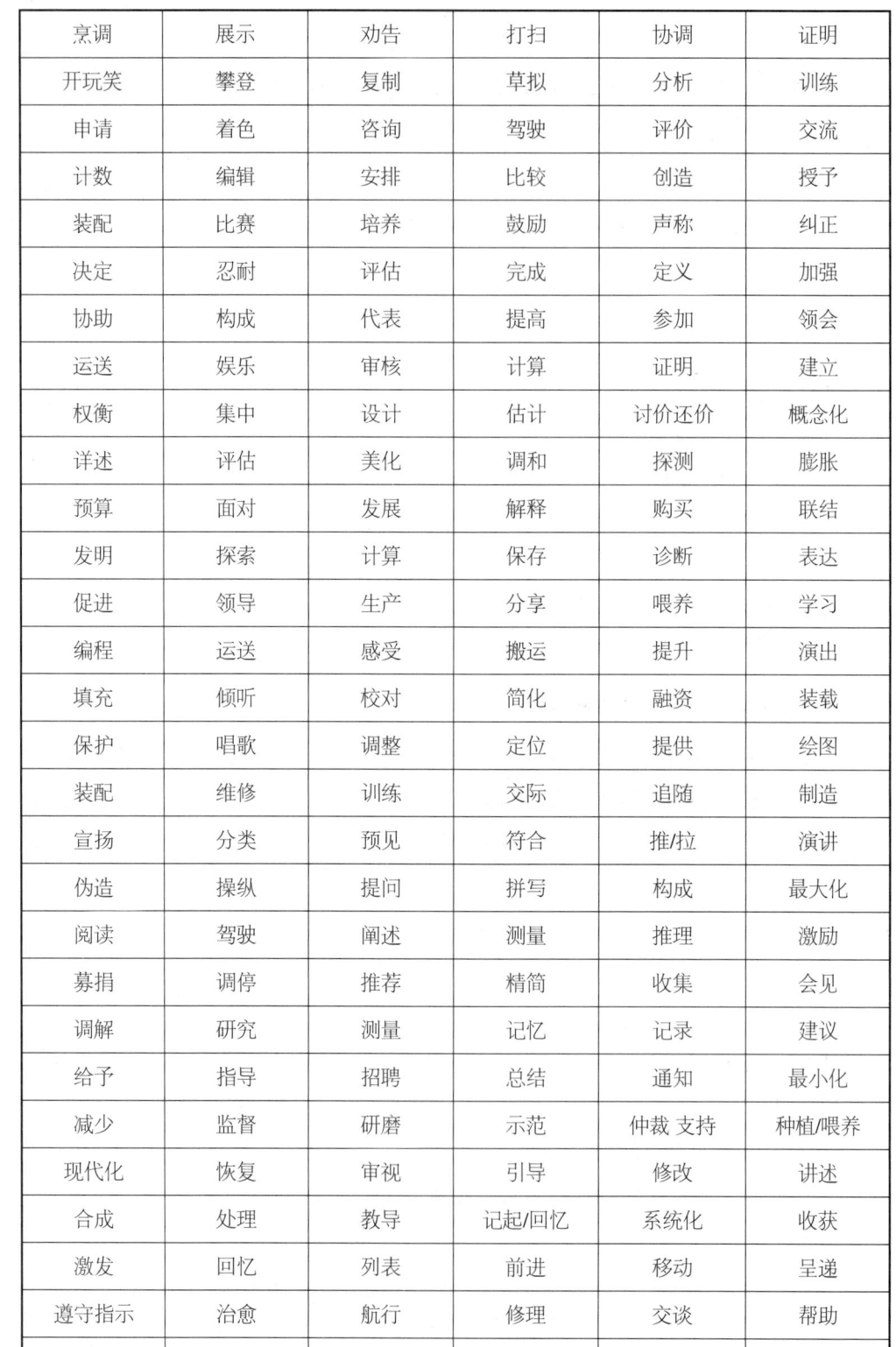

续表

烹调	展示	劝告	打扫	协调	证明
开玩笑	攀登	复制	草拟	分析	训练
申请	着色	咨询	驾驶	评价	交流
计数	编辑	安排	比较	创造	授予
装配	比赛	培养	鼓励	声称	纠正
决定	忍耐	评估	完成	定义	加强
协助	构成	代表	提高	参加	领会
运送	娱乐	审核	计算	证明	建立
权衡	集中	设计	估计	讨价还价	概念化
详述	评估	美化	调和	探测	膨胀
预算	面对	发展	解释	购买	联结
发明	探索	计算	保存	诊断	表达
促进	领导	生产	分享	喂养	学习
编程	运送	感受	搬运	提升	演出
填充	倾听	校对	简化	融资	装载
保护	唱歌	调整	定位	提供	绘图
装配	维修	训练	交际	追随	制造
宣扬	分类	预见	符合	推/拉	演讲
伪造	操纵	提问	拼写	构成	最大化
阅读	驾驶	阐述	测量	推理	激励
募捐	调停	推荐	精简	收集	会见
调解	研究	测量	记忆	记录	建议
给予	指导	招聘	总结	通知	最小化
减少	监督	研磨	示范	仲裁 支持	种植/喂养
现代化	恢复	审视	引导	修改	讲述
合成	处理	教导	记起/回忆	系统化	收获
激发	回忆	列表	前进	移动	呈递
遵守指示	治愈	航行	修理	交谈	帮助
商讨	报告	传授/指导	识别	养育	描绘

续表

趋向	举例	观察	研究	测验	想象
获得	改造	适时	执行	操作	解决
贸易	改进	组织	修复	培训	即兴表演
创造	找回	翻译	增加	战胜	回顾
旅行	影响	包装	修改	治疗	通知
绘画	改写	解决问题	发起	参加	冒险
教导	革新/发明	感觉	航行	打字	检查
坚持	打磨	理解	鼓舞	说服	节省
统一	安装	摄影	安排	更新	互动
倡导	拍摄	升级	解释	放置	雕塑
使用	面试	计划	挑选	描述	介绍
种植/播种	销售	证实	发明	玩耍	理解
设想	记录	精确化	招待	做志愿者	调查
准备	建立	洗涤	判断	展示	安顿
纺织	保存	印刷	缝纫	工作	编织

二、工作内容性/专业知识性技能

工作内容性/专业知识性技能一般用名词来表示，涉及学科的主题。比如一门外语、近现代历史、汽车零部件、政治经济模式、人体的器官、采购部门的职能、复印机的构成、植物和动物的分支、乐谱上的音符、化学元素周期表或足球赛的规则。

工作内容性/专业知识性技能最显著的特点：它们需要有意识、特殊的培训，并通过记忆掌握特殊的词汇、程序和学科。例如，人们在打篮球时，完成奔跑、跳跃、掩护、拍球等各种动作，也许不用多想就知道如何运用眼睛、手、脚和身体的其他部位。然而，篮球运动中关于比赛规则、防御技巧等内容，是有关于篮球的专业知识，属于工作内容性/专业知识性技能的范畴。

练习二 列举你的工作内容性/专业知识性技能

请对下面的经历进行分析：你已经使用过哪些功能性/可迁移性技能？你已经学会了哪些工作内容性/专业知识性技能？

· 现在和以前的工作（包括兼职和暑期工）。
· 爱好、娱乐活动、休闲经历、社区活动、课外活动、家庭职责。
· 志愿工作。

·你在工作时所学到的任何东西。

在下面的空格中列举你最喜欢的工作内容性/专业知识性技能：

___

现在把思绪转向未来，想一想你目前还不具备，但希望拥有而且自信能够学会的知识。请在此列出：

___

现在，考虑一下你刚才确认的专业知识性技能，问问自己：我曾经利用该技能做过什么？

___

试着在你了解的每项知识技能的前面加上一个动词（也就是功能性技能）。拿专业知识性技能"服装"来说，一个人可以绘制、设计、整理、研究、缝制、发明、改进、试穿和准备服装。现在列出你最喜欢的10或12种技能，将功能性/可迁移性技能放在前面，工作内容性/专业知识性技能放在后面。

功能性技能可迁移性技能	工作内容性技能专业知识性技能

三、适应性/自我管理技能

适应性/自我管理技能通常被用来描述人或说明人具有的某些特征，这些特征帮助人们更好地适应周围的环境，并在周围文化环境中更好地调整自己。适应性/自我管理技能在句子中通常以形容词和副词的形式出现。就像功能性/可迁移性技能一样，适应性技能也不应该单独列出。比如说，你声称自己具有"冷静"的适应性技能，那还得问一下自己是"在什么时候？"或"对什么事情冷静？"或"关于什么？"

练习三　适应性/自我管理技能

在列出的适应性/自我管理技能中，圈出你相信自己确实拥有的任何适应性技能。在每个适应性技能后面都有一个同义词。如果某个同义词更适合你，也请把它圈出来。

机敏的——警戒的，警惕的，警觉的

学术性强的——勤学的，博学的

野心勃勃的——有抱负的，毅然决然的

精确的——准确的,正确的

好分析的——逻辑的,批判的

活跃的——活泼的,精力充沛的

感谢的——感激的,感恩的

适合的——灵活的,适应的

能说会道的——善于表达的,擅长辞令的

精通的——娴熟的,内行的,熟练的

艺术的——美学的,优美的

胆大的——勇敢的,冒险的

随和的——放松的,随意的

攻击性强的——强有力的,好斗的

有效的——多产的,有说服力的

坚持己见的——强调的,坚持的

有效率的——省力的,省时的

健壮的——强壮的,肌肉发达的

雄辩的——鼓舞人心的,精神饱满的

留心(细节)的——观察敏锐的

有感情的——感动的,多愁善感的

吸引人的——漂亮的,英俊的

同情的——理解的,关心的

平衡的——公平的,公正的,无私的

着重的——强调的,有力的,有把握的

心胸开阔的——宽容的,开明的

有条理的——有效率的,勤勉的

精力充沛的——活泼的,活跃的,有生气的

平静的——沉着的,不动摇的

镇定的、进取的——冒险的,努力的

正直的——直率的,坦率的,真诚的

热情的——热切的,热烈的,兴奋的

有能力的——有竞争力的,内行的,技艺精湛的

博学的——消息灵通的,有文化修养的

仔细的——谨慎的,小心的

慷慨的——乐善好施的,仁慈的

喜悦的——高兴的,快乐的,欢快的
讲道德的——体面的,有德行的,有道德的
清楚的——明白的,明确的,确切的
富于表现力的——生动的,有力的
聪明的——伶俐的,敏锐的,敏捷的
公平的——无私的,无偏见的
有能力的——熟练的,高效的
有远见的——明智的,有预见的
竞争的——好斗的,努力奋争的
流行的——时髦的,走俏的,现行的
有信心的——自信的,有把握的
坚定的——不动摇的,稳定的,不屈不挠的
志趣相投的——愉快的,融洽的
灵活的——适应性强的,易调教的
认真的——可靠的,负责的
有力的——强大的,强壮的
考虑周到的——体贴的,亲切的
合礼仪的——适当的,有礼貌的,冷静的
前后一致的——稳定的,有规律的,恒定不变的
朴素的——节俭的,节省的,节约的
常规的——传统的,认可的
大方的——慷慨的,无私的,乐善好施的
合作的——同意的,一致的
亲切的——真诚的,友好的,和蔼的
有勇气的——勇敢的,无畏的,英勇的
温和的——好心的,温柔的,有同情心的
周到的——有礼貌的,彬彬有礼的,尊敬的
乐群的——爱交际的,友好的
有创造性的——新颖的,有创意的
吃苦耐劳的——强健的,坚强的,适应能力强的,坚韧不拔的
好奇的——好问的,爱探究的
健康的——精力充沛的,强壮的,健壮的
果断的——坚决的,坚定的,明确的

有帮助的——建设性的,有用的

慎重的——小心的,审慎的

诚实的——真诚的,坦率的

微妙的——机智的,敏感的

有希望的——乐观的,鼓舞人心的

民主的——平等的,公平的,平衡的

幽默的——诙谐的,滑稽的,可笑的

感情外露的——富于表情的,易动感情的

富有想象力的——有创造性的,有创意的

可靠的——令人信任的,可信赖的

独立的——自立的,自由的

坚决的——坚定的,果敢的

勤奋的——努力的,忙碌的

灵巧的——灵活的,敏捷的,机敏的

有知识的——学者气质的,大脑的

婉转得体的——机智的,文雅的,精明的

智慧的——聪明的,见识广的,敏锐的

谨慎的——小心的,精明的

特意的——有目的,故意的

四、不同种类技能的结合

如果你只陈述一种类型的功能,尤其一种适应性或功能性的技能时,听上去仍然是相当含糊而不清晰的,而且没有人会明白你到底在讲些什么。比如说,假设你声称自己具有"设计"这样一项功能性技能,下一个问题自然是:"设计什么?"你的回答:"设计办公室。"功能性技能紧跟着内容性技能。再下一个问题也许是:"你如何设计办公室?"你的回答:"我很有效率地设计办公室。"或"我用审美的眼光设计办公室。"这些词汇使你清晰、明确地对技能进行解释。而这正是一名想雇佣内部设计人员的雇主所希望听到的。

练习四 功能性、内容性和适应性技能的结合

在下面提供的空格中,左边一栏里列出练习一中你所圈出的功能性技能,在旁边一栏里写出和功能性技能一起使用的内容性技能(在练习二中识别出的)。如果可能的话,请在第三栏中写出适应性技能(见练习三适应性技能清单)。比如说,你可以在功能性技能栏中填写"治疗"一词,在内容性技能栏中填写"事故受害者",而

在适应性技能栏中写上"冷静的"。最后在"举例"这一栏中,写出你采用这种技能结合的方式取得某种成就的情况。

内容性、适应性技能与功能性技能相结合

功能性技能(练习一)	内容性技能(练习二)	适应性技能(练习三)	举例
整理	衣物	整齐的	整理我的衣柜
照顾	小孩	负责的	临时保姆工作

延伸思考

1. 谈一谈你对三种类型的技能的理解。

2. 想想你最喜欢、最擅长的学科,分析你从中收获的功能性技能、内容性技能、适应性技能分别是什么。

第四节　基于综合实践活动的生涯教育之附中实践：
落实核心课程——能力

生涯教育——校本课堂

【教学目标】

1. 认识和发现自己的优势智能。
2. 在实践中充分挖掘和发挥自己的优势和能力。

【教学准备】

学生了解和认识多元智能理论。

【教学环节】

一、导入

我们总说"能者多劳",也总听到"能力越大,责任越大"的说法。被称为"能人""能手"的人也总是会以此为傲。那么能力到底是什么呢？每个人在每个阶段拥有的能力是相同的吗？如果处在能力还较弱的状态下,能不能以某种方式培养自己的能力呢？生物学家曾提出"用进废退"的观点,那么,能力会随着我们使用频率的下降而变弱吗？想要在某一个领域获得成功,就需要具备这个领域的优势智能。我们每个人至少有八种不同的智能,八种智能的多元组合,就构成了每个人独特的优势智能。

二、认识智能,挖掘优势

心理学家加德纳提出的多元智能理论认为人有以下八种智能：

1. 音乐智能

用音乐进行思维的能力,即能敏锐地辨别各种不同的音调并能牢记于心,理解音乐中情感因素的能力,以及将之进行运用的能力。

2. 身体运动智能

把身体和心智联合起来实现完美的身体活动的能力。该智能占优势者善于控制身体运动,能灵巧地运用双手制作或操作物体,善于运用整个身体来表达思维和情感。

3. 数理逻辑智能

包括数学运算及逻辑思维的能力,不仅包括数字还包括能够让人们理解各种抽象关系,解决逻辑问题。

4. 语言智能

运用本族语言或其他语言,以表达思想与理解他人的能力。语言智能的关键能力涉及感知或生成口语与书面语、通过语言进行交流与表达思想,以及对语言细微意义的敏感度等。

5. 空间智能

包括认识环境、辨别方向、准确地感知视觉世界,以及展示空间信息的能力。

6. 人际交往智能

善解人意,与人有效交往的能力,对别人的情绪、动机和倾向性能够做出准确察觉和回应的能力。

7. 自我认知智能

对自己的内心状态敏感、认识自己的优点和缺点,并有运用这些信息来调整自己的行为、计划,导引自己的人生的能力。

8. 自然观察智能

区分生物(动植物)以及自然界其他特征(如云、岩石构造等)的能力。在消费领域也涉及自然观察智能,如对汽车、鞋子等产品的辨别能力。某些科技领域的模式识别也会运用到自然观察智能。

根据多元智能理论,每个正常人都在一定程度上拥有其中的多种智能,只是不同的个体拥有不同智能的程度不同、智能的组合方式不同。能力会受到遗传的影响。每个人都有先天的遗传优势和不足,识别自己的优势并积极地利用它们,是发展能力的重要途径。对于缺陷和不足,也可以通过强烈的成就需要去征服、补偿和改变。历史上不乏战胜身体缺陷的例子。这表明,能力也受到主观能动性的影响。

你的优势是指那些让你感到自己很强大的事。发现这些优势的人就是你,你不需要父母或心理学家来告诉你都有哪些优势。

优势的四大标志,可以用首字母缩写SIGN表示:

S(success,成功)——在做的过程中,你会感到很充实、很高效。

I(instinct,直觉)——在做之前,你对此事已充满了期待。

G(growth,成长)——在做的过程中,你的求知欲很强,非常专注。

N(needs,需求)——做完之后,你会感觉很有成就感和真实感。

环境也会塑造能力。一个天生具有音乐才能的人在没有音乐的环境中是不可能发展出音乐能力的。除非是在活动中,否则能力就是潜在的、未表现出来的。因此,要发展中学生的一般职业能力和特殊能力,需要设计、组织丰富多彩的学生活动,为学生的能力发展提供平台。

生涯教育——综合实践

一、我的"生命曲线"

请选择你喜欢的颜色的笔,在纸上画出从你记事起的低谷和巅峰。仔细回顾你人生的"巅峰时刻",并想想,在那个时刻,你展示了哪方面的能力?那份能力你现在还拥有吗?和你身边的朋友背对背分享这些时,听听他眼中的你拥有哪些能力。

二、我的能力故事

当被问到"你有哪些能力"的时候,有些人会感到茫然,不知道自己具有哪些方面的能力。那么,能力探索就很有必要了。能力故事能够有效地帮助人们通过回忆自己的成就识别自己的能力。对于学生而言,这些能力故事来源于学习、学校生活、课外活动、爱好、志愿者经历、家务劳动等方面。

我们可以通过观察法和回忆法找到自己的智能组合。请同学们一边看114页的多元智能解释圆形图,一边思考:我是否具备这种智能?我用这项能力做过哪些事情?效果如何?

(1)我最有代表性的三种优势智能是什么?

(2)给这三种优势智能排序,你会怎么排呢?

(3)你用这三种优势智能做过的让你有成就感的事情有什么?

人的成功是多元化的,成功就是做最好的自己,每个人独特的优点就是自信的源泉!可能你自己有一些优势和优点你不曾察觉,现在让你周围的同伴在纸上写下你的优点和潜能吧!

三、做"能力者"

如果可以不受限制地拥有自己想要拥有的能力的话,你最想拥有哪一种能力呢?

或者,你最想成为哪一类人呢?你有没有发现,每一个人都有自己特别的能力呢?尽情想象,并与同学分享你的理由。

四、缤纷节

缤纷节是为学生适应高中生活所设置的综合实践活动,为大家展示自己的各方面能力提供了大舞台。缤纷节活动众多,去看看有没有你喜欢的吧!

1. 活动参与对象

非毕业年级的学生。

2. 主要内容

"附中好诗词"、青春歌会、综艺晚会、思辨青春、校园心理剧展演。

3. 活动实施过程

准备阶段:各班、各社团明确任务分工,落实准备活动道具、器材及场地。

在班主任或其他外请老师的带领下开始排练。

实施阶段:每年11月,持续两天,按照预先安排的顺序登台表演。

总结阶段:收集学生感悟、活动过程中的图片与文字资料、制作活动视频等,为高中生涯留下珍贵的记忆。

五、创客马拉松比赛

为了提升同学们的创造力,发展多元智能、团队合作能力和语言表达能力,我们自主报名、组队参加学校举办的缤纷节中的创客马拉松比赛。

请同学们根据老师给出的相关主题,小组成员自主思考、创新与行动,马上解决一个实际问题。

第八章

个人价值观和工作价值观

第一节　价值观综述

导　语

价值观指向的是我们内心最重要的东西,我们的生涯规划、人生愿景、行为处事等都受到价值观的驱使。从某种程度上来说,有什么样的价值观,就会成就什么样的人生。

中学生正处于价值观塑造的关键时期,应该正确认识价值观的内涵、特点,了解价值观的作用,掌握科学的价值观培养策略,培养正确的价值取向。

理论学习

一、什么是价值观

价值观是基于人的一定的思维而形成的认知、理解,以及做出的判断或抉择,也就是人认定事物、辨别是非的一种思维或取向,体现出人、事、物一定的价值或作用。

换言之,价值观是人们内心的一杆标尺,衡量着不同事物在人心中的价值和地位,指向的是人们内心最看重、最有价值的事物。

马斯洛的需求层次理论将人的需求分为五个层次:生理需求、安全需求、归属与爱的需求、尊重需求和自我实现的需求。这些需求体现在生活中,就成为我们的价值观。

二、价值观的特点

1.稳定性和持久性

在特定条件下,如特定的时间、地点,人们的价值观总是保持相对稳定和持久。例如,我们对某件事有着或好、或坏的看法,在条件不变的情况下这种看法不会改变。

2.历史性与选择性

不同历史时期、不同社会环境下,人们形成的价值观是不同的。一个人所处的社会生产方式及其所处的经济地位,对其价值观的形成有决定性的影响。而父母、老师、朋友等人群的行为和思想,以及报刊、电视、网络等媒介宣传的舆论观点等,对一个人的价值观形成也有不可忽视的影响。

3.主观性

价值观是根据个人内心的尺度来对事物进行衡量和评价,是个人用以区分好与坏的内在标准和主观评判。

三、价值观的作用

价值观对人们自身行为的定向和调节起着非常重要的作用。它直接影响和决定一个人的理想、信念、生活目标和追求方向的性质。价值观的作用大致体现在以下两个方面:

第一,价值观对动机有导向的作用,人们行为的动机受价值观的支配和制约,在同样的客观条件下,具有不同价值观的人,其动机模式不同,产生的行为也不相同。另外,动机的目的方向受价值观的支配,只有那些经过价值判断被认为是可取的,才能转换为行为的动机,并以此为目标引导人们的行为。

第二,价值观是人们对客观世界及行为结果的评价和看法,它从某个方面反映了人们的人生观和世界观,反映了人的主观认知世界。

四、培养学生正确的价值观

青少年正处于价值观形成的关键时期,应该积极地思考自己最想要的生活方式,了解什么事情该做,什么事情不该做,逐渐形成正确的价值观。

1.加强正确价值观学习

学生要勤学苦研,向书本学,向榜样学,向社会学,让社会主义核心价值观入脑、入心,通过学习不断积累知识、锻造品格,提高明辨是非、抵制诱惑的能力,在学习中树立正确的世界观、人生观、价值观,把立志报效祖国、服务人民作为自己的人生追求。

2.积极参加社会实践

学生除了要自觉学,还要深入做。例如,参加"青年志愿者"活动,关爱空巢老人、留守儿童等,既要在实践中加深对社会主义核心价值观的理解和认同,也要积极成为社会文明进步的参与者和推动者。

3.主动宣传核心价值观

社会主义核心价值观要深入社会、深入人心,离不开广泛宣传。宣传价值观的过程其实也是学生巩固自身价值观的过程。学生有义务也有责任加入宣传的队伍,在家中可以向家人宣传,在学校可以向同学宣传,在校外可以参与各种"志愿宣传"

活动,还可以利用互联网等现代科技手段进行宣传,大力弘扬爱国主义精神、集体主义精神、社会主义荣辱观等。

4.自觉从小事做起

学生可以从小事做起,在日常的点滴行动中逐渐培养正确的价值观。爱国,就从对父母表达感恩之情,对母校、对家乡表达热爱之情入手,进而升华到对民族、对祖国的热爱;敬业,就要先做好自己的本职工作,完成学习任务,勤奋读书,学有所成;诚信,就从诚实、守时、守信做起;友善,就要学会团结合作,乐于关心和帮助他人;法治,就从遵守班规校纪、遵守社会公德做起,等等。

延伸思考

1.请你根据个人理解,谈一谈价值观的重要性。

2.除了上述的价值观培养策略,你还知道哪些科学实用的价值观培养方法?

第二节 个人价值观

导 语

个人价值观,特别是个人核心价值观是个人生活、工作的总体原则,是个人高效工作、快速成长的重要因素。学生作为祖国未来的建设者和接班人,在探索个人价值观的过程中,必须要有勇担责任的觉悟,自觉以社会主义核心价值观作为培养个人价值观的标尺。

理论学习

一、个人价值观概述

(一)个人价值观的定义

个人价值观,指的是一个人对周围的客观事物(包括人、事、物)的意义、重要性的总评价和总看法。价值观和价值观体系是决定人的行为的心理基础。

(二)个人价值观的类型

1.理性价值观

它是以知识和真理为中心的价值观。具有理性价值观的人把追求真理看得高于一切。

2.美的价值观

它是以外形协调和匀称为中心的价值观。具有美的价值观的人把美和协调看得比什么都重要。

3.政治性价值观

它是以权力、地位为中心的价值观,这一类型的人把权力和地位看得最有价值。

4.社会性价值观

它是以群体和他人为中心的价值观,这一类型的人把为群体、他人服务认为是最有价值的。

5.经济性价值观

它是以有效和实惠为中心的价值观。这一类型的人认为世界上的一切,实惠的就是最有价值的。

6.宗教性价值观

它是以信仰为中心的价值观。这一类型的人认为信仰是人生最有价值的。

(三)个人价值观的主要特性

1.隐蔽性

个人价值观的隐蔽性主要体现在两个方面:一方面,人们通常把个人价值观看作自己的"隐私",出于对自我的保护,并不愿意将个人价值观表露出来。另一方面,个人价值观已内化为个人的一种潜意识,通常只会在某种特定环境下(例如灾难)显露出来,而且很难用语言文字表达清楚。

2.差异性

人与人之间的差别除了表现于外在的身形样貌,也能从不同的思想观念,也就是价值观中得到体现。价值观的不同取向可以衡量一个人的思想境界和品位。

3.稳定性

个人价值观的形成通常要经历一个"认知—自我评估—选择—强化—内化"的过程,这也是一个由不成熟到成熟、由不稳定到稳定的过程。个人一旦形成了某种价值观,就会呈相对稳定的状态,不会轻易动摇。

4.可塑性

个人价值观的稳定性是相对的,而不是绝对的。因此,随着时间的推移和环境的变化,特别是在经历了一些特殊事件后,个人价值观可能会发生改变,出现价值观自我修正,甚至推倒重建的情况,体现了个人价值观强大的可塑性。

二、个人核心价值观概述

(一)个人核心价值观的定义

个人核心价值观就是指个人在工作、生活中让自己信奉的信条和理念。它是解决个人在生活、工作中如何处理内外矛盾的一系列准则,是没有时限、不分环境地引领个人一生发展的指导性原则,反映了个人如何生存、如何生活的态度和主张。在某种程度上,个人核心价值观的重要性甚至要超越个人的长远目标。

(二)个人核心价值观的作用

1.个人核心价值观是个人生活、工作的总体原则

个人核心价值观是对好坏、善恶、美丑、成败、贵贱、贫富、是非、对错的一种基本

价值信仰；是对优与劣、进取与保守、拼搏与稳定、短期与长期进行选择的一种价值准则；是提倡什么、反对什么、弘扬什么、抑制什么、遵循什么的一种价值态度。个人核心价值观是个人生活、工作的精神路线，是一个人成长的精神支柱，是一个人生活、工作的总体原则，每个人都要依据个人核心价值观来规范自己的行为。

2.个人核心价值观是个人高效工作、快速成长的重要因素

能否适应、认同个人核心价值观是个人能否高效工作、快速成长的重要因素。管理学中提到：认同自己的个人核心价值观，又很有成绩，这种人一路飙升；认同自己的核心价值观，但能力不足，可以有好的发展；不认同自己的个人核心价值观，又没成绩，这种人很可能堕落。

三、社会主义核心价值观是青少年价值观塑造的标尺

党的十八大报告明确提出："倡导富强、民主、文明、和谐，倡导自由、平等、公正、法治，倡导爱国、敬业、诚信、友善，积极培育社会主义核心价值观。"富强、民主、文明、和谐是国家层面的价值目标，自由、平等、公正、法治是社会层面的价值取向，爱国、敬业、诚信、友善是公民个人层面的价值准则，这二十四个字是社会主义核心价值观的基本内容，为培育和践行社会主义核心价值观提供了基本遵循。

青少年肩负着民族复兴的中国梦的伟大使命。他们是否具备正确的核心价值观，直接关系到中华民族的整体素质，关系到国家前途和民族命运。习近平总书记将青年比喻为"标志时代的最灵敏的晴雨表"，并指出："青年的价值取向决定了未来整个社会的价值取向，而青年又处在价值观形成和确立的时期，抓好这一时期的价值观养成十分重要。"十九大报告更是明确提出，培育和践行社会主义核心价值观，要以培养担当民族复兴大任的时代新人为着眼点。由此可见，社会主义核心价值观是青少年价值取向的标尺。

青少年阶段是人生的"拔节孕穗期"。对青少年的价值观养成，习近平总书记曾形象地说："这就像穿衣服扣扣子一样，如果第一粒扣子扣错了，剩余的扣子都会扣错。人生的扣子从一开始就要扣好。"习近平总书记在北京大学师生座谈会上对青少年提出了以下要求："学到的东西，不能停留在书本上，不能只装在脑袋里，而应该落实到行动上，做到知行合一、以知促行、以行求知，正所谓'知者行之始，行者知之成'。……广大青年要努力成为有理想、有学问、有才干的实干家，在新时代干出一番事业。"

中学生应积极践行社会主义核心价值观24字要义，用科学高尚的人生观、价值观来指引人生，形成正向有益的个人价值观。

延伸思考

1.请你采访一下身边的家长、老师或同学,了解他们的个人价值观,以及个人价值观对他们生活的影响。

2.请你根据社会主义核心价值观的内容和要求,制订个人价值观培养计划。

第三节 职业价值观

导　语

职业价值观是个人在评价和选择职业时，最看重的原则、标准和品质。我们应该积极探索自己的职业价值观，并学会分析职业价值观的主要因素，端正自己的职业态度，明确自己的职业愿景。只有认清自己的职业价值观，我们才能制订符合个人和社会发展需要的职业生涯规划。

理论学习

一、职业价值观概述

（一）职业价值观的定义

职业价值观是指人生目标和人生态度在职业选择方面的具体表现，也就是一个人对职业的认识和态度以及他对职业目标的追求和向往。理想、信念、世界观对职业的影响，集中体现在职业价值观上。

（二）职业价值观的类型

职业专家通过大量的调查，把职业价值观分为九大类，并将个人适合的职业类型与之相对应。如下表所示。

职业价值观分类与相关职业分析表

价值取向	特点	相应职业
自由型	不愿受人干涉，想充分施展本领，凭自己的能力拥有自己的小"城堡"	室内装饰专家、图书管理员、摄影师、音乐教师、作家、演员、记者、诗人、作曲家、编剧、雕刻家、漫画家等
经济型	认为世界上的各种关系都建立在金钱的基础上，包括人与人之间的关系，甚至认为金钱可以买到世界上所有的幸福	各种职业中都有这种类型的人，商人为甚

续表

价值取向	特点	相应职业
支配型	渴望成为领导者，喜欢发号施令，希望受到他人的尊敬，常常无视他人的想法	推销员、进货员、旅馆经理、饭店经理、广告宣传员、调度员、律师、政治家、零售商等
小康型	追求虚荣，优越感很强。渴望拥有社会地位和名誉。欲望得不到满足时，由于过分强烈的自我意识，有时反而很自卑	会计、银行出纳、法庭速记员、成本估算员、税务员、核算员、打字员、办公室职员、计算机操作员、统计员、秘书等
自我实现型	一心一意想发挥个性，追求真理。不考虑收入、地位及他人对自己的看法，尽力挖掘自己的潜力，施展自己的本领，并视此为有意义的生活	气象学家、生物学家、天文学家、药剂师、动物学者、化学家、报刊编辑、地质学者、物理学者、数学家、实验员、科研人员、科技工作者等
志愿型	富有同情心，把他人的痛苦视为自己的痛苦，把默默帮助不幸的人视为无比快乐的事情	社会学家、福利机构工作者、导游、咨询人员、社会工作者、护士等
技术型	专注于钻研一门技术，认为立足社会的根本在于有一技之长	木匠、农民、工程师、飞机机械师、自动化技师、机械工、电工、司机、机械制图师等
合作型	认为朋友是最大的财富，喜欢与人保持良好的人际关系	公关人员、推销人员、秘书等
享受型	喜欢安逸的生活，不愿意从事任何挑战性的工作	无固定职业类型

二、职业价值观与生涯规划

是追求舒适的工作环境，还是向往有挑战性的工作；是要在工作中赚取大量金钱，还是要通过工作赢得他人尊重……这是进行职业生涯规划时我们常常要面临的选择。事实上，职业价值观是人们在评价和选择职业时，最看重的原则、标准和品质。职业价值观直接驱动着人们的就业选择。

不同的职业价值观能够反映出一个人适合从事怎样的职业。例如，你认为创造性是一项重要的工作价值，那么你可能比较适合建筑师、设计师、广告创意人员、工程师、表演艺术家等这些以创造性为显著特征的工作；如果认为帮助他人有意义，你可以从事与服务有关的工作；如果你喜欢冒险，就可以选择充满刺激的行业。

一个人越清楚自己的价值取向，在生涯规划过程中更能够做出适合自己的、正确的生涯决策。同时，端正自己的价值观，也有利于我们保持正确的人生方向和积极的处事态度。

三、职业价值观分析

个人在为自己做职业生涯规划之前，一定要明确自己的价值观和职业价值观。

特别是对职业价值观进行分析时,个人可以参照学者们所提出的价值观类型,判断自己到底属于哪一种,也可以把不同职业价值观的内容加以归纳,确定自己的职业价值观中主要的因素是什么。

天津大学博士生导师张再生教授认为职业价值观的分析可以从以下三个方面展开:

1. 发展因素

包括符合兴趣爱好、机会均等、公平竞争、工作有挑战性、能发挥自身才能、工作自主性大、能提供培训机会、晋升机会多、专业对口、发展空间大、出国机会多等,这些职业要素都与个人发展有关,因此被称为发展因素。

2. 保健因素

包括工资高、福利好、保险全、职业稳定、工作环境舒适、交通便捷、生活方便等,这些职业要素与福利待遇和生活有关,因此被称为保健因素。

3. 声望因素

包括单位知名度、单位规模和权力大、行政级别和社会地位高等,这些职业要素都与职业声望地位有关,因此被称为声望因素。

在职业价值分析和测定过程中,个人必须处理好职业价值观不同要素之间的关系,并根据不同时期、不同情况明确自己的职业核心需求,以便合理制订自己的职业生涯规划和相关策略。

延伸思考

1. 你在职业选择中最看重什么?请说明原因。

2. 请你采访一下身边的家长、老师,了解他们的职业价值观,以及各职业价值观对他们职业选择、职业发展的影响。

第四节　基于综合实践活动的生涯教育之附中实践：落实核心课程——价值观

生涯教育——校本课堂

八十岁生日上的回望
——我将追求怎样的价值？

一、教学背景

上了高中之后的部分学生对未来应该做什么、为了未来的生活现在应该怎么做、生活的意义和价值等依旧迷茫。与学生交谈后会发现，他们存在以下类型的疑惑：

· 不知道到底要怎么努力，还是和平常一样上课、写作业、学习，总感觉没大变化。

· 五分钟的热情，有时有点儿迷惘。老师布置的作业做完了后，基本没时间做自己买的复习资料，甚至有时候有时间也不想做……

· 不能完全按照自己制订的计划或任务执行（非手机影响，动力不足）。

由此可见，大部分学生的问题集中于"没有（持久）学习动力"上。从小学开始，部分学生长期处于家长安排、老师安排的状态下，被推着走，而非主动向前，到了需要极大自主性的高中，就变得迷茫而无力。用专业术语来讲，就是"自我效能感"弱，自觉意识不强。

对心性未定的青少年来说，父母的鼓励、老师的期待、同学的带动等都可以是他们一段时间的动力。但这些动力的深层来源其实都归属于一个——学生对个体生命意义及人生价值的思考。这看似很大的命题，其实能真正触及学生对自我的探寻：我是谁？我到底要成为一个怎样的人？我如何成为这样的人？

二、教学目标

（1）学生能够理解并提炼人生回望的撰写要素。

（2）学生能够完成属于自己的、包含几大撰写要素的"人生回望"。

（3）学生能够通过展望自己的整个人生，理解自己生命、生活的独特价值，发现自己目前的需求，并因这独特价值和需求获得专属的前进动力。

三、教学环节

1. 导入

人们在年老之时总是愿意回望来时路，看看自己这一生的重要事件、重要经历。假如我们正在过八十岁的生日，我们的好友、亲人齐聚一堂，我们会怎样回忆我们的一生呢？当我们拿起笔，想对我们的一生做总结时，我们将为自己的过去写下怎样的篇章呢？让我们先看看古人是怎样书写他们的一生回望吧！

2. 人物传记探究

古人的传记往往记载了他一生中最重要的一些经历。他们的传记有时由自己完成，有时由他人完成，我们一起阅读古代文豪苏辙为其兄苏轼撰写的墓志铭，了解苏轼的灿烂一生。

东坡先生墓志铭（节选）

苏辙

予兄子瞻，谪居海南……夏六月，公被命渡海北归。明年，舟至淮、浙。秋七月，被病，卒于毗陵。吴越之民相与哭于市，其君子相吊于家，讣闻四方，无贤愚皆咨嗟出涕。太学之士数百人，相率饭僧慧林佛舍。呜呼，斯文坠矣！后生安所复仰？

公讳轼，姓苏氏，字子瞻……比冠，学通经史，属文日数千言。

嘉祐二年，欧阳文忠公考试礼部进士，疾时文之诡异，思有以救之。梅圣俞时与其事，得公《论刑赏》以示文忠。文忠惊喜，以为异人，欲以冠多士，疑曾子固所为，子固，文忠门下士也，乃置公第二。复以《春秋》对义居第一，殿试中乙科。以书谢诸公，文忠见之，以书语圣俞曰："老夫当避此人，放出一头地。"

通判杭州。是时，四方行青苗、免役、市易，浙西兼行水利、盐法。公于其间，常因法以便民，民赖以少安。……及至杭，吏民习公旧政，不劳而治。岁适大旱，饥疫并作，公请于朝，免本路上供米三之一，故米不翔贵，复得赐度僧牒百易米以救饥者。方春，即减价粜常平米，民遂免大旱之苦。公又多作饘粥药剂，遣吏挟医，分坊治病，活者甚众。……是秋，复大雨，太湖泛溢害稼。公度来岁必饥，复请于朝，乞免上供米半，又多乞度牒以籴常平米，并义仓所有，皆以备来岁出粜，朝廷多从之。由是吴越之民，复免流散。

公之于文,得之于天。少与辙皆师先君,初好贾谊、陆贽书,论古今治乱,不为空言。既而读《庄子》,喟然叹息曰:"吾昔有见于中,口未能言,今见《庄子》,得吾心矣。"

平生笃于孝友,轻财好施。其于人,见善称之,如恐不及,见不善斥之,如恐不尽,见义勇于敢为,而不顾其害。用此数困于世,然终不以为恨。孔子谓伯夷、叔齐古之贤人,曰:"求仁而得仁,又何怨。"公实有焉。

(1)教师提供重点字词的解释,帮助学生理解,提问:这篇墓志铭是苏轼的弟弟为他写的,读后请思考,这篇墓志铭记录了苏轼一生中的哪些事件?

(2)由此可以推出,"一生回望"中应包括以下内容:记事,梳理我们的一生履历;记美,记录一生的嘉言懿行。有时,并不是非要关乎家国的大事才能被记录,我们对生活中的细节的回望、思考也非常重要。

(3)补充呈现几则较短的人生总结或自传、墓志,强化回望的"必备要素",强化"字数并无固定限制"的观念。

①伏尔泰,这位《哲学通信》和史诗《亨利五世》的作者,顺理成章地在专门迎葬伟人的先贤祠里占了一"席",并受到这样的赞美:"诗人、历史学家、哲学家,他拓展了人类精神,并且使之懂得它应当是自由的。"

②德国数学家鲁道夫花了毕生的精力,把圆周率计算到小数后35位,是当时世界上最精确的圆周率数值。在他的墓碑上就刻着:

"$\pi = 3.14159265358979323846264338327950288$"。

3."八十岁生日回望"

想象你在八十岁生日时,回望过去,感慨万千,这时候我们将给世界一个怎样的字条呢?

提示:你有没有坚持了一生的兴趣、爱好?你一生追求的价值是什么?回顾自己现在的能力和特质,未来的你在不同年龄段可能会拥有哪些成就?有哪些现在还没有,但未来想要拥有的能力呢?那个时候,你对自己的一生满意吗?你对社会、家庭或其他人有什么贡献吗?你是一个怎样的人?……

4.展示自己的"八十岁生日回望"

请在小组内与同学们分享你的"生日回望",互相倾听、温和交流;小组也可以把大家觉得有意义、有意思的"回望"展示给全班同学。

5.收藏我的"八十岁生日回望"

请把你的"八十岁生日回望"放入小时光瓶中,可在十八岁成人礼(高三)时打开,可以根据当时的情况完善或更改自己的"生日回望",可以对照、比较,发现自己的成长变化,增加对自己的认识,为自己增加一份前进的动力。

6.教师总结

老师为学生呈现自己或自己家人的"八十岁生日回望"(目的在于坦率分享,帮助学生体会真实,也让学生更坦率地面对自己的想法),并提示:

·回顾自己的体验、成就,从中分析出价值、能力、特质,你能更清晰地看到以后的路。

·没有"绝对成功"的人生,但普通人的人生,兢兢业业、勤勤恳恳,亦是幸福灿烂。

·我们是过去经验的产物,我们将去向何方,隐藏在我们的过去和现在中。把握现在,你就能书写、改写、重写你的人生。

生涯教育——综合实践

一、"大小先生"讲座

每个月,学校会邀请学生家长、校友、社会知名人士到校为学生作某一领域的相关讲座。学生自己在申请获得学校批准之后,也可就自己最擅长的领域举办讲座,帮助学生加深认识。目前,学校层面上由社会知名人士做过的与职业、专业相关的讲座包括专业摄影、天文学、地理科学、量子物理等,由家长们所做的分享更是从生物科学到AI技术无所不包。这些讲座,为学生选择自己适合的职业方向提供了有价值的参考。

二、社团活动课

每周一节社团课,学生根据兴趣、特长自主选择,社团活动时间由各社团自主安排。

三、特色选修课

每周一节特色选修课,学生根据特长、兴趣自主选择,在其中寻找自己认同的价值观。

四、缤纷艺术节

学生根据兴趣、特长选择想要参与的艺术领域,以舞蹈、唱歌、表演、武术、编剧、导演、绘画、书法等形式参与其中。

五、彩虹生涯月

各班在每学期半期考试之后的一个月,每周至少有一节课用于职业、专业、大学方面的介绍。比如家长职业分享讲座、学长学姐大学生活及专业分享讲座、大学教授专业介绍讲座等。另外,彩虹生涯影院会为同学们提供与梦想、未来、职业、大学等相关的电影,帮助同学们在观影的过程中思考自己的人生选择和未来方向。

六、研学旅行

学生利用寒暑假,在学校组织下到国内外知名高校参观游学,一方面可以参与以专业为主题的游学,一方面可以参与以大学为主题的游学,进一步认知自己偏好的大学或专业。

第九章

生涯决定：关注中学生的生涯抉择

第一节　生涯决定概述

导　语

"人在走路时,转弯最重要。"生涯的转弯处,通常是人生的重要转折点,需要我们慎之又慎地做好生涯抉择。科学的生涯决定,有利于我们找准适合自己的发展道路,以目标为导向,激发我们的内在动力,发展我们的优势潜能,让我们少走弯路,提高人生成功的概率。可以说,我们的生涯决定,决定了我们的未来。

在做生涯决定前,我们首先应该了解什么是生涯决定,生涯决定应遵守哪些原则,生涯决定的流程包含哪几个步骤等,这是做好生涯决定的基本前提。

理论学习

一、生涯决定理论

即使个人充分掌握了自己内在特质与外在工作世界的关系也未必就能做好生涯决定,而整个生涯发展过程必将不断地面临生涯决定的问题,因此有许多生涯理论特别强调生涯决定的模式,例如:卡茨(Katz)模式、吉列特(Gelatt)模式、提德曼-欧哈拉(Tiedeman-O'Hara)模式、弗列屈(Fletcher)模式、希尔顿(Hilton)模式以及克朗伯兹(Krumboltz)基于社会学理论的生涯决策模式等。

下面就以吉列特的职业决策理论和克朗伯兹的生涯决定社会学理论为例做简要介绍。

(一)吉列特的职业决策理论

吉列特的职业决策理论认为决策是一连串的决定,任何一个决定都会影响其后的决定,亦受先前决定的影响,因此决策是一个发展的取向而非单一的事件。决策的基本准则在于选择有利因素最多而不利因素最少的途径,由于各种测验与职业资料的累积,个人可据此预测各项选择途径的可能结果以及达成目标的概率,加上个人的价值系统之偏好倾向,绘出决策流程图,作为其抉择的依据。

吉列特的决策架构特别强调资料的重要性,他将资料组织成三个系统:

1.预测系统

预测不同选择下的行动可能会有的结果,以及由行动到结果之间的概率。例如:根据工作世界与心理测验等方面的客观真实资料,对未来工作(或升学)的成功概率做预测。

2.价值系统

个人依内在价值体系、态度等,判断不同结果之间的相对偏好。

3.决策系统

评量判断的法则,包括:

(1)期望策略:选择最需要、最希望得到的结果。

(2)安全策略:选择最可能成功、最保险、最安全的途径。

(3)逃避策略:避免选择最差的、最坏结果的方法。

(4)综合策略:选择最需要而又最可能成功、不会产生坏结果的方案。

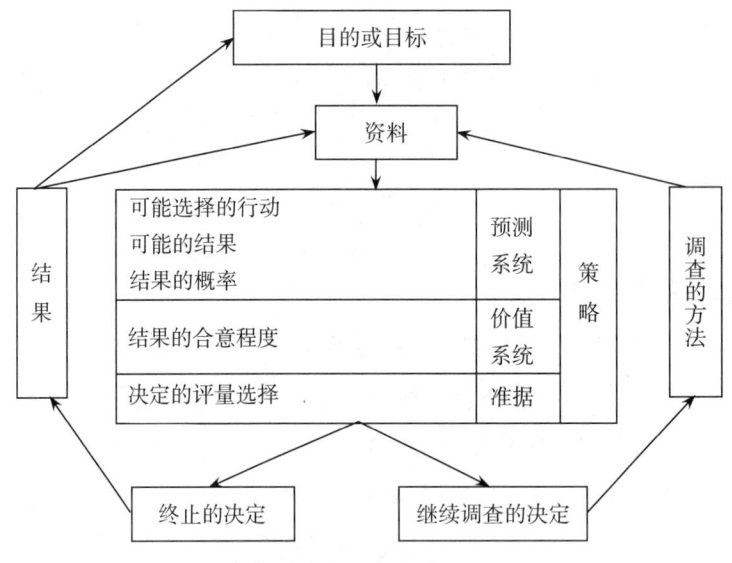

吉列特生涯决定过程图

(二)克朗伯兹的生涯决定社会学理论

生涯决定社会学理论是由班杜拉(Bandura)所创,强调的是个人独特的学习经验对其人格与行为的影响。克朗伯兹将班杜拉的社会学理论用于探索生涯决定,分析个人的教育、技能、职业偏好等是如何形成并影响个人对职业的选择。他认为影响生涯选择的因素包括:遗传因子与特殊能力、环境情况与特殊事件、学习经验、工作取向技能。

生涯决定社会学理论的重点是行为分析或问题界定,根据当事人的问题而制订辅导目标。克朗伯兹与其同事曾列举了7种一般当事人常有的问题类型：(1)将问题归罪于他人。(2)将问题情绪化。(3)缺乏目标。(4)被期待的行为不是他所期待的。(5)不知道自己的行为是不当的。(6)抉择的冲突。(7)不知道问题在哪儿。

克朗伯兹和贝克(Krumboltz&Baker)在1973年发展出他们的第一个决策模式。1977年，克朗伯兹对该模式进行修正后，形成了新的生涯决策模式(Decides)，包括7个步骤：

(1)界定问题：描述必须完成的决策以及估计完成该决策所需的时间。

(2)拟订行动计划：描述将采取哪些行动或步骤来做决策，并描述如何完成这些步骤，且估计每一步骤所需的时间或完成的日期。

(3)澄清价值：描述个人将采取哪些标准，以作为评价每一个可能的选择的依据。

(4)找出可能的选择。

(5)评估各种可能结果：依据所订的选择标准与评分标准，评价每一个可能的选择。

(6)系统地删除：删除不符合价值标准的选择，从中选择最能符合决策者理想的可能选择。

(7)开始行动：描述将采取何种行动以达成选出的目标。

二、生涯决定概述

(一)做决定的本质

1. 决定即存在：我们的决定，决定了我们

因为自己的决定，而决定了自己的一切，包括随着决定而来的荣辱苦乐；也因为自己的决定，不仅让我们感觉到自己的存在，体验到存在的价值，也承担了做决定的责任。

2. 决定的难为："不确定"与"难舍"

做决定通常会伴随着焦虑。焦虑的来源很多，其中大部分来自"不确定"与"难舍"。

3. 决定的复杂：剪不断，理还乱

生涯抉择的问题之所以造成困扰，在于其影响因素纷繁复杂，往往使人剪不断，理还乱。在生涯决定过程中，必须以井然有序的理性步骤，把自己从犹豫、退缩、逃避的情绪状态中牵引出来，从困境中理出一个具体的思考方向，正视问题，解决问题。

4. 决定的要素:"轻重"与"概率"

(1)选择因素的"轻重",与"难舍"有关。"舍"与"得"是相对的,背后牵涉某些选择的考虑因素。

(2)选择项目的"概率",与"不确定"有关。不确定是一种笼统的感觉,涉及对选择项目是否能达成选择因素与要求保持一致的一种心理期待。

(二)生涯决定的定义

生涯决定是一个依据决策者自身的特性,并参照外在环境的现状与发展趋势,通过合乎逻辑的分析,最终确定未来适当的教育或职业领域的过程。

(三)生涯决定的意义

1. 科学的生涯决定,有利于个人选择适合自己的发展道路

清华大学教育研究所樊富珉教授表示:在大学教学中发现,很多考上清华的新生只知道上清华是一件很荣耀的事,而对于为什么上清华、读什么专业都缺乏理性的认识。

如果我们能够在中学阶段甚至更早就具备了生涯规划意识,并且能够进行科学的生涯决策,那么就能选择适合自己的发展道路,避免或者少走弯路。

2. 科学的生涯决定,有利于调动个人的主观能动性

著名科学家居里夫人曾说:"我一直沉醉于世界的优美之中。我认定科学本身就是伟大的美。这种魅力,就是使我终生能够在实验室里埋头工作的主要原因。"正是因为兴趣,原本看起来枯燥单调的科学实验与研究工作在居里夫人眼里好像童话故事般有趣。如果一个人对一件事情充满浓厚兴趣,他就会拥有源源不断的热情和动力来付诸行动。

通过科学的决策,选择自己感兴趣的学科或者专业,无疑会调动自己的主观能动性,从而使学习变得事半功倍。

3. 科学的生涯决定,有利于个人充分发挥自己的潜能

心理学家霍华德·加德纳将人类的智能分为语言、逻辑、空间、运动、音乐、人际、内省等八大智能,并强调每个人都有自己的优势潜能,充分发挥自身的优势潜能,将会使我们在生涯发展中更加游刃有余。

因此,在做生涯决定时,我们的选择应该建立在充分了解自己的智能结构的基础上,只有这样,才有利于充分发挥自己的潜能。

三、生涯决定的原则

著名企业生涯规划专家程社明提出选择生涯路线应当把握以下四条原则:

1.择己所爱

对生涯方向和目标的选择首先要遵从个人的价值和兴趣,这样才能从职业中体会人生的价值和意义,得到生活的乐趣。

2.择己所能

生涯决定还要考虑到自身的能力,任何职业都要求从业者掌握一定的技能,具备一定的能力条件,因此未来职业的选择,要在自己的能力和潜能范围内,并具有一定的挑战性。

3.择世所需

生涯决定必须遵循社会的发展规律,分析社会的需求,适应社会人才结构的需求,否则,很可能走到职业的死角,没有退路。

4.择己所利

决策也是利益选择的过程,在个人利益和集体利益不相冲突的前提下,合理范围内两弊相衡取其轻、两利相权取其重,追求利益(包括物质和精神利益)最大化。

四、生涯决定的基本流程

科学的生涯决定,需要我们一步步厘清思路、理性分析,并最终做出选择。生涯决定的具体步骤如下:

(1)界定明确具体的问题。

(2)澄清自己的价值。

(3)收集相关的资料或向他人询问。

(4)权衡各个可能选择方案的利弊,包括可能的助力和阻力。

(5)依照前面的分析结果,选择适宜的方案。

(6)做决定,并拟订行动计划。

(7)将计划付诸实施。

(8)评估计划实施结果,必要时做适当的修改。

延伸思考

1.请你根据所学知识以及个人理解,谈一谈生涯决定的意义。

2.在你成长的过程中,曾经做过哪些重要的决定?这些决定对你的成长和发展有怎样的影响?请举例说明。

第二节　关注你的职业生涯抉择

导 语

在我们的生命长河中,职业生涯占据了生命的绝大部分。可以说,职业生涯的好坏直接决定了我们生命的宽度与厚度。然而,我们却常常面临"毕业即失业""长期从事不喜欢的工作"的尴尬处境。归根结底,在于职业生涯规划的缺失。

中学生应尽早开启职业生涯探索之旅,掌握职业生涯决策的科学方法,积极思考未来职业发展方向,学会做出理性的职业选择,亲自铺就属于自己的未来职业道路,开创美好未来。

理论学习

一、关注你的职业生涯抉择

教育部教育发展研究中心曾做过一项针对初三和高三学生的调研,结果显示:初三学生中,只有11.4%的城市学生和7.1%的县镇学生认为自己可以从容就业。高三学生中,对所选专业与学校表示"不太了解"的学生达到35.5%,"完全不了解"的学生有10.0%。

某高校研究所调查显示,超过一半的大学生认为目前就读的专业不理想;近一半的学生对毕业后的发展前途感到迷茫、没有目标,而有明确目标且充满信心的只有8.3%。

大学生一毕业就失业的现象屡见不鲜,归根结底,在于学生职业生涯规划的缺失。大部分学生将学习的目的定为考大学,而不是为了今后有一份适合自己的工作。等到步入社会再来考虑择业问题,往往仓促而草率,也没有足够的时间为所选职业做好能力准备,自然很难找到理想工作,更谈不上成就一番事业了。

由此可见,从中小学阶段就开始对未来职业发展方向进行思考和探索是非常有必要的。学生应尽早开始正确认识自我,探索"我是谁"与"我想做什么"之间的联结,探寻自己的职业兴趣,学会做出理性的职业生涯抉择。以职业目标为导向,能够有效激发学生的学习动力,促使学生更好地完成学业,为今后的职业发展做好准备,也有利于扫除学生面对择业、就业问题时的迷茫与犹豫,让学生在未来职业生涯中少走弯路、错路。

二、职业生涯决策概述

(一)职业生涯决策的定义

职业生涯决策是个人根据各种条件,并经过一系列活动以后进行的目标决定,以及为实现目标而制订优选的个人行动方案。

(二)职业生涯决策的决策风格

美国职业生涯专家斯科特(Scott)和布鲁斯(Bruce)认为决策风格是在后天的学习经验中逐渐形成的,将决策风格划分为五种类型:理智型、直觉型、依赖型、回避型和自发型。

决策风格示意表

风格类型	行为特征
理智型	具备深思熟虑、分析、逻辑的特性,强调综合全面地收集信息、理智的思考和冷静地判断分析。但理智型的决策者即使采用系统的、逻辑的方式,也会出现因为害怕承担决策的后果而不能整合自己和他人重要观点的困扰
直觉型	以自我判断为导向,在信息有限时能够快速做出决策。当发现错误时能迅速改变决策。由于以个人直觉而不是理性分析为基础,这类决策发生错误的可能性较大,因此,易造成决策的不确定性,容易使他人丧失对直觉型决策者的信心
依赖型	以寻求他人的指导和建议为特征,往往不能够承担自己做决策的责任。依赖型的决策者需要理解生活中重要他人对自己的影响程度
回避型	拖延、不果断,倾向于不考虑未来的方向,不去做准备,不知道自己的目标,也不思考,更不寻求帮助。这类决策者需要意识到自身的决策风格及其可能造成的危害,努力调整,增强职业生涯规划的意识和动机,才能从根本上得到帮助
自发型	以渴望即刻、尽快完成决策为特征,不能够容忍决策的不确定性以及由此带来的焦虑情绪。自发型决策者常会基于一时的冲动,在缺乏深思熟虑的情况下做出决策,此类决策者通常会给人果断或过于冲动的感觉

三、职业生涯决策方法

(一)"决策平衡单"法

"决策平衡单"是一种常见且实用的生涯决策工具,经常被用于职业咨询中,协助咨询师系统地分析每一个选项的利弊得失,然后按照利弊得失上的加权积分排列出各个选项的优先顺序,以获得最优或偏好的选项,其具体操作如下:

1.决策平衡单在决策中的应用

决策平衡单的4个主题：

(1)自我物质得失(+/-)

(2)他人物质得失(+/-)

(3)自我精神得失(+/-)

(4)他人精神得失(+/-)

2.决策平衡单的应用步骤

(1)明确选项。

(2)细化4个主题的具体指标。

(3)给每个指标标注权重(1~5)。

(4)对照具体指标,填写每一项的具体分数(-5~+5)。

(5)计算系数,并且分别计算总分。

(6)做出分析与思考。

以下是某大学生采用决策平衡单法对自己比较感兴趣的职业进行综合评估与选择。

考虑因素	选择项目	权重	选择一:教师 加权分数(+)	加权分数(-)	选择二:律师 加权分数(+)	加权分数(-)	选择三:心理咨询师 加权分数(+)	加权分数(-)
个人物质方面的得失	1.个人收入	3	3(+9)		5(+15)		3(+9)	
	2.未来发展	4	3(+12)		4(+16)		3(+12)	
	3.休闲时间	2	4(+8)		1(+2)		4(+8)	
	4.对健康影响	1	1(+1)		1(+1)		1(+1)	
他人物质方面的得失	1.家庭收入	3	3(+9)		5(+15)		3(+9)	
	2.家庭地位	2	5(+10)		5(+10)		5(+10)	
个人精神方面的得失	1.创造性	5	3(+15)		5(+25)		4(+20)	
	2.多样性和变化性	5	1(+5)		5(+25)		4(+20)	
	3.影响和帮助他人	4	5(+20)		3(+12)		5(+20)	
	4.自由独立	4	2(+8)		4(+16)		4(+16)	
	5.被认可	3	5(+15)		5(+15)		5(+15)	
	6.挑战性	3	5(+15)		5(+15)		5(+15)	

续表

考虑因素 \ 选择项目	权重	选择一:教师 加权分数 (+)	加权分数 (−)	选择二:律师 加权分数 (+)	加权分数 (−)	选择三:心理咨询师 加权分数 (+)	加权分数 (−)
7. 应用所长	5	5(+25)			−5(−25)		−5(−25)
8. 兴趣满足	4	4(+16)		4(+16)		4(+16)	
他人精神方面的得失 1.父亲	3	5(+15)		5(+15)		5(+15)	
2.母亲	3	5(+15)		5(+15)		5(+15)	
3.朋友	2	5(+10)		4(+8)		4(+8)	
4.老师	1	5(+5)		5(+5)		5(+5)	
总分		213		201		189	

(二)SWOT分析法

近年来,SWOT分析法常常被用作职业生涯决策分析方法,用以检查个体的能力、兴趣等,分析个体的优缺点,评估个体所感兴趣的不同职业道路的机会与风险所在。

SWOT分析法要求将与个人密切相关的优势因素、劣势因素、机会因素和威胁因素罗列出来,并依照一定的次序排列,然后运用系统分析的方法,把各种因素相互匹配,加以分析,从中得出一系列相应的结论。

例如,某女生是师范院校中文专业学生,希望毕业后在深圳地区从事中小学教师职业。她采用SWOT分析法对自己进行职业选择,具体分析如下表所示:

SWOT分析法	
优势因素(S): 1.师范生,有系统的专业学习和训练。 2.有责任心,沟通协调能力好。 3.担任班干部,人际关系好。 4.课余兼职做家教。 优势的利用: 1.努力学好专业课。 2.参与社团和学生工作,积累学生工作经验。 3.多和老师、当老师的师兄师姐沟通,听取他们的就业建议。 4.在做好家教的同时,积极寻找中小学实习的机会。	机遇(O): 1.学校有考取教师资格证的渠道。 2.教育行业发展前景好。 3.教师职业相对稳定,收入较有保障。 4.有在职学习、培训和深造的机会。 机遇的利用: 1.了解考证的要求,认真备考,确保顺利拿到教师资格证。 2.树立职业信心。 3.树立终身学习的观念,不断提高自己的综合素质和能力。

SWOT分析法	
劣势因素(W)： 1.普通话不够标准。 2.不擅长使用电教设备。 3.缺乏求职经验和技巧。 劣势的弥补： 1.加强普通话练习，多和普通话好的同学交流，听普通话广播。 2.经常上机练习，掌握办公软件和教学软件。 3.参加求职技巧的讲座和课程，向有工作经验的人请教、学习。	威胁(T)： 1.深圳的教师需要参加统一入职考试。 2.面对来自全国的激烈竞争，压力很大。 威胁的排除： 1.了解教师入职考试的规则流程，尽早做好考试的准备。 2.提早了解职业信息，提升自身综合素质，并争取实习机会。

四、职业生涯决策的冲突与应对

学生在进行职业生涯决策时，不免会遇到与老师、父母等人意见不一致的情况，该如何应对呢？

1.平静情绪，分析自我

当我们和父母发生决策冲突时，先让自己的情绪平静下来，用平和的态度分析让自己苦恼的原因是什么？是气愤父母不理解自己，还是觉得父母的态度伤害了自己的自尊心？是选择本身存在分歧，还是沟通方式出了问题？找到原因并针对性地寻找解决问题的办法。

2.尊重和理解父母

家人是我们最亲近的人，我们需要真诚耐心地与他们交流。当我们与父母在职业生涯决策上发生冲突时，我们应尝试站在父母的立场思考，认真倾听并理解父母的想法，再来表达自己的观点。当大家都处在和平商议的状态时，更有利于沟通观点和解决问题。

3.做足准备，理性沟通

在我们做生涯决策时，要做好充分的调查和准备，理性决策。这样，在和父母沟通时也能做到有理有据，更具有说服力。就算父母一时还不能改变想法，但他们也会因为我们认真的态度和付出而动容，说不定会开始慎重考虑我们的想法。

4.借助第三方的力量

第三方，有可能是老师，有可能是某个领域的专业人士，还可能是书籍与网络等权威媒体。第三方的介入，能够让家人获得更多信息，重新理性地看待问题，也可以借助第三方的权威与公信力，增强我们生涯决策的说服力和可信度。

延伸思考

1.为什么从中学开始，就要关注自己的职业生涯抉择？

2.请你借助"决策平衡单"或"SWOT分析法"，尝试做出自己的职业生涯选择。

3.当你的选择与决策和父母意见不一致时，你是如何应对的？请举例说明。

第三节 "6选3"选科决策

导 语

新高考改革的一大特点是通过"6选3"模式给予学生更多的选择,它在尊重学生个性化发展需要的同时,也要求学生必须学会科学选科。

学生应准确了解"6选3"模式的具体要求,分析选考科目的选科组合特点,探索选科的主要依据和基本思路,将个人兴趣、能力等与未来职业发展结合起来,选择3门自己最喜欢、最擅长,并有助于今后职业和生涯发展的科目。

理论学习

一、解读"6选3"模式

(一)新高考改革"6选3"政策

2014年9月,国家出台了《国务院关于深化考试招生制度改革的实施意见》,拉开了新一轮高考改革的序幕。新高考改革明确规定学生总成绩由统一高考的语文、数学、外语3个科目成绩和高中学业水平考试3个科目成绩组成(浙江省是"7选3")。计入总成绩的高中学业水平考试科目,由学生根据报考高校的要求和自身特长,在思想政治、历史、地理、化学、生物等科目中自主选择。

自主选科的基本要求包括:

(1)文理不分科,政、史、地、物、化、生(技术)等学科中,学生自由选择3门课程,作为学习和高考科目。

(2)大学提前2年公布专业选科范围,作为自主选科的重要参考。学生选考科目只要有1门与大学专业选考科目相符,即可填报该专业。

(3)学生需综合考虑兴趣、成绩、能力等因素进行选择。

2018年正式启动新高考综合改革的8个省市,包括重庆、江苏、湖北、福建、辽宁、广东、河北和湖南,均采用"3+1+2"模式。虽然"6选3"与"3+1+2"在选科模式上略有不同,但基本的选科思路是相同的。本书仅就"6选3"选科决策思路进行分析。

(二)新高考等级赋分

在新高考背景下,不同的人选考科目不同,倘若只是按照各自选考科目的原始分数进行加和而得出高考分数,选考科目容易就能取得高分,选难了就得不了高分,显然是不公平的。此时,受考试难度和科目性质等因素的影响,分数已经是不同质的了,不能进行简单的加和操作,只有转换为同质性的标准分数,才能进行科学的比较与求和。因此,新高考对选考科目实行等级赋分。

以北京市为例,等级考试成绩由高到低分为A、B、C、D、E共5等,其中A等占学生比例的15%,B等占40%,C等占30%,D等占14%,E等不超过1%。在计入高校招生录取总成绩时,等级性考试成绩每科成绩由5等细化为21级。其中,A1为满分100分,E为40分,相邻两级之间的分差均为3分。如下表所示:

等级赋分表

等	A					B					C					D					E
比例	15%					40%					30%					14%					1%
级	A1	A2	A3	A4	A5	B1	B2	B3	B4	B5	C1	C2	C3	C4	C5	D1	D2	D3	D4	D5	E
比例	1%	2%	3%	4%	5%	7%	8%	9%	8%	8%	7%	6%	6%	6%	5%	4%	4%	3%	2%	1%	1%
分数	100	97	94	91	88	85	82	79	76	73	70	67	64	61	58	55	52	49	46	43	40

例如,小明同学高考选择了物理、历史和地理三门科目参加等级性考试,其卷面成绩分别在选考该科目的学生中排到20%、5%和13%,对应的等级分别为B1、A3和A5,根据等级折算规则,计入本科高校录取总成绩的分值分别为85分、94分和88分。

(三)"6选3"模式的选科组合分析

根据"6选3"模式,学生的选择从传统高考文理分科的2种选择增加到了20种选择。我们总结了部分组合的特点,仅供参考。

1.物理+化学+历史,可报专业非常广,竞争激烈

这个组合的专业覆盖面非常广,既包括社会学类、金融类、工商管理类等热门综合专业,也包括世界史、古典文献学等有较强针对性的专业。正是由于这个组合几乎覆盖所有专业,所以竞争非常激烈。

2.物理+化学+生物,理综选科优势依旧

该组合即原来的理科综合,传统理综选科优势依旧,可报考专业多,如工科、医学、农林、畜牧、水产、理学等。但三门学科对理科思维要求高,况且理化生尖子生扎堆,学习压力比较大。

3.地理+生物+政治，学习难度相对较小

这种组合学习难度相对小、获得高分机会大，选择人数多，虽然是两文一理组合，但理工专业要求物理、化学知识基础，文史专业需要一定历史知识，所以该种选科组合方案会导致学生将来的大学课程衔接困难。

4.历史+地理+政治，可报专业较少，适用面狭窄

该组合即原来的文科综合，传统的文综选科适用面较狭窄，可报专业受限较多，可以报考文学、英语、财经、管理等类专业。该组合比较适合对文科专业感兴趣的学生，但该组合缺少理科学习，可能会影响学生将来理科思维和能力的培养。

需要特别强调的是，每一个选科组合都各有利弊，学生不能仅凭选科组合的可报专业比例来选择，应结合自己的兴趣、优势、职业规划以及高校专业要求等方面做出科学、合理的选科决策。

二、学科与专业、职业的关系

在高中课程体系中，语文、数学、英语等基础性学科是大学专业的基础性课程，物理、化学、生物、历史、思想政治、地理等课程与高校的专业大类也有一定的对应关系。而且，高中阶段各门课程所涵盖的知识与技能都是今后工作、生活中所需要的，将来会在不同场合派上用场。例如，从事记者工作，语文写作能力和数学逻辑能力是不可缺少的。因此，无论是哪一门学科，学生都应该认真对待，努力学习，不断夯实各门学科的学科基础。

三、选科的主要依据和基本思路

（一）选科的主要依据

1.依据个人的生涯规划方案

科学选科的关键在于设计个人生涯发展路径，明确自己的职业目标、升学目标，据此由远及近地倒推出自己的选学科目。如下图所示。

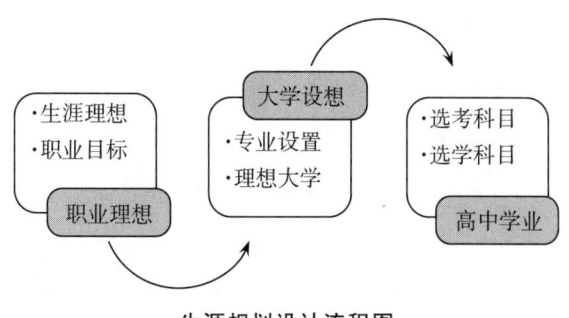

生涯规划设计流程图

例如，某学生对电子地图的测量绘制有兴趣，将来立志从事这方面的工作，就要

选择地理信息科学专业,这个专业需要地理和物理学科知识基础,选考学科中必然有物理和地理。

但是,如果学生的专业、职业目标不明确,在各门学科学习情况相近的情况下,应该优先考虑专业覆盖面广的学科,例如物理、化学。

2.依据个人的兴趣和能力

兴趣是学习最主要的动力。学生如果选择自己感兴趣的学科,不仅能激励自己在高考中取得好成绩,更能够促进今后的专业学习和职业发展。试想一下,如果你选择了不感兴趣的学科,不仅高中三年,大学四年甚至是今后工作你都可能要持续学习和使用这一学科,这门学科可能会成为你丢不掉的一块"硬骨头"。因此,建议学生在条件允许的情况下,尽量选择自己喜欢的学科。

在关注学科兴趣的同时,学生还要找到自己的优势能力,定位自己最具竞争优势的学科,尽量把兴趣和优势能力结合起来,选择自己喜欢且擅长的学科。

3.依据高校的选考学科要求

新高考下不再分文理科,但是各个高校会根据其培养目标和专业特点等提出具体的选考科目要求。主要分为四类:限制1门学科;限制2门学科;限制3门学科;不限学科。

以浙江为例,根据浙江省教育考试院的统计数据,2020年拟在浙江省招生普通高校共27701个专业(类),对物理提出单科要求是最多的,物理的可报专业比例达到91.26%,其次是化学70.42%,再次是生物65.23%。物理、化学、生物的专业覆盖面相对比历史、地理、政治的覆盖面要广。

另外,限制多门学科并不是要求所有学科都得符合高校要求。国家规定,学生选考的三个学科中,有一个学科与高校提出的选考要求一致就可以报考。例如,南开大学的临床医学专业的选考学科是化学和生物,学生选考的三科中只要有化学或者有生物都可报考该专业。

(二)选科的基本思路

选科的基本思路是:建议学生第一门学科的选择基于未来职业、专业和高校目标的考虑,同时兼顾学科兴趣和学科能力等;第二、三门学科选择优势学科。若有两门学科势均力敌、难以取舍,建议优先考虑文理学科搭配,这样有利于全面、可持续发展。

学生可以根据自身的兴趣、优势,选择适合自己的科目组合。因为,感兴趣的东西学起来就容易。而擅长的科目即使不是特别感兴趣,但是因为学生的这门学科基础扎实,也可以选。学生可以多向教师、家长征询意见,或者借助一些科学测评手段,例如到专业机构进行学科兴趣测试,帮助自己找到感兴趣的、擅长的学科。

学生可以根据上述的选科思路,采用"决策平衡单法"来进行学科选择。下面是某学生用平衡单法做"6选3"的学科选择,仅供参考。

考虑因素 \ 科目/权重	权重系数(1~5)	物理	化学	生物	政治	历史	地理
学科兴趣	4	4	3	5	1	1	4
学科基础	5	5	2	4	3	3	4
专业倾向	3	3	3	2	0	1	3
职业倾向	2	4	1	5	-1	1	4
发展前景	3	3	2	4	1	2	3
师资水平	4	4	3	3	2	3	5
家长倾向	2	-1	2	3	5	4	2
同伴建议	2	0	2	1	-1	-3	3
……							
得分		72	61	88	32	44	92
选择		√		√			√

借助决策平衡单,该学生对自己各门学科的影响因素进行了对比与评估,并最终选择了物理+生物+地理的学科组合。

延伸思考

1. 在所有的选考组合中,你最感兴趣的组合是哪个?请说明原因。

2. 请你简要阐述选科的主要依据和思路。

3. 请查阅资料,了解一下你所在的省市往届高中生的选科情况(如果你所在的省市尚未开始执行选科政策,请在已经执行选科政策的省市中选一个来进行了解),并谈一谈你对选科的认识。

第四节　高考志愿填报的抉择方法

导　语

"志愿填报"可以说是学生通往高等院校的最后一道关卡，能否决胜高考，有时候就取决于这"临门一脚"。然而，很多学生却倒在了这最后一关。每年高考"高分低就""专业调剂"，甚至"遗憾落榜"的现象层出不穷。这些前车之鉴都说明了中学生需为高考志愿填报提前做好准备，收集信息、理性分析、谨慎选择。

理论学习

一、志愿填报"早知道"

很多家长和学生认为，填报志愿是高考后的事，平时对此毫无准备。等到高考后，马上要开始填报志愿时才匆匆忙忙选大学、选专业。这个时候留给学生填报志愿的时间只有短短几天，家长和学生由于事前没有准备，对填报志愿的情况了解不够全面，对全国几千所大学、几百个专业知之不多，所以在填报志愿时往往带有很大的随意性和盲目性，最后的高校录取结果可能无法令人满意。因此，学生和家长必须提前为志愿填报做好准备，做到"知己知彼"，不打无准备的仗。

一方面，了解自己的兴趣和能力。学生要以实力为基础，确定自己可以选择的学校和专业范围。同时把兴趣作为选择志愿的重要依据，在自己的能力范围内，选择自己感兴趣的学校和专业，切忌好高骛远、盲目跟风。

另一方面，了解高考政策和高校信息。我国的高考招生录取工作是以省（区、市）为单位来组织进行的，所以学生首先应搜集本省的政策信息，同时，可以关注其他感兴趣的省份、城市的招生政策信息。

此外，了解目标院校的基本情况，如师资力量、院系设置等，着重了解目标院校近几年的投档情况，包括招生计划数、录取最高分、录取最低分、录取平均分等。

二、平行志愿

(一)志愿设置

本科第一批、本科第二批、高职专科批均实行平行志愿,设置A—F共6个平行的院校志愿,各院校设6个专业志愿。

(二)什么是平行志愿

平行志愿是相对于顺序志愿来说的,所谓"平行志愿",是指考生在填报高考志愿时,可在指定的批次同时填报若干个平行院校志愿。录取时,依据"分数优先、遵循志愿"的原则进行投档录取。首先对考生按总分从高分到低分排序,再按排序对考生所填报的"平行志愿"从第一个院校志愿到最后一个院校志愿的顺序检索。被检索的志愿中一经出现符合投档条件的院校,即向该院校投档,当上一位考生志愿检索完成后才检索下一位考生的志愿信息。与顺序志愿相比,平行志愿大大减少了志愿填报的博弈成分。

(三)平行志愿的投档办法

要理解平行志愿,首先要了解平行志愿的投档过程。

平行志愿投档原则是"分数优先、遵循志愿",过程为"排序→检索(分档)→投档→录取"。

1.排序

对同一批次考生分文、理科分别从高分到低分逐个进行排序,即按科类分数从高到低排队。

2.检索(分档)

按位次排在前(分数高)的考生所填报的志愿进行检索分档,再对下一位次考生进行志愿检索。例如,重庆市本科第一批设平行的6个志愿,按前后顺序分别为A,B,C,D,E,F志愿,检索时计算机先判断位次在前考生的A志愿,如符合A志愿高校的投档条件,则将考生分配给A志愿高校,后续的B,C,D,E,F志愿就不再检索,以此类推。一旦考生符合某一志愿的投档条件,后续志愿就不再检索。如A志愿高校投档已满,该生不符合A志愿高校的投档条件,此时,计算机则判断该生的B志愿,看是否满足B志愿高校的投档条件;如不符合,则继续判断C志愿高校。以此类推,如果该生6个志愿都不满足对应高校的投档条件,则该生在本轮投档中就无法投档,只能等待征集志愿再进行投档了。该生检索结束后,计算机会自动检索下一位次考生所填报的6个志愿,直到所有达到本科一批控制线的考生都检索完毕。此时,所有符合条件的考生都已分配给了相对应志愿的高校。

3. 投档

将所有检索后符合投档条件（排在高校投档数内）的考生电子档案发给高校进行审录。重庆市平行志愿的调档比例原则上控制在105%左右，也就是说，高校公布的录取计划为100人，市教育考试院会投放105名考生档案给高校，即投档数为105。如果高校有调档比例要求，则按高校要求的比例进行投档。

4. 录取

高校在接到考生电子档案后，按高校公布的招生章程分专业进行录取，完成招生计划后将多余的考生进行退档。

平行志愿投档图示如下：

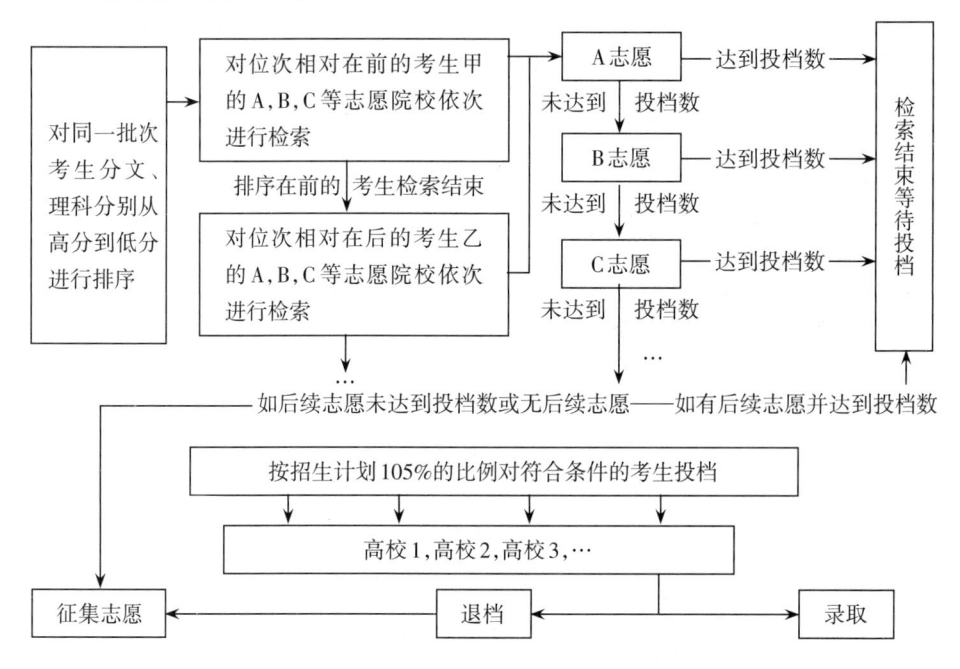

```
[对同一批次考生分文、理科分别从高分到低分进行排序]
    ↓
[对位次相对在前的考生甲的A,B,C等志愿院校依次进行检索]
    → A志愿 → 达到投档数 → 检索结束等待投档
              未达到投档数
              ↓
              B志愿 → 达到投档数
              未达到投档数
              ↓
              C志愿 → 达到投档数
              未达到投档数
              ↓
              ...
    排序在前的考生检索结束
    ↓
[对位次相对在后的考生乙的A,B,C等志愿院校依次进行检索]
    ↓
    ...

如后续志愿未达到投档数或无后续志愿——如有后续志愿并达到投档数

[按招生计划105%的比例对符合条件的考生投档]
    ↓
[高校1,高校2,高校3,…]
    ↓
征集志愿    退档    录取
```

（四）平行志愿的特点

1. 志愿并列

考生所填报的多个院校相互并列，即在同一投档时间段，考生所填院校均有可能被检索。

2. 位次优先

在检索考生的院校志愿前，首先要将所有考生分科类按分数从高到低进行位次排列。投档检索时，先从最高位次考生志愿检索，再依次检索以后位次的考生志愿。

注：本科批次平行志愿投档同分数排序原则为在总分（统考成绩+附加分）相同的情况下，依次比较综合、语文、数学、外语单科成绩从高到低投档。专科批次平行志愿投档同分数排序原则为：总分（语、数、外统考成绩+附加分）相同情况下，依次比较语文、数学、外语单科成绩，从高到低投档。

3.遵循志愿排列

考生所填报的多个平行志愿仍有自然顺序。排在前面的院校志愿优先检索,一旦检索符合高校投档条件,则该生即投到该院校,后续院校志愿将不再被检索。

4.一轮投档

考生档案一旦投出,后续志愿将不再检索,因此,对于考生来说只有一次投档机会。如考生6个平行志愿均不满足条件而没投档,或投档后被院校择优后退档,只能参加征集志愿或下一批次录取。

三、专业平行志愿

(一)什么是专业平行志愿

2017年,浙江高考首次实行专业平行志愿,浙江是高考改革试点地区,如果该志愿填报方式试点顺利,全国其余各省预计也将采取专业平行志愿填报方式。那么,什么是专业平行志愿?它和原来的平行志愿有什么区别?

专业平行志愿不分批次,只设一个提前录取,按学生成绩分段填报志愿、分段录取。浙江省实行分三段填报志愿,每一段可填80个平行志愿。学生填报的每一个志愿由"1所院校+该校的1个专业(类)"组成,在填报志愿的时候,可以选择该批次相应科类招生计划中任意院校的任意专业填报。投档时,以一所院校的一个专业(类)为志愿单位,直接投档到学生所填报的某院校某专业(类)。在录取的过程中,达到投档要求的学生将直接被投档到报考的某个专业。

专业平行志愿是在平行志愿的基础上,又考虑到专业优先录取。而且,不同于以往以院校为志愿单位投档的平行志愿,专业平行志愿投档时,直接投档到某院校某专业(类),因此,不存在专业服从调剂的问题,学生也不用担心被调剂到自己不喜欢的专业。以浙江2017年高考为例,80个专业院校志愿逐一检索,哪个符合录取哪个专业。下图为浙江省2017年普通高校招生普通类专业平行录取志愿表样张。

高考报名号		姓名	
选考科目	物理、历史、化学		
志愿序号	院校名称	专业(类)名称	
1	北京大学	哲学	
2	清华大学	建筑学	
3	浙江大学	社会科学试验班	
4	清华大学	自动化	
5	北京大学	考古学(文物保护)	

续表

6	浙江大学	科技与创意设计试验班
......
80	浙江工业大学	健行学院试验班类

(二)专业平行志愿的录取办法

1.分段办法

根据实考人数的一定比例,按照学生高考总分(含政策加分,下同),分段填报志愿、分段录取。分三段,分别按实考人数的20%、60%、90%确定。

2.志愿设置

实行专业平行志愿。一所学校的一个专业(类)作为一个志愿单位。学生每次可填报不超过80个志愿。

3.录取流程

第一段学生先填报志愿,随即投档录取;剩余计划重新公布,未被录取的第一段学生和第二段学生填报志愿,再组织投档录取,然后以此类推。第三段志愿填报和录取后,如仍有院校专业(类)未完成计划的,经学校申请,可适当扩大比例征求志愿。

4.投档办法

以学生符合所填报志愿的选考科目范围为前提,根据学生高考总分,实行专业平行志愿投档,直接投到学生所填报的具体学校的具体专业(类)。投档比例为1:1,高考总分相同的学生,依据位次、志愿顺序投档。

5.学生位次

根据所有学生高考总分确定。学生高考总分相同时,按文化总分、语文数学总分、语文或数学单科成绩、外语单科成绩、选考科目单科成绩高低排序,全部相同者为同位次。

(三)专业平行志愿填报步骤

1.选择不同梯次的学校

根据学生位次和选考科目一分一段表(限每一分数全省或市有多少名)、各校往年投档线等资料,选择不同梯次的学校。同时也要注意区分同一专业不同学校的梯次。建议学生把自己最想上的专业、院校放在第一志愿。如果参加了自主招生考试并获得报考资格的学生,要把自主招生院校放在第一位。

2.选择不同梯次的专业

建议学生根据往年专业录取情况,将目标院校中一些不喜欢的或者录取可能性比较低的专业排除,筛选出准备报考的不同梯次的专业。同时,要认真阅读目标院校的招生章程,了解专业对学生身高、性别、视力、外语考试、单科成绩等方面的特殊要求,避免因为忽略招生细节而被退档。

3.从个人意愿出发为学校和专业排序

无论填报哪一所学校,都应从学生本人的兴趣、志向出发。学生根据自己的生涯规划、兴趣特长等,自主思考和选择上什么样的大学、学什么专业,通过自主选择为自己的目标院校和专业进行合理排序,完成志愿填报工作。

(四)如何规避高分低就风险

专业平行志愿的"分数优先"原则是招生院校根据已调档学生的分数高低进行专业安排,这种模式的特点是最大化满足相对高分学生的专业志愿。这也意味着各个专业之间不设专业级差。很多学校在第一志愿招满后,第二志愿就不招生了,可能会造成高分低就,甚至高分落榜的现象。如何有效规避高分低就的风险?

第一,建议学生把80个志愿名额全部填满。建议前20个专业志愿重在"冲",中间40个左右专业志愿着眼于"稳",后20个专业志愿立足于"保",而不是盲目乐观地按照往年的分数参考填报,特别要注意保底志愿的合理性,建议学生尽量把80个机会用足。如果所有名额都精打细算地用起来的话,理论上是不会出现高分低就的情况的。

第二,建议学生多花点时间了解自己感兴趣的学校和专业,谨慎、合理地对学校和专业进行排序。最好不要等到马上要填报志愿了才临时抱佛脚去查阅资料,缺乏深思熟虑填报的志愿,发生退档风险的概率就高了。

第三,虽然专业平行志愿不存在专业服从调剂的问题,学生不必担心会被调剂到自己不喜欢的专业。但是,学生在填报志愿的时候要仔细查看高校对相关专业有没有特殊要求,比如在身高、单科成绩、外语语种、英语口试、综合素质评价等方面的具体要求。专业平行志愿实行的是一次性投档,若不符合高校具体专业的特定要求依然存在被退档的风险。

四、高考志愿决策平衡单

学生可以根据以上高考志愿填报特点和思路,采用"决策平衡单法"来进行高考志愿填报的决策。下表是"高考志愿决策平衡单"示例图。

科目 权重 考虑因素	权重系数 （1~5）	院校一	院校二	院校三	院校四	院校五	……
院校层次和底蕴							
成绩匹配度							
专业兴趣							
师资水平							
专业就业率							
行业前景							
地域特点							
交通便利							
滑档风险							
家长倾向							
教师建议							
……							
得分							
选择							

延伸思考

1. 填报志愿之前，应做好哪些准备？

2. 请根据个人理解，谈谈平行志愿与专业平行志愿的区别。

3. 你还知道哪些志愿填报的技巧？请和同学们分享一下。

第五节　基于综合实践活动的生涯教育之附中实践：落实核心课程——决策

生涯教育——校本课堂

课时一　面对选择，重视选择

【教学目标】

1. 知道人生离不开选择，选择对人生幸福很重要，要重视选择。
2. 对"新高考""选课分班"有更深入的认识。

【教学准备】

学生提前阅读《遇见最美的自己·高中版》，对"新高考""选课分班"有初步的认识。

【教学环节】

一、导入

弗罗斯特《未选择的路》这首诗里写道："一片树林里分出两条路——而我选择了人迹更少的一条，从此决定了我一生的道路。"选择对我们来说非常重要，甚至我们可以说，是无数个选择铸就了今天的我们。

二、认识选择，面对选择

1. 从起床到现在，你做了哪些选择呢？

哪怕是最平凡的一天，坐在同一间教室的我们，也有着各种不同的选择。

2. 请再回忆一下，在你的成长过程中，哪些选择对你意义重大？为什么你认为它们意义重大？

3. 其实，很多人后悔过他们的选择，有人曾经在网上发表了一个帖子，向大家提问："如果我回到1997，你希望我告诉那时的你什么？"许多人给他留言，我们截取了一些留言，请看PPT：

· 如果真的可以，希望楼主告诫1997年的我好好读书，不要这么叛逆。

· 楼主，我跪求你一定一定回到1997年时，找到我，给我打电话，告诉我让我毕业的时候千万选择留校,留在北京不要回家,五月的时候进联通,千万继续学习考研!

• 楼主,麻烦告诉1997年的我,2005年刚毕业的时候不要犹豫,借钱也要买房!

• 转告2002年的我,7月9日之后,勇敢地填志愿,北大复旦浙大都可以,谢谢。

• 1999年千万别吃那一星期的虾啊……你会长一脸十年都看不好的痘痘!

• 多喝点牛奶!

从这些留言中我们可以看到,人们总是有一些后悔的选择,念念不忘,在心中回响,那么,你有没有什么后悔的选择呢?那些让你后悔的选择,是在怎样的情境下做出的呢?请你回忆当时的情境,填写下表。

后悔的选择	
选择时的态度	
选择前的准备	

4.教师小结:如果不希望再次做出后悔的选择,起码要做到重视选择、认真收集信息。选择很重要,每一次恰当的选择会让我们品尝快乐与幸福;每一次郑重的选择都是在雕刻我们的人生;每一次智慧的选择是铺就我们成功人生的基石。美国前总统林肯说:所谓聪明的人,就在于他懂得如何去选择。选择很重要,面对人生的岔路口,我们需要理性地思考和抉择,因为,每一个选择都没有退路。所以请你重视人生中的每一次重要选择。

三、新高考,新选择

同学们,进入高中,我们迎来了人生的又一个新起点,相信同学们一定对未来将要参加的"新高考"有一定的了解,能分享一下吗?

• 考生可根据自身兴趣、志向、优势和高等学校招生要求以及普通高中办学条件,从思想政治、历史、地理、物理、化学、生物学共6门学科中,选择3个科目参加等级性考试。

• 学生需要先了解各专业的学习内容,再由专业反推回当前的科目选择。

• 学生可以通过自主招生来获得更多高校的垂青。

• 学生可以通过特长发展来获得高校的垂青。

• ……

的确,我们面临着新情况、新选择——选科走班。那么。如何选择,成为摆在我们面前一个新的课题。请看下面这幅图,说一说面对学科选择我们应该做好哪些准备。

一是自我认知,二是探索社会职业,三是了解大学专业。在附中,你可以通过学业考试、生涯测评、师生交流等帮助自我认知;同时,还可以通过丰富的综合实践活动来加深对自己的认识、对社会职业的认识和对大学专业的认识。

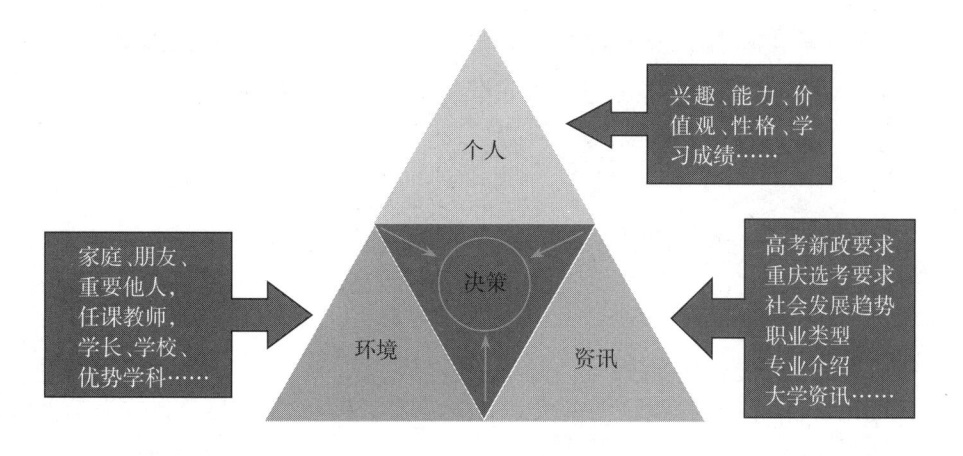

[图示：三角形，顶点为"个人"，底部左右为"环境""资讯"，中心为"决策"]

- 兴趣、能力、价值观、性格、学习成绩……（指向"个人"）
- 家庭、朋友、重要他人、任课教师、学长、学校、优势学科……（指向"环境"）
- 高考新政要求、重庆选考要求、社会发展趋势、职业类型、专业介绍、大学资讯……（指向"资讯"）

课时二 如何决策？

【教学目标】

帮助学生理解不同的决策风格，教给学生实用的决策技巧。

【教学重难点】

学生能够学会实用的决策技巧。

【教学环节】

一、改变观念

了解决策的冲突：我的决策是完美的吗？

因为信息的不完整、环境和自我的变化，所以，没有完美的决策。

二、了解自己：了解自己惯用的决策方式

常见的决策风格：直觉型、依赖型、回避型、自发型、理智型。

考虑的各种因素	选择一：_____			选择二：_____			选择三：_____		
因素名称	权重（10分）	分数（10分）	分数×权重	权重（10分）	分数（10分）	分数×权重	权重（10分）	分数（10分）	分数×权重
我很擅长									
我感兴趣									
未来就业									
报考限制									
家庭资源									
合计									

三、具体困惑解答

1.梳理已有资料：兴趣方面的霍兰德量表；MBTI职业性格测试；多元智能量表；

月考、期末考等学业成绩;未来就业个人倾向;家庭资源;报考学科的限制。

2. 根据学生已有资料,教给学生权重分析法、SWOT分析法等。

3. 填写分科意向表,模拟分科。

生涯教育——综合实践

一、专业巡礼

每年春季、秋季,学校邀请西南大学各个学院、各个专业的教授到校为学生们做本专业的专业课程介绍、就业方向介绍等,每名学生可以选择五个专业参与讲座,并向相关老师提出心中困惑。学生们通过近距离的接触,可以更明确自己心中所想与实际情况是否一致,在科目选择上应该有哪些必须顾及的倾向等。

西南大学附中彩虹生涯教育月——专业巡礼活动

序号	学院	姓名	学科领域	职称	教室	时间
1	地理科学学院	王勇	自然地理学	副教授	高一(5)班	8:50—9:30 9:40—10:20
2	教育学部	唐智松	教育学	教授	高一(6)班	
3	计算机与信息科学学院	韩毅	信息类学科	教授	高一(7)班	
4	马克思主义学院	曾艳	思想政治教育	副书记	高一(8)班	
5	物理科学与技术学院	袁宏宽	凝聚太计算物理	教授	高一(9)班	
6	化学化工学院	柴雅琴	化学	教授	高一(10)班	
7	生命科学学院	袁伦强	动物学	副教授	高一(11)班	
8	资源环境学院	何丙辉	资源环境	教授、博导	高一(12)班	
9	历史文化学院	邹芙都	历史	教授	高一(13)班	8:50—9:30 9:40—10:20 10:30—11:20
10	外国语学院	王惠静	英语教育	副教授	高一(14)班	
11	药学院 中医药学院	陈敏	药学	教授	高一(15)班	
12	植物保护学院	青玲	植物保护——植物病理学	教授、博导	高一(16)班	
13	数学与统计学院	刘少伟	数学	副教授	高一(17)班	
14	电子信息工程学院	王世元	人工智能:信号处理	教授	高一(18)班	
15	政治与公共管理学院	邱德胜	哲学	教授	高一(19)班	
16	文化与社会发展学院	张永红	应用心理学	副教授	高一(20)班	

二、"大小先生"讲座

每个月,学校会邀请学生家长、校友、社会知名人士到校为学生做某一领域的相关讲座。学生自己在申请获得学校批准之后,也可就自己最擅长的领域举办讲座,帮助同学们加深认识。目前,学校层面上由社会知名人士做过的职业专业相关讲座包括专业摄影、天文学、地理科学、量子物理等,由家长们做的分享更是从市场营销到生命科学技术无所不包。这些讲座,为学生选择自己适合的职业方向提供了有价值的参考。

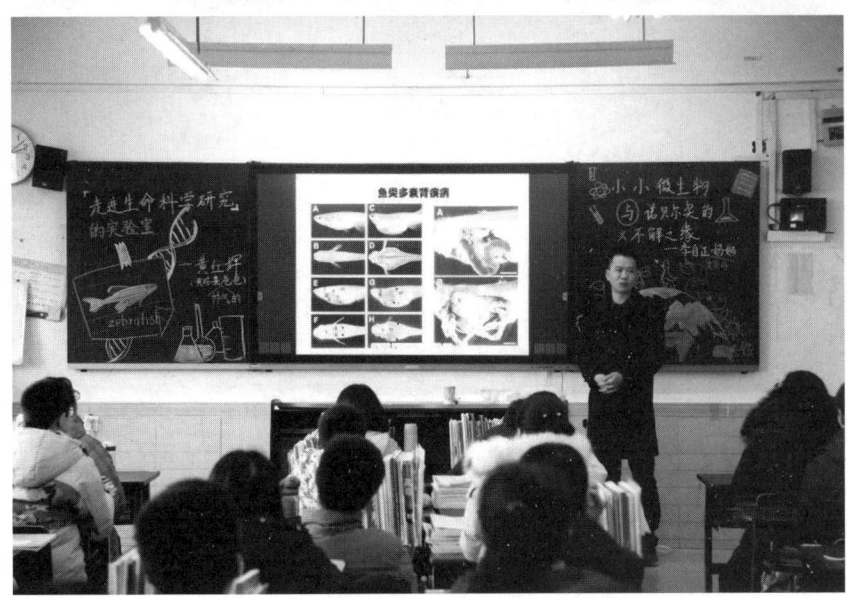

三、职业体验课

学校组织学生参与周末、寒暑假的职业体验。一方面,学生可以通过家长的帮助,在自己感兴趣的职业岗位上见习或实习;另一方面,学校也组织学生参与志愿者活动,感受相关职业带来的成就感和助人为乐带来的满足感。体验完成后,学生创作相应的手抄报、公众号文章等,巩固记忆、提取经验,为之后的职业、专业、课程选择助力。

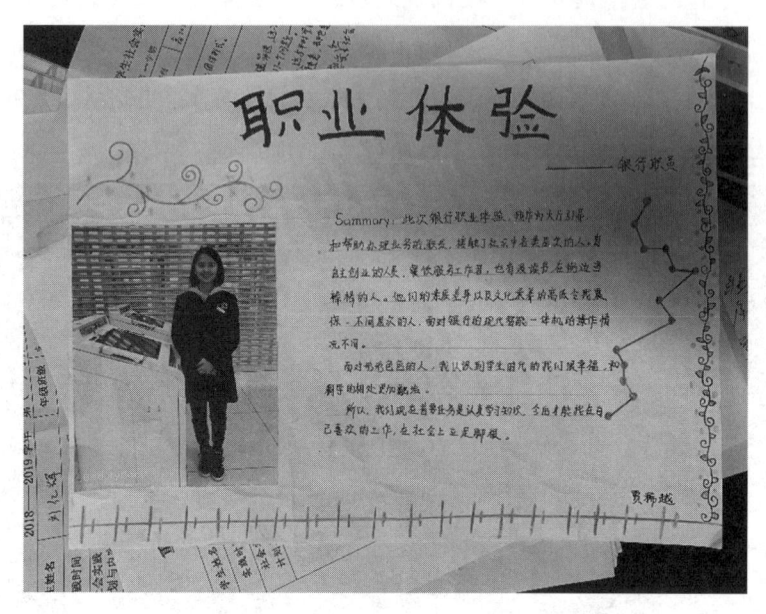

第十章

体验式学习在中学生涯的运用

第一节 体验式学习：让体验成为学习和发展的源泉

导 语

美国华盛顿大学有这样一个条幅："我听见了，我忘了；我看见了，就领会了；我做过了，我就理解了。"这充分说明了"体验"在学习中的重要作用。体验式学习作为一种注重过程和体验的学习方式，在中学教育中受到学生的普遍欢迎，对学生的生涯发展产生重要且积极的影响。

学生应对体验式学习的缘起、定义、结构、过程等方面有基本的了解，进一步认识体验式学习的优势和价值，并积极参与体验式学习，让体验成为学生学习和发展的源泉。

理论学习

一、体验式学习的理论渊源

（一）西方体验式学习的渊源

西方早期的教育理论被称为"灌输"理论，老师把知识像装进器皿一样塞给学生。后来，古希腊著名哲学家苏格拉底提出的"助产士论"（midwifery theory），促使教育模式发生了根本性变化。他把老师的角色看作助产士：帮助已存在于学生自身的知识出生，老师仅仅协助引产而已。

苏格拉底之后，从柏拉图、亚里士多德到理性主义者笛卡儿、经验主义者休谟以及洛克，延续到宗教改革以后，体验学习一般与经验主义者及其强调的感官和经验相关联。

19世纪末，美国教育家杜威以可感知体验为基点，产生了非常明晰的教育哲学，即体验教育的基础。杜威认为教育的目标是理解和运用经验。教师通过系统化教育，辅导学生理解、掌握系统化经验，促使学生从面临挑战到开始寻求解决方法，最终找到通往自身的体验之路。教育过程建立在人对从困难走向解决这一活动的体验之上。解决之后随之而来的是对该活动的反思,之后就可以对所学知识进行归纳并加以应用。

近现代,西方学术界针对体验式学习提出了一系列理论模型,包括认知方法/学习方法模型、赫仑模型、舒适区域模型、刺激模型、灾变理论模型、自我效能模型、科尔布模型等。其中,大卫·科尔布(David Kolb)是研究体验式学习最具影响力的学者之一,他于1984年提出的体验学习循环模型对体验式学习、体验式教学的发展产生了巨大影响。

(二)中国体验式学习的渊源

体验式学习是一种强调先行后知的学习方式,而中国关于知行关系的探讨源远流长。中国最早的知行学说出自《尚书·说命》中的"知之非艰,行之惟艰",这句话的意思是说人们认识一件事、懂得一个道理并不难,难的是把它付诸实践。

体验式学习的思想与特征在先秦时期的孔子教育思想中得到了比较充分的体现。孔子强调的寓教于乐、因材施教、学思结合、启发式学习等,与我们现在提到的体验式学习有许多相通之处。

明末清初的王夫之总结我国古代的知行思想,创造性地提出了"行先知后""知行始终不相离""行可兼知,而知不可兼行""知行相资以为用"等唯物主义知行观,强调行先于知,行是知的基础和来源,但不否认知对行的反作用,知可以指导行。

我国当代著名教育家陶行知先生提出了生活教育理论,他认为"生活即教育",在生活中接受教育,教育在个人的种种生活体验中、生命体验中进行。他又提出"社会即学校",要求扩大教育对象及学习的内容、形式,让更多人在社会这个大熔炉中锻炼成才。

陶行知先生以种田和游泳为例,指出"种田这件事是要在田里做的,便须在田里学,在田里教。游泳也是如此"。这就是生活教育理论的"教学做合一"教学论,"教"与"学"都以"做"为中心,要在亲自做的活动中获得知识。体验式学习正是体现了陶行知先生的生活教育理论,强调学生自主参与、亲身体验学习过程。

此外,当代中国学者对体验式学习进行了大量研究,提出了各种论说,包括情感说、活动说、实际语境说等。

例如,情感说是当代中国一些学者从主体在体验中的感受和情感活动来定义体验,又可以分为情感说和感受—领悟说。持情感说观点的人受到心理学情感理论的影响,将体验等同于情感。持感受—领悟说的人则认为,"体验"可以描述为一种由客体的刺激而生成的切身感受,以及从自己的生存状态、内心需要出发,把自己全身心投入客体中进行领悟的复杂生命活动。

二、体验式学习概述

(一)体验式学习的定义

学习是指从阅读、听讲、研究、实践中获得知识或技能的过程。这一过程只有通过亲身体验才能最终有效地完成。由此可见,体验与学习是密切联系且不可分割的。

本书赞同并坚持著名学者黄天中老师对体验式学习的定义:体验式学习是通过理论和实践的综合,使知识、技能和价值观发生改变的过程。

(二)体验式学习与传统学习的区别

我们可以通过表格来看体验式学习与传统学习的区别。从下表中,我们可以看出体验式学习与传统学习在学习内容、学习单元、学习重点、学习者角色、学习主体、学习特色、学习环境等方面都有明显的区别。

体验式学习与传统学习的区别

基本元素	体验式学习	传统学习
学习内容	即时的感觉,内容和过程	过去的知识,内容为本
学习单元	团队或个人学习	个人自主学习
学习重点	关注态度、观念、能力学习	注重知识、技能学习
学习者角色	投入、参与、互动,学习者高度互动	听、记、考试,学习者被动式而非主动
学习主体	教师与学习者双主体,且以学习者为主	教师
学习特色	个性化、现实化	标准化、理论化
学习环境	轻松、不重身份、鼓励、非固定式	限制性、强调身份、固定化
学习过程	提供体验环境,具有高峰体验	单向沟通、单一刺激
学习态度	接纳、欢迎、尊重、诚实	功利、歧视、强制、虚伪
学习效果	素质培养,提升能力,学以致用,迎接挑战	高分低能、畸形低效、学用脱节、得不偿失

(三)体验式学习的基本结构

作为一种有效的学习方式,体验式学习的基本结构由以下五部分组成:

1.亲历

由教师依据课程目标创设情境和活动,由学习者单独或团队合作去经历一个事件或完成一项任务。

2.感受

学习者置身其中,得到最真切的感受。并通过对这段经历进行分析,产生自己的观点。

3.分享

学习者个人获得的知识和经验是有限的,通过彼此分享,使每个学习者得到数倍的经验。在这个过程中,教师会积极引导学习者的思维在原有观点的基础上向着纵深的方向发展。

4.总结

教师将引导学习者在分享和反思的基础上,结合相关的理论知识,进行系统性的归纳总结,使学习者的认识由感性上升到理性,并形成积极的思维和价值观。

5.应用

这个过程是在学习之后的生活中由学生自己完成的。学习者通过实践学习到了更加丰富的理论知识后,最终要用来指导实践,这也是体验式学习的终极意义所在。

(四)体验式学习的过程

大卫·科尔布提出的体验式学习循环模型是体验式学习模式中的典型代表。科尔布认为学习不是内容的获得与传递,而是通过经验的转换从而创造知识的过程。他用学习循环模型来描述体验式学习的过程,具体包括四个步骤:

1.具体体验

一般指刚发生的事情,也可以是多年前发生的事情。这是学习的起始阶段。学习者在真实情境中活动,获得各种知识,产生相应感悟。

2.观察与思考

从多个角度观察和思考实际体验活动和经历,明确自己在体验过程中学到什么、发现什么问题、情景对自己产生怎样的影响等,从而形成新的见解。

3.抽象概念的形成与总结

基于对自己的经历的回顾和反思,尝试把感性认识上升到理性认识,抽象出合乎逻辑的概念和理论。

4.在新环境中测试新概念的含义

运用这些理论去做出决策和解决问题,在实际工作中验证自己新形成的概念和理论。通常情况下,一次检验过程是难以完成理论验证任务的,由此进入下一个学习循环。

三、体验式学习与中学生生涯发展

《国家中长期教育改革和发展规划纲要(2010—2020年)》强调"关注学生不同特点和个性差异,发展每一个学生的优势潜能"。而新课程标准提倡"知识与技能、过程与方法以及情感态度与价值观"三位一体的课程功能。各学科标准结合本学科特点,加强了过程性、体验性目标。由此可见,国家教育改革政策要求改变传统的单一、被动的教学模式,强调发挥学生主动性和创造性,尊重学生个性化发展需要,推动学生学习方式的变革,从而有效达成育人目标,促进学生全面而有个性的发展。

体验式学习符合学生的心理认知与成长规律,是普遍受学生欢迎的学习方式。体验式学习作为一种注重过程的学习方式,将贯穿学生成长的每一个阶段,甚至服务于学生一生的发展,对学生的生涯发展产生重要且积极的影响。

第一,体验式学习通过创设各种生活情境、学习情境,鼓励学生主动参与、亲身实践、独立思考、合作探究,大大提升了学习的趣味性和挑战性,让学生在亲身体验中感受学习的快乐,有利于激发学生学习的主动性和积极性,唤醒学生自主学习的意识,提高学生的学习效率,以及发现问题、思考问题和解决问题的能力。

第二,在体验式学习过程中,每个学生都是学习的主人,既要对自己的学习负责,又可以自由发展自己的个性与优势,实现个性化学习。学生可以在体验式情境中表达个人观点,找到适合自己的学习方法,发展自己感兴趣或擅长的技能,有效实现潜能开发和个性化发展。

第三,体验式学习的目的在于引导学生学会和运用体验式学习方法,让自己拥有更多的自由与能力去选择和设计学什么、怎么学,并把学习当作一段旅程,而不是目的地,终其一生实施体验式学习,培养学生终身学习的理念,帮助学生成为一名终身学习者。

第四,体验式学习强调合作的力量。持续的研究表明,合作学习极其有效。同时,合作学习有利于学生形成团队精神,增加动机和个人责任,更为学生日后应对社会与职场复杂的人际关系和团队工作打下坚实基础。

第五,体验式学习能够为学生创造大量成长体验机会,丰富学生的成长经历,开阔学生的视野,加深学生对生命价值和意义的领悟,培养学生一种快乐、自信的生活态度,促使学生积极探索未来职业方向和人生理想,为学生的生涯规划、生涯决策提供有力支持。

延伸思考

1. 体验式学习体现了当代教育家陶行知先生的哪些教育理论?

2. 请你对比一下体验式学习和传统学习的区别,谈一谈体验式学习的特点和优势。

3. 你参加过的一次让你印象深刻的体验式学习活动是怎样的,请简要介绍这次活动的流程与内容,并谈一谈你在这次活动中收获了什么。

第二节　团体辅导在中学生涯体验式教学中的运用

导　语

团体辅导因其形式活泼、互动程度高、感染力强等特点,成为中学生涯教育和心理健康教育的重要形式之一。团体辅导作为体验式学习模式之一,在中学教育中得到了积极推广与实践,包括将团体活动引入一般学科课堂、班级团体辅导、合作学习等。

团体辅导摆脱了传统教学单一、枯燥的模式,强调体验、分享与互助,鼓励学生在坦诚、信任的团队氛围中培养健康的心理素质,探索生涯发展的意义与方向,磨炼和提升学生的领导力与综合素质。

理论学习

一、团体辅导概述

(一)团体辅导的定义

团体辅导(group counseling)是心理辅导的一种,起源于美国的职业指导运动,是一门以心理学为基础的专业助人知识、理论与技术。它通过团体内的人际交互作用,促使个体在交往中通过观察、学习、体验、认识自我、探讨自我、接纳自我、改善与他人的关系、学习新的态度与行为方式,发展良好适应的助人过程。

由于团体辅导以人的成长、发展为中心,强调助人、发展的功能,是一种协助与服务,属于教育活动的性质,旨在帮助人的全面发展,进而促进人格的健全发展,因而被广泛应用于青少年生涯教育和心理健康教育中。

(二)团体辅导的作用

1.促进学生对生涯发展进行积极思考与探索

团体辅导是一种体验式学习模式,是中学生涯教育的有效形式,是课堂式或讲座式生涯教育的有力补充,团体辅导活泼、生动的学习情境摆脱了传统教学的枯燥形式,强调分享、讨论的发现式学习,深受学生欢迎,能够有效地帮助学生更全面地认识自己、了解生涯环境,以及其他生涯教育的相关知识,促进中学生对未来的职业生涯进行积极思考与探索。

2. 培养学生的健康心理素质

团体辅导在解决学生心理困扰、发挥个人潜能、增强适应能力等方面效果明显,团体的情境有利于培养学生的信任感和归属感,并由对团队的信任感扩展到对周围人的信任,由对团队的归属感扩大到对学习、社会、国家的认同和归属感。此外,团体辅导有助于磨炼学生的意志力,培养学生的健全人格和积极进取的人生态度。

3. 提升学生的领导能力

一方面,团队辅导能够营造一种良好的团队协作氛围,有利于培养学生的合作精神和团队协作能力、人际沟通能力等综合能力。另一方面,学生可以在老师的指导下,自发组织简单的团体辅导活动,锻炼个人的策划能力、决策能力、组织能力、协调能力等领导才能,开发学生的领袖潜质。

二、团队发展阶段特征与任务

团体辅导是通过团队形式开展活动,因此,团体辅导必然经历团队组建、发展、成熟、结束的发展阶段,不同的阶段有着不同的任务和内容。

1. 组建阶段

在这一阶段,团队成员互相了解不足,会产生很多疑惑与不安。这一阶段的任务是通过破冰游戏等方式,让团队成员消除陌生感,增进团队成员的了解与信任,同时,明确团队目标和愿景,增强团队成员的集体荣誉感。

2. 发展阶段

随着活动的深入,成员的交流、互动与合作增多,团队领袖会在团队中脱颖而出,团队成员也会逐渐展现真实的自我个性与想法,且不可避免地出现一些矛盾、冲突、抗拒等不利于团队发展的行为。

因此,这一阶段的任务是增加团队成员的交流、互动,逐渐形成和巩固成员间的友谊,有效解决成员间的冲突,促使成员互相接纳、彼此包容,营造彼此坦诚、相互信任的团队氛围。随着团队问题的有效解决,团队成员的友谊升温,信任感增强,团体凝聚力也会得到进一步巩固和发展。

3. 成熟阶段

这一阶段团队成员分工合作,配合比较默契,士气比较高,表现出较强的团队凝聚力和战斗力。这一阶段的任务是在充满信任、团结、真诚的团体气氛下,鼓励成员探索个人的心理、价值和行为,学会全面、深刻地认识自我,进一步提高团队凝聚力和活动效率。

4.结束阶段

这一阶段的主要任务是协助成员记录活动流程与内容,总结活动感悟与收获,并引导成员将学习到的东西应用于日常生活中去,实现知识的内化和行动的改变。

三、团体辅导在中学的应用

1.开展"班级团体辅导",提高班级管理的实效性

良好的班集体有利于促进学生身心和谐全面发展。一些学校开展"班级团体辅导"的课题实验研究,将班级当作"辅导团体",开展丰富多彩的班级团体活动,营造民主、平等、和谐的班级气氛,借此唤起学生内在发展需要,增进班级凝聚力,促进学生个体和班级团体共同成长。实验研究结果表明,参与课题实验的班级表现出生机勃勃、团结向上的班风,学生积极参与班级活动,集体荣誉感和班级凝聚力增强,班级师生关系、同学关系变得更加融洽和谐,学生的个性得到尊重和重视,思想品德和心理素质明显提升。

2.开展团体活动,提升学生综合素质与促进生涯发展

很多学校积极从学生的生涯发展和心理发展出发,策划、组织各类团体活动,例如,辩论会、心理游戏、公益活动、社区服务、高校参观、职业体验等,丰富学生的成长经历,启发学生对未来升学与职业发展的思考,让学生在实践活动中找准未来的发展方向。同时,团体活动让每一个参与活动的学生都积极行动起来,促进学生的优势特长与综合素质提升。

3.组织合作学习,提高学生的学习效率

合作学习是比较受欢迎的一种学习方式。具体做法是将学生分成若干个学习小组,让学生通过团队的方式进行学习。合作学习要求团队成员有共同的学习目标和任务,团队成员既要积极承担共同任务中个人应该承担的责任,还要积极与其他成员互动与合作。此外,合作学习要求团队成员遵守团队规范,相互进行有效沟通,合理解决团队内部冲突,促使团队共同的学习目标顺利实现,达到提高团队成员的学习效率,促进团队成员共同进步、共同成长的目的。

4.将团体辅导融入课堂教学,提高教学成效

一方面,学校积极将团体活动引入一般学科课堂,采用角色扮演、小组讨论、实地考察等多样化的活动形式,充分活跃课堂气氛,激发学生的学习兴趣,充分调动学生的感官与思维,让学生在丰富的情境中体验与领悟,有效提高课堂教学成效。

另一方面,学校积极将团体辅导融入生涯规划与生涯教育的课堂教学中。学校根据自我认识、环境认识、生涯决策、生涯管理等不同模块的教学目标,设置相应的

团体辅导活动,通过生动活泼的活动,促使学生积极参与自我探索和生涯探索,有效唤醒学生的生涯规划意识,提高学生的生涯规划与管理能力。

四、团体辅导效果评估

(一)团体辅导效果评估的定义

团体辅导效果评估是指通过不同的方法,搜集关于团体目标达成的程度、成员的行为表现、团体特征、成员对团体活动的满意度、指导者的态度以及工作方式等,帮助团体指导者以及团体成员了解团体辅导的成效。

(二)团体辅导效果评估的目的

(1)通过评估监控辅导方案的执行状况,辨明问题和及时修正方案。

(2)通过评估检查辅导目标达成状况。

(3)通过评估以改进今后同类辅导方案的设计、训练策略。

(4)通过评估协助团体指导者了解和改进指导技能,提升专业水平。

(三)团体辅导效果评估的类型

1.团体计划的评估

团体计划的评估内容包括:相关计划资料的来源评估、需求评估、团体目标的重要性和清晰度评估等。

2.团体过程的评估

团体活动进行过程中,通过观察、记录、问卷等方式,详细记录团体活动的主要流程与内容,反映团队计划执行情况、团队事务处理情况、成员表现等。根据评估情况,可以选择有效的方法,改善团体活动过程。

3.团体总结性评估

在团体活动结束时,指导者可以让团体成员填写事先设计好的评估表,然后进行分析,了解团体成员对团体的满意程度、对团体活动的看法、团体感受及行为变化状况,以便指导者客观评定团体辅导的成果,改进今后的工作。指导者还可以请团体成员写总结、写感想,以此评估团体辅导效果。

(四)团体辅导效果评估的方法

1.行为计量法

行为计量法是要求团体成员自己观察和记录某些行为出现的次数,或者请成员之间以及与成员有重要关系的他人观察和记录成员的行为,以评价成员的行为是否改变。

2. 心理测验法

心理测验量表可以有效反映团体成员的情绪变化和行为特征，便于评估团体辅导活动的效果。例如，青少年自信心训练团体，在团体开始时用个人评价问卷（PEI）来了解团体成员的自我评价水平，在团体辅导活动结束后进行重测，比较成员参加团体辅导活动前后自信水平的变化。

3. 问卷调查法

指导者在调查问卷中设计一系列有针对性的问题，用以收集成员对团体辅导过程、内容、成员关系、团体气氛、团体目标达成情况、指导者的态度以及工作方式等方面的意见。

4. 主观报告法

通过团体成员的日记、自我报告、指导者的工作日志、观察记录等方法来评估团体的发展和活动效果。

延伸思考

1. 请你简要阐述团体辅导效果评估的类型与方法。

2. 请你分享你参加过的一次团体辅导活动，并谈一谈这次活动带给你的收获和启发。

第三节　生涯活动在中学生涯体验式教学中的运用

导　语

梦想,未来,这些词在很多学生眼里是遥远、缥缈、不可捉摸的,他们找不准自己未来的发展方向,也就无法获得奋斗拼搏的原动力。"体验式"生涯活动能够有效拉近学生与未来的距离,通过一个个丰富、具象、生动、灵活的实践活动,带领学生抽丝剥茧般厘清自己的个性、兴趣与优势,步步为营地构建自己的梦想王国,为学生的成长注入源源不断的活力和动力。

生涯体验式教学

第一站　开启人生探索之旅

导入:你真的了解自己吗？你知道自己的长处与优势吗？你对自己的未来有什么梦想和期待吗？你想知道哪些方法能更好地了解你自己吗？有梦想的人生才有明确的方向,有梦想的人生才会有无限的风景,梦想很美,需要发现它,更需要汗水浇灌它。

活动1:制作一张有特色的名片

制作一张属于自己的名片吧！多年后当你再次翻到这张名片时,一定会唤起你许许多多的回忆。

选择自己喜欢的彩色笔,在下面的方框处设计一张关于自己的名片。名片包括:①自己的昵称。②三个表示自己优势或特长的词。③反映你此时此刻状态的一张自画像。④其他任何你想要写在名片上的内容。

活动2：一笔绘制人生图

回到当下，你的生涯之路已经走过十五六个年头，回头看看自己走过的路，留下了一串串脚印，或许有的深或许有的浅。再仰望前方，你的下一段生涯之路又将在哪里呢？

1.用笔画出自己已经走过的人生轨迹曲线。横坐标为时间，纵坐标为你遇到的重要事件。当你遇到挫折或失败时，曲线会向下走，形成一个波谷；当你获得成功或取得成就时，曲线会向上走，形成一个波峰。请你在每个波峰和波谷的位置上标注具体时间和事件。

2.请你思考一下，你在波谷时做了什么，才让自己拥有了往上的生命能量？

3.用虚线绘制未来的人生轨迹曲线，给自己的未来做个简单的预测。

4.请用一句话来概括自己的生涯之路，如：平平淡淡的十五年。写在下面的横线上。

_____

活动3：我的生涯角色

孔子说：吾十有五而志于学，三十而立，四十而不惑，五十而知天命，六十而耳顺，七十而从心所欲，不逾矩。

舒伯也认为人的一生要经历成长、探索、建立、维持、衰退等几个阶段，每个阶段又会有不同的任务，因此也就演绎出人在不同阶段丰富多彩的生命角色，比如休闲者、学生、工作者、好朋友……

1.回顾你现阶段的生涯历程，整理一下你经历过的生涯角色，看看对你而言特别重要的角色有哪些。请在下面的横线上，用简单的图形展现你的生涯角色（至少列出六个）。比如：学生可以画一支笔"✎"来表示，探索者可以画一个问号"?"来表示。

2.在这六个角色中,用不同颜色的笔圈出对你来说最重要的三个角色的图形。

3.这三个重要角色在你的生涯中起到了什么作用?对你的意义是什么?写在下面的横线上。

_____

4.除了这些角色外,目前你还有其他特别想扮演的角色吗?如何才能去扮演这个角色?写在下面的横线上。

_____

思考:

1.如果你的生涯中有奇迹发生,那么你期待什么样的奇迹?打开你的脑洞,想象你期待的奇迹,记录在下面,越细致越好。

_____

2.生涯是什么?你觉得自己的生涯是别人规划的,还是自己用心创造与设计的呢?是按部就班地读完高中,考上大学,还是拥有自己独立选择人生路的自由?把你的观点写下来。

_____

3.如果可以选择,作为高中生的你想拥有怎样的人生?你认为自己人生的意义是什么?你的人生道路会怎么走?请在下面写出属于你自己的故事。

_____

第二站 人生梦想与愿景

导入:我常常一个人走很长的路,在起风的时候觉得自己像一片羽毛。那时候,未来遥远而且没有形状,还不知道梦想该叫什么名字。

活动1:寻找我的梦想——过去、现在、未来的梦想

不同的人生阶段有不同的梦想,只是有的人选择把梦想深埋在心底的某个角落里,而有的人选择让梦想飘荡在空中。亲爱的同学,请你花一点点时间将束之高阁的梦想呼唤出来吧!

1.从小到大,我曾经有过哪些梦想?写在下面的横线上。

_____

2.这些梦想吸引我的共同点是什么?把共同点写下来,越多越好。

_____

3.根据总结的梦想共同点,用一段话描述在追逐梦想的道路上,我最看重的是什么。

_____

活动2：我眼中的牛人

目前大学招生有以下14个学科门类：哲学、经济学、法学、管理学、教育学、文学、历史学、理学、工学、农学、医学、军事学、艺术学、交叉学科。

请从中选择两个你感兴趣的门类，并找到该门类里的两位牛人。根据下面几个问题，搜寻这四位牛人的成长经历资料，把他们走向成功的故事写下来。写故事的时候要包含下面的一些内容：

(1)他们是谁？属于哪个学科门类？毕业学校和专业是什么？
(2)他们在哪个领域里取得了怎样的成就？
(3)他们是怎么找到自己的职业梦想的？
(4)他们找到自己的梦想后，做了哪些努力去实现梦想？
(5)他们给你的启发是什么？

活动3：颁奖典礼狂想曲

找一个安静的地方，保持舒服的坐姿，肩背伸直并放松，闭上眼睛，调节一下自己的呼吸，让自己的心静下来。

时光隧道机载着你来到十五年后的一天，那是美好的一天，你已经在某个领域有了不小的成就，并获得了本领域里的最高奖项，现在要参加颁奖典礼，接受嘉奖。

1.想象一下经过十五年的努力你活出了最美好的自己，那么你这个时候的容貌、穿着打扮是怎样的呢？

_____

2.颁奖典礼现场是什么样子的？"颁奖典礼"几个大字是什么颜色？主席台就座的嘉宾，参加典礼人员分别有哪些呢？

_____

3.如果让你上台讲话，你会怎么向别人描述自己取得的成就、做出的努力等等？把这些想象的内容写在下面的横线上，越详细越好。

_____

活动4：答记者问

想象一下这十五年来你不断拼搏，最终实现了自己的梦想，获得了自己人生中巨大的成就。现在有一位记者想报道你的事迹，准备采访你，你会如何回答记者的采访呢？把你的回答写在后面的横线上。

1.请你用三个词语来进行自我介绍。

_____

2.你的成就是关于哪方面的？请你用一句话概括你的成就。

_____

3.你希望记者如何称呼你?

_____

4.现在的你如何看待"十五年前"你所做的选择?

_____

5.帮助你取得成功的因素有哪些?请分享一下你的成功经验。

_____

6.前进的路上你遇到过哪些挑战?你是如何应对的?

_____

思考:

1.我的愿望将为我做什么?给我带来什么?我的职业梦想与愿望跟什么相关?

_____

2.我的成就需要我有哪些方面的知识储备和能力储备?

_____

3.我的成就需要我去什么样的大学学习什么样的专业?

_____

总结:这场人生之旅有很多种走法,无论你是想在天体物理的领域里探索遨游,还是在文学创作领域著书立说,无论你是想走一条披荆斩棘的大神之路,还是只想安安稳稳地过自己的小日子,都是属于你自己的幸福人生。那也一定是你认真思考、努力探索后选择的人生之路,而不是迷茫无措,任由他人安排,浑浑噩噩的一生。

第三站 锚定人生目标

导入:人人都渴望梦想成真,可人生的道路往往指向平凡生活;人人都渴望梦想成真,但梦想的道路常常让你半途而废。不管怎样,如果不能坚持或者偏离了正确的方向,追梦终将是南辕北辙。

活动1:用平衡轮锚定生涯目标

平衡轮是一种将梦想转变为可操作性目标的重要工具。为了让你梦想成真,你需要把梦想分解为可实现的一个个阶段性小目标。

请按照以下步骤,把梦想分解为可操作的小目标:

1.将下面的圆分成8个部分。

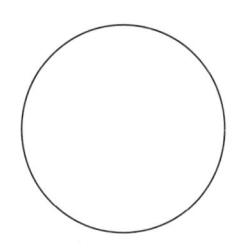

2.写下你的专业或职业梦想。

3.列出能够实现你梦想的8个阶段性小目标。

4.根据目前的情况,对这8个小目标的完成情况进行评分(1~10分)。其中的一个小目标是你高中毕业时想要达到的分数(或名次)。

5.要达成这8个目标,你需要完成哪些事情？写在下面的横线上,越多越好！完成这个平衡轮,你的梦想逻辑线就清晰可见啦！

活动2：目标实现的好处

1.为什么实现这些目标,对你很重要？

2.实现这些目标对你有什么积极影响？(列出至少10点)

3.实现这些目标,对其他人有哪些积极影响？(列出至少10点)

4.实现这些目标,谁受益最多？以什么方式受益？还有谁会附带受益？

活动3：设计一份关于个人成长的海报

个人成长海报内容包含梦想或愿景名称、目标项目、首要目标等,海报要美观、好玩并有趣,也可以加入你的美照等。

思考：

1.如果在不久的将来,你实现了目标的一小部分,比如考上了自己理想的大学,你觉得会给你带来什么呢？

2.观察现在的自己在一周或一个月的时间里,做了什么让自己更靠近大学目标？

3.当你看到自己有什么不一样(改变)时,你就知道自己在自我探索方面已经进步了？

第四站 让兴趣点燃你的梦想

导入：兴趣,是点燃智慧的火花,是探索知识的动力,教育改革家魏书生说："兴趣像柴,既可点燃,也可捣毁。"

活动1：发现兴趣

1.请写出你从小到大有过的兴趣，越多越好。

2.兴趣从好奇心发展到职业会经历三个阶段。

第一阶段：有趣（好奇心）。在成长过程中，我们会发现很多让我们好奇并认为有趣的东西。比如：喜欢冰激凌的甜，醉心于放风筝的乐，听说北京的故宫非常雄伟想去看看……仅仅在有趣这一层面停留，只会让我们感到乐趣的短暂，并不能让我们长时间在这件事上集中精力。

第二阶段：乐趣（爱好）。当我们开始尝试去做这件有趣的事，并付出了一些行动和努力后，有趣就变为了乐趣，也就是平常说的爱好。分辨自己的兴趣到底是有趣还是乐趣，我们可以问自己这样两个问题："你去做过这个事情吗？坚持了多久？"这两个问题能把单纯的好奇心和真正投入行动的乐趣区分。

第三阶段：志趣（职业兴趣）。把乐趣继续下去，坚持不懈，享受其中，就变成了志趣。志趣是你虽然知道这个事情可能会失败，可能会有更多的辛苦付出，甚至有别人看来不能忍受的艰辛和劳累，但是你依然能够享受它的过程。比如，爱迪生研发灯泡屡次失败，但他锲而不舍地尝试了1000多次，最后终于成功了。这些研究和尝试无疑就是爱迪生的志趣所在。

3.你总结出来的自己从小到大的兴趣，分别属于兴趣的哪个阶段？现在给它们归归类吧。

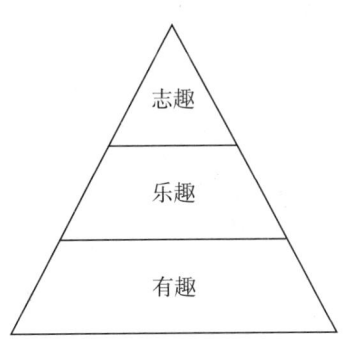

```
     /\
    /志趣\
   /------\
  /  乐趣  \
 /----------\
/    有趣    \
--------------
```

活动2：探秘兴趣花园

1.现在的你有些什么兴趣，为什么？在纸上写出你的3个兴趣以及理由，理由越多越好。

兴趣	理由

2.总结一下,有没有重复出现的兴趣关键词,把它们找出来。有没有不是重复的关键词,但你认为是很重要的理由,请你加上去。

兴趣	理由	重复词	重要词

活动3：名人聚会

在一次大型宴会中,各个领域的知名人物均来到会场。这些知名人物可以分为六大类型,他们分别聚集在会场的六个角落。

1.如果你也参加了这个盛宴,你会在哪一个角落？

2.为什么呢？请写下你的原因。

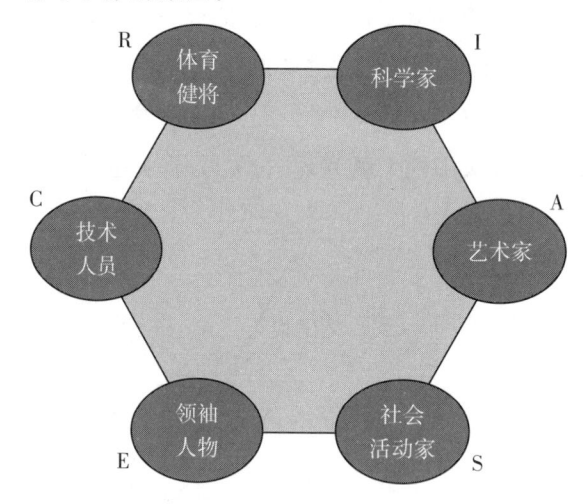

```
        R              I
      体育          科学家
      健将
   C                      A
  技术                   艺术家
  人员
      领袖          社会
      人物          活动家
        E              S
```

活动4：如何运用兴趣优势选择专业

1.通过前面的三个活动,你有了自己兴趣点的关键词,也认识了自己的兴趣类型,哪些职业与你的兴趣点和兴趣类型更符合呢？把你能想到的职业都写下来,越多越好。

_____

_____

2.与这些职业相关的大学专业是什么？查查资料,把对应的大学专业写下来。

_____

思考：

1.你以前在培养这些兴趣时,如何让兴趣能够发展得更好？这些做法对你以后的兴趣发展有什么启示?

2.你觉得是什么帮你撑过了耕耘兴趣时经历过的艰难时刻?

3.让你的爱好变成志趣,并且开花结果,你用了哪些招数?

第五站 让多元智慧开启生涯天赋

导入:想要在某一个领域做得出色,需要具备这一领域的优势智能。其实,我们每个人都至少具有八种不同的智能。我们以丰富的方式在组合这八项智能,以表现出自己独特的才能。因此,我们每人都是独特的,都有优势领域。

活动1:找到我的多元智能

我们可以通过观察法和回忆法去找到自己的智能组合。一边看下面八种多元智能,一边问自己:这个智能具备什么样的能力? 我用这个能力做过些什么事? 用这个能力做的这些事,最后的效果怎么样?

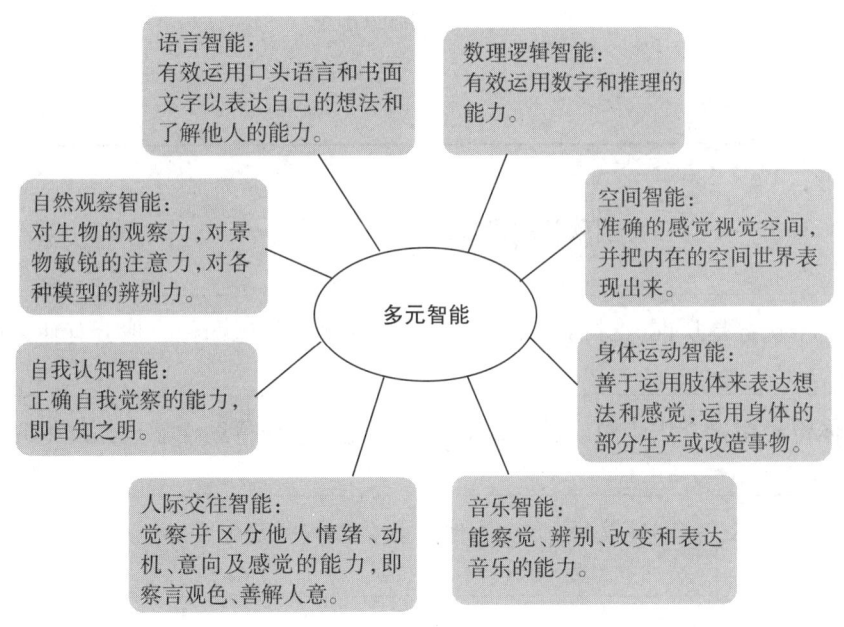

语言智能:
有效运用口头语言和书面文字以表达自己的想法和了解他人的能力。

数理逻辑智能:
有效运用数字和推理的能力。

自然观察智能:
对生物的观察力,对景物敏锐的注意力,对各种模型的辨别力。

空间智能:
准确的感觉视觉空间,并把内在的空间世界表现出来。

多元智能

自我认知智能:
正确自我觉察的能力,即自知之明。

身体运动智能:
善于运用肢体来表达想法和感觉,运用身体的部分生产或改造事物。

人际交往智能:
觉察并区分他人情绪、动机、意向及感觉的能力,即察言观色、善解人意。

音乐智能:
能察觉、辨别、改变和表达音乐的能力。

在下面的横线中分别写下:

1.你最具代表的两个优势智能。

2.如果要给这两个智能排序,你会如何排呢?

3.你用这两个智能做过的让你很有成就感的两件事是什么?

活动2:资源自画像

有时候,审视自我,能帮助我们看到未来的可能性。

1.请你画一幅自画像。

2.在自画像的身体上标出你已经拥有的资源,比如兴趣、能力、性格、家庭等资源。

3.在自画像的头部标出你所经历过的事情,比如教育、培训、生活经验等。

4.仔细看看这幅自画像,你有什么感触吗?将感想写下来。

活动3:SWOT分析

如果你确定了未来的专业方向是机械设计,请用SWOT工具分析就读机械设计这个专业,你拥有哪些优势?存在哪些劣势?前往目标的路上会有哪些机遇,会遇到哪些困难或者挑战?

优势	劣势
机遇	挑战(困难)

思考:

1.请写出一个自己特别欣赏的优势。

2.这个优势是从谁(支持者)那儿学来的?你会如何感谢他?他会有什么反应?

3.你曾经用这个优势做成过什么事?这个优势如何帮助你靠近你的生涯梦想?

4.如果他(支持者)在这里,你认为他可能会如何称赞你呢?

第六站 家庭资源点燃你的生涯激情

导入:家是心灵的港湾,是人生的驿站,是感情的归宿,是灵魂的延续。她给人温暖、力量和希望。

活动1:画出家庭资源树

我们出生的家庭,也就是原生家庭,是影响我们最深的。经过祖祖辈辈几代人,我们的身上植入祖先的文化基因、生活习惯、价值观,与他人的互动模式大多也来自原生家庭,我们的天资、才能、品质也来自原生家庭。因此,原生家庭会带给我们丰富的成长资源。即使是消极的家庭事件,在我们的生涯发展中也可能有积极意义。

1.请你把自己想象成一棵茁壮成长的大树,你的父母、祖辈就是你的枝枝叶叶,树枝上挂满了果实。把这棵大树画下来,并在果实上写上父母、祖辈的姓名、职业、性格、资源等相关信息。

2.思考一下,你的家庭成员对待职业和大学专业有些什么看法?他们对你的专业选择有哪些要求?

———————————————————————

3.他们共同的看法是什么?归纳出3~5个共同点。

———————————————————————

4.这些共同的看法对你的职业选择有什么影响?

———————————————————————

5.你的哪些优势与能力是从家庭中学习到的?

———————————————————————

活动2:家庭榜样

在横线上写出下面问题的答案,从答案中,能帮你看到家庭成员对你的积极影响!

1.在家庭成员和亲朋好友中,最值得你尊敬、学习的是哪三位?

———————————————————————

2.这三位成员分别有哪些品质(性格特点、闪光点或者擅长的能力)?

———————————————————————

3.其中,你最想学习的品质是哪一个?你会如何学习呢?

———————————————————————

思考:

1.结合以上家庭内容,你认为哪些资源能促进自己实现职业梦想?

———————————————————————

2.目前你用了家庭的多少资源(10分是充分利用;1分是很少用到。用1到10的分数来表示)?你认为分数至少到达几分时,你的目标能够实现?

———————————————————————

3.你觉得实现自己梦想的可能性是多少(10分是绝对能实现;1分是很难实现。用1到10的分数来表示)?如果你的父母(老师、朋友)来评判,他们会说你实现自己梦想的可能性是几分?你和他们的评判分数一样吗?如果不一样,是什么原因?

———————————————————————

第七站 经营个人成长团队

导入:一个人可以走得很快,一群人可以走得很远。一个目标的实现就是一个合作的过程,需要许多人的帮助,他们会认可你的目标,会为你提供有用的点子和建议,会鼓励你、支持你,也会为你的成功而高兴。

活动1:招募成长支持者

生涯贵人:在我们的生涯道路上,会遇到许多帮助我们实现梦想的人,我们叫他们生涯贵人。我们每个人在不同阶段,都会遇到自己的生涯贵人。

1.列出可以帮助你实现梦想的贵人名单。

姓名	特点	支持你的理由

2.给所有支持者写一封短短的信,告诉他(她)们你的生涯梦想和你为梦想要做的事,让他(她)们担任你的支持者,并请他(她)们给你签个名。

活动2:寻找我的偶像

1.快速写出你的5位偶像,边写边思考:你为什么认为他(她)们是你的偶像? 如果给这5位偶像排序,你会怎么排呢? 从中你发现了什么?

_____

2.将你偶像的照片贴在空白处,并给每位偶像写上三个形容词。

_____

3.想一想:哪位偶像对你影响最大,他(她)影响你最大的部分是什么? 偶像的哪些行为给你力量,让你超越了自我,完成了你原以为无法胜任的学习任务? 偶像的哪些行为可以激励你继续向未来的人生之路迈进?

_____

活动3:签订生涯目标行动协议书

生涯目标行动协议书

甲方:

乙方:

驶向"_____"这一目标的旅游车已经启程,为了让这辆载满梦想的旅游车没油后还能找到动力继续前进,特与_____(老师、同学、家长、朋友都可以)签订以下行动协议。

乙方：_____的权利与义务。

1.我的职业梦想是：

_____

_____

2.高中三年的目标是：

_____

_____

3.我高一的行动目标是：

_____

_____

4.我马上可以行动的一小步是：

_____

_____

5.为完成高一的行动目标我决定坚持做的事是：

（1）_____，

（2）_____，

（3）_____（有挑战的几件事）。

6.我承诺及时记录进展情况，并向支持者报告。

甲方：_____（支持者）的权利与义务。

1.给予支持、关怀与鼓励。

2.关注进展、成长与进步。

3.赞美进步与成长。

本协议一式两份，签字生效。

甲方（签名）：   乙方（签名）：

联系方式：   联系方式：

年   月   日   年   月   日

思考：

1.高考"6选3"这件事，谁可以支持你或帮助你？他们会给你哪些建议？

_____

2.假如你的偶像注意到你为自己的职业梦想而努力，你认为他（她）会欣赏你的努力吗？他（她）又会给你怎样的建议呢？

_____

3.当你与父母、同学、朋友意见不同时，你是如何说服他们给自己留一些发展空间的?又是怎样在"做自己"与"父母期待"之间找到一个平衡点的?

第八站 应对生涯路上的挫折

导入:在实现梦想时,要正确看待挫折,不遇岛屿与暗礁,难以激起美丽的浪花。没有一颗心会因为追求梦想而受伤,当你真心想要完成某件事时,整个宇宙都会联合起来帮你完成。

活动1:梦想路上的绊脚石

预测一下你实现职业梦想路上的绊脚石?请列出至少3个。

活动2:应对挫折与挑战——六格漫画

第一格:目前你在成长中遇到的挑战是什么?未来可能遇到的挫败有哪些?

第二格:是什么让你的支持者相信,你的生涯目标是可以达成的?

第三格:面对这些挑战和挫败,你认为最理想的结局是什么?

第四格:你在过去有哪些应对挑战、挫败的好方法?

第五格:如果想在应对挑战和挫败时有理想的结局,你需要从现在开始做的小小行动是什么?

第六格:你需要让自己或支持者看到的小小进步是什么?

活动3:来自未来的一封信

经过几年的努力,你克服一个又一个的困难,终于梦想成真了,你欢呼雀跃,未来的你很想给现在的自己写一封信。于是你立马动手,信里满怀激情地描述了下列内容:

——感谢支持者。

你会感谢谁呢?感谢他们哪些方面?如何感谢他们?

你的支持者或其他人是如何帮助你取得成功的?

你自己为成功又付出了哪些努力?哪些地方值得肯定呢?

——心得。

在寻找梦想的路上你学到了什么,在达成目标的过程中又学习到了什么?

——运用。

你打算在未来如何运用学到的这些知识?

来自未来的一封信

现在的你:

  您好!

未来的你敬上
年　月　日

思考:

  1.回顾一下进入高中以来,你做得特别棒的一件事是什么? 当时你是如何利用自身优势来获得成功的?

_____

  2.从小到大你一定做过许多让自己骄傲的事情吧。列出5件自己觉得很有信心、很有成就的事。(学业上、生活上的都可以)

_____

  3.如果一个很理解你的人,知道了你选择的生涯发展方向和你想要读的专业,那么他(她)会如何支持你呢?

_____

延伸思考

  1.请你参考上述生涯活动,进一步找准自己的兴趣与优势,并为发展兴趣和优势制订详细的学习计划。

  2.除了上述活动,你还期待参加哪些生涯活动? 请为自己制订一份生涯活动计划表。

第四节　基于综合实践活动的生涯教育之附中实践：开展体验式团辅

生涯教育——实践背景

想要有效开展生涯教育,将生涯教育落到实处,就需要抓住生涯教育尤其着重体验性这一特点。因此,在我校的实践过程中,我们充分利用了体验式教学这一全新的模式,将其融入团辅活动中。将内容的体验性、活动性、游戏性更好地凸显出来,调动起学生参与生涯教育的自主性。

生涯教育——团辅流程

模拟人生拍卖场

【教学目标】

1.了解价值观的内涵,以及价值观对个人的重大影响。

2.通过拍卖活动的形式,让学生体验到自己价值取向的独特性,并认识到自己的核心价值观。

3.利用创作主题故事的形式,引导学生思考价值观对自身的意义。

方法：

以学生为参与主体,教师作为活动组织者充分激发学生的积极性。具体实施中采用活动体验、自主创作、小组合作讨论与分享、总结与归纳等方法。

【教学对象】

高一学生。

【教学准备】

多媒体课件、价值观卡片、纸质代币、白纸。

【教学环节】

一、课程引入：案例讨论

讲述袁隆平的故事，并播放习近平主席为袁隆平颁发共和国勋章的视频。引导学生进行自主探究讨论，回答以下问题。

1. 什么是价值观？
2. 袁隆平具有哪些价值观？
3. 袁隆平的价值观对他产生了哪些影响？

设计意图：通过对袁隆平案例的分析，让学生对价值观有基础的了解，导入课题，为展开活动做铺垫。

二、活动A：价值观拍卖

通过引导语讲清价值观拍卖活动的规则。

师：本场总共会拍卖20个藏品，每个藏品均有自己的底价（1000~2000元），拍卖师喊出底价后，参与者出价，价高者得。每个参与者有10000元的启动资金，每次出价以500元为单位。如果有参与者出价10000元，则直接成交。参与者应合理利用手中的启动资金，获得更多的藏品。

藏品的具体内容可以包括：亲情、爱情、健康、自由、外貌美、权力、友情等。教师可以根据所授学生群体的实际情况进行调整与补充。

拍卖活动完成后，引导学生思考并讨论如下问题。

1. 为什么拍下该藏品？是否后悔？为什么？
2. 有无想要的东西被他人拍走？
3. 什么都没有拍到的同学，可以分享一下心路历程。
4. 想要的东西要如何获得？

设计意图：通过设立情境，体验式活动的方法，使得参与者有所触动，激发学生对自身生命价值的反思，去深入思考自己到底要的是什么。

三、活动B：模拟人生故事叙说

通过引导语讲清人生故事叙说活动规则。

师：刚刚的价值观拍卖活动，如同人生。有些人得到了自己想要的东西；有些人有想要的东西，但是遗憾没能得到；有些人手里仍然还留下了10000的代币，不知道该去拍什么；有的人始终没有进入到游戏中，以一个旁观者的身份看完了活动过程。不论你是哪一种，相信你们在这次活动中都能有所感悟。

接下来，我们将进行第二个活动——叙说模拟人生故事。这个活动承接上面的内容，还需要大家调动自己的想象力与情感。你需要完成一个故事，这个故事的主人公可以是你自己,也可以是一个虚构的人,这个故事的主要内容就是该主人公追求上一阶段活动中拍卖的"东西"的历程。但是故事的结局有不同,如果,你上一轮中拍到了相应的"藏品",那么你的结局是成功。如果上一轮中你想要拍一个"藏品",但是没有拍到,那么你的结局是失败。如果你上一轮没有想要拍的东西,那么请你自己想一个你自己想要追求的东西,结局自定。不论结局如何,你都需要完成一个完整的故事。你将有15分钟的时间完成这个故事,结束后请在小组内先行分享,每组推选代表在班级中进行分享。

分享完成后,引导学生思考如下问题:

1.写完这个故事后,你的感受如何?(结局是成功或失败的同学都需分享)

2.你认为这个故事中,主人公所追求的东西对他有什么影响?

3.在这个故事中,主人公的哪点让你最为欣赏?

设计意图:通过自主故事创作、分享、思考,体验到符合自身价值观的人生发展与不能符合自身价值观的人生发展给自己的感受,意识到价值观对自身的影响。

四、课后反思

1.用叙事取向的活动可以帮助学生认识生涯规划教育的意义与必要性。在本节课中,这种半限定的故事创作给了学生展示和认知自己对生涯规划中各种元素的理解与认识的机会,同时能够侧面反映出学生本身对价值观乃至对兴趣、性格、能力等要素的统整程度,为后续的针对性辅导带来帮助。

2.将叙事取向的活动与传统生涯活动结合起来,可以加深理解,帮助学生清晰认识到价值观等相应要素对自身的重要影响。

传统生涯规划教育中,有许多经典的活动,在个体辅导和团体课程中,都有很不错的应用效果。例如价值观拍卖活动,在这一活动中,学生必须用手上有限的"筹码"尽可能地拍到自己想要的"价值观",这样的游戏大大加深了学生对人生价值的思考,在活动后学生也能发现原来拍卖到的东西就是我认为重要的东西。然而,如果活动就在拍卖结束后进行一个总结,未免失之单薄。因此,我们通过一个讲故事的活动扩大这一活动的厚度。故事有一些限定条件,但是仍有很大的创作自由度,最终主人公在追求自己价值观的过程中体悟、收获成长。在这样的故事讲述之后,学生对价值观的理解又加深了许多。在完整故事的推动下,他们会更容易地去思考自己的人生价值在何处,也能够体会到那个故事当中真正能够改变或者有力量的个体就是主人公自己。对于符合自身价值观的人生追求,可以让学生的生涯自主意识得到一定的唤醒,生涯规划的需求也自然出现,进而从"消化不良"变得"胃口大开"。

生涯教育——综合实践

缤纷节"心苑漫步"

心苑漫步是我校缤纷节活动中的一个重要组成部分。该活动由多个趣味心理活动组成,包括体验团辅活动、解忧杂货铺个体微辅导、手绘曼陀罗体验、沙盘游戏体验、图卡讲故事活动、书写心愿墙、沙画创作、时光邮局等项目。在一系列的体验项目中,学生敞开心扉、用心探索、拥抱生活、悦纳成长,有助于更全面地完成生涯探索中的自我探索部分,认识自身的情感特点、思维倾向、价值观念、创作潜能等。本章节中的设计流程呈现的是学生价值观在活动中的真实投射。

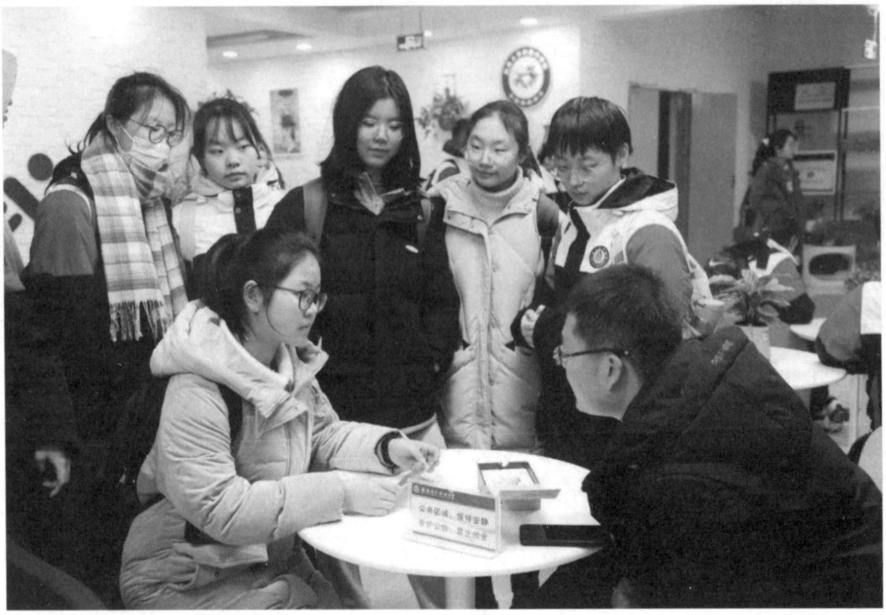

第十一章

生涯咨询

第一节　生涯咨询概述

导　语

生涯咨询是帮助个人解决人生不同阶段发展问题的重要途径。伴随着生涯理论与实践的发展，生涯咨询模式经历了从指导式咨询向非指导式咨询，从量性评估到质性评估的转变。而在生涯咨询过程中，咨询关系必须靠一些基本方法来维系。要正确和恰当地运用这些技术，需要长期练习和经验的积累，有一些在本质上颇为相近或相似的技术，则需要有弹性地穿插交互运用，切勿一味地使用单一技术，或过度使用少数几个技术，导致咨询效果大打折扣。

理论学习

一、生涯咨询概述

生涯咨询（Career Counseling）起源于19世纪后半期美国的职业指导，是在社会变革、职业细分、劳动力需求旺盛等社会背景下应运而生的。20世纪40年代，职业指导被设置为美国中小学的正规课程。20世纪80年代，美国的职业指导正式转变为生涯咨询。

国内外许多学者都对生涯咨询的概念进行了阐述。例如，舒伯认为，生涯咨询是帮助个体发展和接纳其在工作世界中完整和适当的自我形象及其角色，帮助个体在现实中检验这个概念，并把它转化为现实的过程。

我国学者侯悍超、侯志瑾等认为，生涯咨询是指帮助一个人解决其人生不同阶段所遇到的各种与生涯发展相关问题的活动，包括职业选择与规划、工作适应、提高工作技能和压力管理等。

从生涯咨询概念的界定和演变不难看出，生涯咨询的服务范围在不断扩大，已经由单纯的职业问题扩展到与生涯相关的各种问题，而且生涯咨询的功能也逐渐趋向于职业发展与自我实现并重，强调个人生涯角色的整合以及生涯全程的探索。

我国生涯咨询是从国外专著及相关经验中引进的,尚处于探索、吸收与融合阶段。随着新时代教育改革的有力推进,生涯教育得到了社会的广泛重视,许多中学都开设了生涯教育课程,定期开展生涯团体辅导活动,并为学生提供个性化的个体生涯咨询,这都为推进我国生涯教育做出了积极、有益的实践与贡献。

二、生涯咨询的模式转变

随着生涯理论与实践的发展,生涯咨询模式不断发展与创新,并经历了从指导式咨询向非指导式咨询,从量性评估到质性评估的转变。

1. 从指导式咨询向非指导式咨询的转变

指导式咨询以咨询师为主导,针对当事人的问题进行工作,指导当事人努力解决问题。这种咨询模式充满了教导的色彩,肯定了咨询师的优越地位。

非指导式咨询重视当事人心理上的独立,认为生涯选择不能只注意个人特质与职业条件的匹配,还应关注当事人的情感、心理与动机等因素,而且当事人有权利、也有能力为自己的生活做出选择,尽管他选择的目标可能与咨询师的看法大不相同,这种咨询模式着眼于促进当事人的自我了解和自我接纳。

和指导式咨询相比,非指导式咨询在咨询重心上有了重大转变,咨询活动逐渐以当事人为中心,关注当事人的自我认知和情感体验,咨询师的权威角色逐渐弱化,双方建立起相对平等、彼此尊重的关系,咨询的主要目的是帮助当事人进行自我探索,促进当事人的成长。

2. 从量性评估到质性评估的转变

量性评估是把评估对象的结构特征转变为可测量的变量,运用统计分析等技术,揭露各变量之间的关系和事物本质。量性评估的评估工具主要是高度结构化、标准化的测试和问卷。咨询师选择评估工具,实施评估,分析并诊断评估结果(分数),然后根据评估结果来帮助当事人匹配相应的教育或职业。在此过程中,咨询师很少关注环境、情感等方面对当事人的影响。

质性评估是通过与评估对象互动,对其行为和意义建构获得解释性理解的一种评估方式,通常以行为观察、言语表述等方式进行。质性评估强调当事人的自我研究和探索,有利于获取关于当事人更完整、全面而真实的信息,而且质性评估更具灵活性、适应性特点。

生涯咨询从量性评估到质性评估的转变,说明当事人由被动参与向主动建构转变,当事人的主体地位更加突出,咨询师由单纯依赖测验数据,转向关注当事人的过去、现在和未来,生涯咨询过程更具专业性和个性化。

生涯咨询模式的转变,是在生涯理论与实践不断丰富和更新过程中形成的自发调整与完善。这也说明了生涯咨询是一个复杂、多变的过程,单一的咨询手段往往难以满足咨询工作的需要。指导式咨询和非指导式咨询、量性评估和质性评估不是相互取代、相互排斥的,而是可以相互借鉴、统合并用的。

三、生涯咨询的基本方法

在生涯咨询中,咨询师采用一些流程化、专业化的方法和技巧,能够顺利推进生涯咨询的进度,帮助当事人发现问题、剖析自我、重树信心,进而有效解决咨询问题。

(一)咨询前期的常用方法

在咨询前期,咨询师通过非语言沟通、复述、具体化描述、情感反馈、语言引导等方法,掌握尽可能多的重要信息,对当事人的叙说、想法和感受做出适宜的反应和回馈,并与当事人建立真诚、信任的良好关系。

1.非语言沟通

非语言沟通一般分为身体语言和副语言,身体语言如五官表情、姿势动作等,副语言如说话的音量、速度等。研究表明,非语言沟通在人际交流中的比例占70%以上。这说明人际交流中,非语言沟通的重要性并不低于语言沟通,甚至在很多情况下,非语言表达比语言表达更准确。

在生涯咨询中,咨询师的肢体语言能够直观反映咨询师对待当事人的态度,是真诚、尊重,还是冷漠、怠慢,肢体语言一目了然。例如,咨询师在与当事人交谈时,眼神注视对方,表示专注、关心;点头或微笑表示理解;倾身侧耳表示投入等。

2.复述与具体化描述

复述是指咨询师按照自己的理解,重复或者概括表述当事人的想法。咨询师好比一面镜子,将当事人所表达的意思反射回去。通常咨询师复述的话语是以问句收尾,从而启发当事人的思考,让当事人重新思考自己刚才的表述,并加以确认、说明或修正。

当当事人的表述比较模糊、零散时,咨询师会将问题具体化,要求当事人重新梳理自己的思路,对自己的问题的叙说给予详细描述或举例说明,从而更清楚、具体地表达自己的意图。这样不仅有利于聚焦问题,也能帮助当事人思考问题的原因,甚至启发当事人发现解决问题的方法。

3.情感反馈

咨询师针对当事人表述的想法、情绪等做出相应的反应和回馈。借由这些反馈,咨询师可以进一步了解当事人的想法和感受,并向当事人传达自己认真倾听、感同身受的真诚态度,适当表达自己的观点,形成良性互动。

4.信息收集

咨询师根据咨询需要,搜集与当事人问题相关的各种信息,让咨询师对当事人有更深层次的了解,特别是搜集那些对当事人能够起到启发、引领、促进等重要作用的信息。

5.语言引导

在交谈过程中,咨询师使用一些简短的语言来给予当事人必要的鼓励、提示,如"是的,我了解""然后呢""你能多说一点儿……""你是怎么知道的"等,引导和鼓励当事人做更深层次的自我探索与思考。

6.提问

提问是咨询师获取当事人重要信息的必要方式。提问的内容、提问的方式、提问的时机等都会影响咨询进展和咨询效果。提问分为封闭式提问和开放式提问。如果咨询师想通过提问获取更多当事人信息,宜多使用开放式提问。开放式提问是将责任放在当事人的身上,让他们对想要分享的信息拥有某种程度的掌控权。

7.谈话摘要

咨询师在完成与当事人的谈话后,对谈话内容进行整理、归纳,特别是对谈话中的重要信息和问题形成谈话摘要,方便咨询师和当事人对咨询的重点议题进行回顾和深思,并制订咨询目标和谈话的优先顺序。谈话摘要不一定都由咨询师来做,有时也可请当事人自己来做。

(二)咨询中后期的常用方法

在咨询中后期,咨询师应采取描述当事人身体语言、当面质疑、立即性、自我表露等方法,了解、澄清当事人未察觉到或隐而未现的真实想法。这些方法可能对当事人造成一定的威胁和冲击,要求咨询师把握好使用的时机,并在使用时做到态度谨慎和委婉表达。

1.描述当事人的身体语言

咨询师可以对当事人的身体语言进行适度描述,以便从当事人的表情、动作中找出与他们的语言相一致的地方,从而进一步澄清当事人话语中的真实含义。咨询师描述身体语言的句子通常以问号收尾。需要注意的是,不要把每一个细微的身体动作做过度的形容。

2.当面质疑

当当事人前后言语相互矛盾或言行不一时,咨询师可以以一种真诚的态度将问题直接、当面反馈给当事人,帮助当事人洞察和反思自己的矛盾之处。这种当面质疑可能会对当事人造成一定的冒犯和威胁,因此,咨询师的态度和语气宜亲和婉转,多以问句收尾。

3. 立即处理

当咨询过程中出现交谈双方感觉不良，咨询一方出现愤怒、挫折等不良情绪，或其他突发问题时，咨询师要立即处理在当下咨询关系中产生的问题，并让当事人明白在问题出现时，立刻进行处理的好处。立即性的运用，有利于及时应对咨询关系中的突发状况，也有助于当事人的自我成长，启发当事人将此领悟运用于咨询外的人际关系中。

4. 自我表露

咨询师就谈话的主题或相关内容，与当事人分享一些自己的观点、感受与经验。自我表露对咨询关系可能同时具有正面与负面的影响，正面影响体现在，它一定程度上可以鼓励当事人袒露心声，促进咨询双方更深层次的交流，或帮助当事人对现有问题获取不同的看法。负面影响体现在，咨询师的自我表露可能会把咨询重心偏向咨询师自己的议题，而不是当事人的问题。因此，咨询师使用这一方法前应慎重考虑其影响。咨询师确定要自我表露时，尽量以简要精练的陈述为宜。

延伸思考

1. 请回忆你参加过或了解过的生涯咨询活动，谈一谈该次生涯咨询中应用到哪些咨询方法，咨询效果如何。

2. 请根据所学知识，并查找相关资料，谈一谈生涯咨询模式转变的理论依据是什么。

第二节　后现代叙事取向的生涯咨询

导　语

叙事生涯咨询是生涯咨询的新模式之一，建立在"生涯即故事"的概念上，通过共构、解构、建构过程，帮助个人从自己的故事中重新诠释生命意义，探索生涯价值，勾画未来生命愿景。

另一方面，生涯教育专家发现，叙事生涯咨询作为"舶来品"，并不完全适用于中国特色背景下人们的生涯解惑过程，有必要将中华传统文化融入叙事生涯咨询中，实现叙事生涯咨询的本土化，进一步完善生涯咨询方法，提高生涯咨询效率，改善生涯咨询效果。

理论学习

一、叙事生涯咨询概述

1. 叙事生涯咨询的定义

叙事生涯咨询（Narrative Career Counseling）又称为故事叙说取向的生涯咨询，是生涯咨询领域的一个流派，来源于叙事治疗（Narrative Therapy）。叙事治疗把焦点放在当事人的生命故事上，故事叙说代替了传统的实验和测量。

叙事生涯咨询以叙事作为主要方式，从而帮助个体解决生涯相关的问题。侯悍超等人（2014）将叙事生涯咨询具体定义为：将个体的生涯隐喻为一个故事，咨询的过程即咨询师和当事人共同书写故事，并对这个故事进行解释、写和续写的过程，让当事人为自己的生涯赋予意义，并建构未来的幸福生活。

2. "生涯即故事"

叙事生涯咨询的生涯观是建立在"生涯即故事"的概念上，生涯咨询的历程是一种让当事人对其生涯经验说故事、编故事的历程，当事人被看作是一个文本，而咨询师协助当事人对照这个文本进行生涯解释。咨询师不再那么执着于如何测评、分类和定性,而是扮演倾听者、伴读者的角色,让当事人将自己的职业兴趣、能力、价值观等借助故事描述出来,咨询师从故事中找到主线和冲突点,协助当事人看清楚自己的生涯意义和价值,并进一步改写故事,在新的故事中创造新的可能,"活"出新的未来。

二、叙事生涯咨询的理论基础

叙事生涯咨询是在建构主义的理论背景下产生的。社会建构论认为,现实是由社会建构出来的,即在我们的社会里,信仰、法律、社会习俗、衣食习惯等所交织成的心理现实,是长时间的社会互动形成的。此外,现实是由语言构成的,语言的变动性为我们改变当事人的问题故事提供了发展新语言的机会。由语言组织成故事,并得以维持下来,贯穿于生命中。

叙事生涯咨询围绕当事人的生命故事展开,将当事人的内心世界和外在世界呈现出来。个人在叙述故事时,会有偏好地选择某些故事作为生命故事的题材,展现生命的主流方向,以此来形成个人生命的意义。人之所以会产生困扰,主要是因为其受主流故事的局限,而忽略了故事中的其他题材的可选择性和多样性。咨询师会帮助当事人发现生命故事具有积极意义和正面力量的例外性事件,并以经过解构的故事和发现的例外性事件为支点,在对话中重新建构当事人的世界。

三、叙事生涯咨询的历程

叙事生涯咨询的历程可分为三个阶段:共构、解构与建构。

1. 共构

由当事人和咨询师一起,共同将当事人的过去和现在的职业经历以故事形式展现出来。咨询师从当事人构建的故事中寻找职业生命的主题,并将该主题反馈给当事人,以激发当事人进一步思考的需求。

2. 解构

咨询师协助当事人找到共构故事中出现的生涯困境,与当事人探讨这些生涯困境与自身的生命价值重建之间的关系,在共构故事中寻找和创造更多生涯可能性。

3. 建构

咨询师协助当事人将解构阶段探讨出的生命价值和生涯主题从当下顺延到未来,鼓励当事人重新构建一个以未来为导向的生涯故事,故事中表达出对未来的愿景。

生命故事主要由两部分交织而成:一是生命主题,贯穿生命故事全过程;二是故事情节,组成了整个故事的全貌。咨询师在当事人的叙述过程中,不断寻找这两项要素:当事人生命中最关心、最看重的是什么?将这个主题编织出来的情节是什么?在连接生命主题与故事情节的过程中,咨询师也看清了当事人的生命主题和自我认同,并协助当事人重新撰写新的生命故事。

四、叙事生涯咨询的技术

1. 测验解释与故事叙说的结合

在生涯咨询过程中,测验的主要作用,在于让学生了解自己的特质,以此作为生涯抉择的参考。图曼(Toman)将库德职业兴趣量表(Kuder Occupational Interest Survey,KOIS)的解释和故事叙说取向结合。具体做法如下:

(1)找出喜好的职业。

(2)这些职业都有各自"迷你自传"的叙述。

(3)概览每一个"迷你自传"的故事,在重要的句子或段落底下画线。

(4)根据这些句子,引发出当事人自己的故事。

(5)在另一张空白纸上,列出所有画线的句子。

(6)将所有的数据汇总,寻找出这些数据底层的主题或组型。

2. 借助刺激问题丰富故事情节

为了细化叙事情节,让当事人在描述生命故事时积极地自我反省,咨询师有必要借助一些典型的刺激问题,牵引出当事人的生命主题。主要的刺激问题包括以下几个:

(1)角色榜样

主要问题可以是"跟我谈谈在你成长过程中让你仰慕或敬佩的人,他们是什么样的"。对许多人而言,偶像人物的选取,通常投射出某些自己所缺乏的特质或未完成的愿望。当事人可以在介绍榜样时进一步认识自我,探寻生涯目标。

例如,某工程师表示,他小时候非常敬佩神奇女侠(一位由心理学家创造出来的运用力量与爱来战胜邪恶的独立女性),因为他想要她的隐形飞机。后来,他实现了自己的梦想,设计出了自己的隐形飞机。

(2)最喜欢的杂志

这个问题是请当事人列举出最喜欢的杂志。如果当事人很少阅读杂志,也可以询问当事人喜欢的电视节目或网站,由此评估当事人的职业兴趣,以及当事人时下偏好的生活环境或心理环境。

(3)最喜欢的故事

这个问题是请当事人列举出他们最喜欢的故事,包括书籍、电影等。这个问题的答案可以清晰反映出当事人核心的生活问题,以及他们认同的问题处理方法。例如某位当事人反复观看电影《教父》,电影通过提供一个生存的价值体系和解释规则,把秩序带进了一个团体。后来,这名当事人成了一位评论社会价值的作家。

（4）最喜欢的座右铭

这个问题要求当事人说出他们最喜欢的一句格言,并且鼓励当事人呈现不同成长阶段的座右铭,深入探讨选取的理由。座右铭的内容可以折射出当事人的人生方向,或对当事人有励志、警醒等作用。

3. 生命线练习

咨询师可以引导当事人进行生命线练习,丰富叙事情节,加强叙事效果。例如参考杰普森(Jepsen)生命线练习的七个步骤:

步骤一:在一张白纸上,画一条代表随着生命与时俱进的线。线的最左边是出生的那一刻,最右边留下一段空白延伸到未来。

步骤二:将线依照需要分段,例如:10岁、20岁、30岁等。

步骤三:将每个年龄想做的工作标示在生命线上,并以1到10给分,表示现在对这个职业的了解,并邀请当事人叙说每个职业的故事。

步骤四:在生命线上标示出骄傲的一刻,即生命中的高峰经验。

步骤五:在生命线上标示出低潮的时候。

步骤六:叙说生命的高峰、低潮经验。

步骤七:联结事件,找出生命经验的关联性。

4. 解构老故事,建构新故事

寇克伦(Cochran)认为生命情节依个人的发展经验,有两种形式:正向称之为天堂,负向称之为地狱。通常,老故事代表生涯困境的地狱,新故事则代表充满希望的天堂。

咨询师可以帮助当事人回顾生涯经历,写出老故事。并引导当事人认真反思、重新定义、积极修正生命路径,构建新故事,产生新的人生愿景。

5. 时空对话

赫曼等人(Hermans,Kempen)提出"对话的自我":透过时间与空间的移动,同时让站在不同时空位置的"自我"进行相互对话。叙事生涯咨询是让"老年的我"与"现在的我"进行书写式对话,请当事人以老年时的自己给现在的自己写信,为现在的自己找到破除迷雾、直冲云霄的力量。具体步骤参考如下:

步骤一:请当事人以老年时的自己写信给现在的自己。

步骤二:引导当事人思考的方向如下:

(1)你(现在的自己)想看到我(老年的自己)是如何让你满足、愉快的?

(2)你想如何经营你的生活,会帮助你走向满足、愉快的状况?

(3)未来的日子中,不知有什么会阻碍你达到满足、愉快? 这些阻碍会如何影响你?

(4)当这些阻碍出现时,你会如何用自己宝贵的特质来协助自己、带领自己?

(5)这些特质会如何陪伴你到老?

(6)你希望这些特质在"我"这个老人身上扮演怎样的角色?如何伴随"我"?

(7)你希望我如何记得你?感谢年轻的你?

五、在叙事生涯咨询中融入中华传统文化

叙事生涯咨询是由西方引入我国的一种生涯咨询方法,由于中西方文化的差异,如果完全照搬西方的生涯咨询理念与方法,可能会因为"水土不服"而达不到预期的咨询效果。

研究发现,我国很多咨询师的生涯问题与解决方案和西方存在较大的差异,例如,自我认知方面特别看重家人对自己的看法;在使用生涯决策平衡单时尤其重视家长的意见,等等。这主要是受我国传统文化"家庭"本位、集体主义等思想的影响,我们比西方人更重视"孝道",重视与父母、朋友的关系。因此,生涯教育专家致力于研究如何将中华传统文化融入叙事生涯咨询中,用以解决我国独特文化背景下的各种生涯问题。

中国传承数千年的传统文化,包括儒家文化、道家文化等,从我们出生开始,就以各种形式熏陶和打磨我们的成长底色,影响我们的思想信念和行为方式。它蕴含着我们中华民族普遍认可的伦理道德和价值取向,例如,"百善孝为先""落叶归根""父母在,不远游"等观念,促使我们对家庭非常重视和依赖,我们在做生涯抉择时,往往优先考虑家庭,再考虑自身。而西方文化崇尚自由,强调个人主义,人们往往优先考虑自己的发展,再兼顾家庭情况。因此,我们有必要将中国传统文化融入叙事生涯咨询中,帮助人们找准自我认知方面的考虑因素,包括家长对自己的期待,以及该期待对自己的影响程度等,更好地理解自己在家庭、在社会中的角色,从而更好地应对生涯难题。

生涯教育专家们在研究中摸索出一些将中华传统文化融入叙事生涯咨询的途径:

途径一:生涯咨询师可以与当事人一同观看孔子、孟子等名人著作的经典片段,邀请当事人分享心得体会,引导当事人结合经典片段来调整自我认知,重构生命主题,继而解决生涯问题。

有这样一个案例:A同学,不善表达,临近毕业,不知未来的路该怎么选。咨询师与他一起观看电影《孔子》,然后请A同学谈观后感,A同学看完电影后,感慨孔子一生积极进取,奔波劳碌,继而回忆起小时候父母对自己的期待,决定选择教育类(教师岗)工作,回报社会。

途径二：咨询师引导当事人分享谁是自己心中非常重视的名人，并分享经典名人故事，比如名人是如何认识自我的，名人遇到机遇时是如何选择的，他的决策受到哪些因素的影响等。继而启发当事人构建新的生涯发展路径，走出生涯困境。

有这样一个案例：B同学面临着两个职业机会，犹豫不决，难以选择。咨询师引导B同学分享自己佩服的一位名人的人生经历，B同学从这位名人在人生转折点所做的决策中得到启发，最终攻克了内心的两难，果断做出了决定。

延伸思考

1. 请你根据叙事生涯咨询技术的基本流程，尝试叙述自己的生涯故事，探索自己的生涯价值，并建构未来生涯发展愿景。(建议在生涯教育专家或老师的指导下完成)

2. 请你根据生命线练习的基本步骤，画一条属于自己的生命线。

3. 请你尝试以老年时的自己给现在的自己写信，通过与老年的自己对话，展望美好未来，激发成长动力。

第三节　后现代焦点取向的生涯咨询

导　语

焦点解决短期咨询技术是后现代生涯咨询理论的重要流派之一，是在后现代建构主义、系统观等理论指导下发展起来的一种以寻求解决问题为导向，充分尊重和信任个体生命力量，挖掘个体内在潜能，增强个体自我解决问题能力的心理助人模式。

焦点解决短期咨询技术把咨询焦点集中于问题的解决，秉持"积极正向""寻找问题例外"等观点，通过正向引导、目标架构、例外架构、假设解决架构等咨询技术，高效、快速地应对职业生涯问题、学习问题、人际交往问题等一般性适应问题，成为目前非常盛行的一种独特而快速的心理治疗技术。

理论学习

一、焦点解决短期咨询概述

随着社会发展，人们普遍存在学习、生活、工作等各方面的压力，对心理咨询的需求不断增加，有限的咨询工作者要面对更多的当事人，势必就要缩短咨询时间。另外，人们的生活节奏加快，出于对时间、经费、人力、物力等方面的考量，传统的长期咨询模式越来越不受欢迎，以省时、高效为特点的短期咨询应运而生。

焦点解决短期咨询（Solution-Focused Brief Therapy，以下简称SFBT）是一种以寻找解决问题的方法为核心的后现代治疗领域中的短程心理治疗技术。它是20世纪80年代初期由斯提夫·迪·沙德和茵素·金·柏格夫妇及其同事，在美国威斯康星州密尔沃基（Milwaukee）的短期家庭治疗中心共同发展起来的，被广泛应用于生涯指导、家庭服务、公众社会服务、心理康复、儿童福利等领域。

SFBT主张发展取向，将当事人视作健康而充满能力的人，引导当事人看到自己的能力和优势，相信当事人有能力为自己的问题找出解决方式，从而提高生活质量。同时，SFBT以短期著称，它希望以尽可能少的会谈次数，对当事人的问题进行有效处理，并促成其积极的改变。

二、焦点解决短期咨询的核心观点

1. 事出并非定有因

遇到问题，我们习惯于找寻发生问题的原因，似乎找到了原因就可以找到解决问题的办法。然而，SFBT认为原因和原因之间的关系很难认定，探究问题原因的讨论常会陷入鸡生蛋或蛋生鸡的逻辑矛盾中，最后反而延误了问题的解决。在治疗中与其耗费时间去寻找原因，不如指向目标，尽快寻找问题的解决方法。因此，SFBT的核心任务是帮助当事人想象他所期望的情形会发生什么变化、有什么不同、想得到解决的必要条件是什么。

2. 寻找问题例外

SFBT的精神在于经由当事人的叙述，找到例外的可能，也就是"何时问题不会发生？"或是"何时问题会少一点儿？"SFBT通过探索当事人故事之中的例外情况——那些不令自己那么困扰的偶然经历来将希望传达给当事人。咨询师会帮助当事人探索怎样的行为能够触发这种例外情况的出现，从而帮助当事人运用这种认识去削减其问题出现的频率。

3. 积极定向

SFBT根植于乐观的假设：相信当事人是自己的问题的专家，人们有能力为自己的问题找出解决方式从而提高自己的生活质量。基于这种积极的假设，SFBT的本质在于通过创建积极的期望——问题的解决不成问题——帮助当事人树立信心和乐观的态度。

SFBT非常重视当事人的成功经验、力量、资源、希望、小的改变与合理可行的目标，在咨询中引导当事人积极思考什么是有效的解决方法以及这些方法是如何产生的。强调当事人的能力和优势而非其不足，帮助当事人减少挫折感，增加自我效能感。

三、焦点解决短期咨询的基本步骤和咨询技术

（一）焦点解决短期咨询的基本步骤

1. 建构解决的对话阶段

（1）目标架构，邀请当事人进入咨询对话，厘清他想要的目标并建立咨询的工作目标。

（2）例外架构，引导当事人探讨目前期待的目标过去是否曾经出现过，即探索在例外情境中发生了什么，是如何发生的及其解决方法。

(3)假设解决架构,邀请当事人积极思考,假想问题已经解决或者目标已经达成时他会是什么样子,跟现在有什么不同,并鼓励当事人去做目前可以做到的一部分。由此开阔当事人的视野,使其从"问题可能可以解决"的认知中,找出问题解决的线索。

2.休息阶段

一方面,让当事人有机会思考咨询师询问的一些问题,可能有新的体验与发现。另一方面,咨询师回顾与当事人的对话过程,跳离咨询情境,客观整理与思考或与协同咨询师讨论,整理出对当事人进行反馈的内容。

3.正向回馈的阶段

(1)赞美。从赞美开始,引导当事人从正向角度看问题,使当事人发现"例外"的存在,以及自身资源的存在,提高当事人为自己负责的能力与意愿。

(2)信息提供。为当事人提供专家的观点、研究结果或理论说明等,协助当事人用新的角度思考问题与情境,或者为家庭作业提供行动脉络。

(3)家庭作业。根据咨询情况为当事人布置家庭作业,鼓励当事人在生活中尝试一些改变,用以巩固本次咨询的效果。家庭作业的布置要遵循可行性、具体性、由小变化出发等原则。

(二)焦点解决短期咨询的咨询技术

1.正向开始

在咨询开始阶段,咨询师首先需要向当事人说明咨询程序,与当事人建立起民主与合作的咨询关系。

其次,咨询师通过提问对当事人进行正向引导,例如,"你希望从今天的会谈中得到些什么?""你对于今天最大的期待是什么?"

同时,咨询师询问当事人在咨询前尝试做过哪些努力及其效果。例如,"到目前为止,你已经做了哪些处理?处理的效果如何?""你试过的这些方法,哪一个对你比较有帮助?"……

2.设定良好的目标

在咨询过程中,咨询师的主要任务之一是协助当事人明确咨询目标。咨询师通常采用提问的方式来帮助当事人澄清其需要确立的目标。好目标应符合以下原则:

(1)用"会""想""要"等代替"不会""不想""不要",即用"正向"语言来描述目标。例如,当事人:我不想在和妈妈意见不一致时对她大喊大叫。咨询师:那么,你希望在你和妈妈意见不一致的时候,要做的是什么呢?

(2)用具体行动、想法来描述要达到的目标。例如,当事人:我希望我也能表现得像个好学生一样。咨询师:当你像个好学生时,你的表现是什么样的呢?

(3)目标的解决方案是当事人可以立刻或者继续去做的行动。例如,当事人:我想,等我有一天成绩特别好了,老师就不会批评我了。咨询师:如果现在你的成绩已经开始好转,你觉得你的表现会有什么不一样呢?

(4)目标由小步骤开始,是当事人付出努力即可实现的。例如,当事人:我希望烦恼得到解决。咨询师:当事情有所改善时,最想看到的征兆是什么?

(5)目标要用当事人的语言来描述,确定这个目标是当事人想要实现的目标,而不是咨询师认为对当事人有好处的目标。

3. 寻找"例外架构"

咨询师引导当事人深入探索生活中的各种例外经验,追溯当事人是如何做到让这些例外经验发生的。

例如,"以前有没有遇到类似的困难,那个时候,你是如何处理的?你的做法和现在相比有什么不一样?"

"你想你需要做些什么,可以使你能再次成功地做到过去能做到的事?"

4. 假设解决架构

如果当事人比较缺乏例外经验,咨询师可以引导当事人想象解决的时候会是什么样子,协助当事人建构一个清晰、具体、可操作的问题解决方案。主要有以下几种:

(1)奇迹式提问。例如,"想象一天晚上你睡觉时有一个奇迹发生了,我们谈的问题消失了,你睡觉时并不知道这个奇迹已经发生,当你醒来时,你能发觉奇迹发生的第一个迹象是什么?"

(2)水晶球提问。例如,"如果在你的面前有一个水晶球,你从水晶球里面看到了10年后的你,那时你的目标已经达到,你觉得那时的你会有哪些变化?"

(3)拟人化提问。例如,"假设你是家里客厅房顶的一盏灯,能看到你目标达成后的变化,那你想象一下那时你的行为会是什么样的?"

(4)结局式提问。例如,"如果今天是你最后一次来这里,你希望走出去之后的你是什么样子的?"

5. 赞美技术

咨询师对当事人警醒正向回馈,肯定当事人身上的积极方面。相信、支持、鼓励可以支持当事人走更长、更远的路。

6. 家庭作业

咨询师需要根据当事人的具体情况来布置适宜的家庭作业。例如,对于没有形成目标的当事人:邀请他观察自己在生活中最想获得的目标。

对于想采取行动、但犹豫不决的当事人:邀请他观察何时自己比较想去行动。

对于已经能够清楚叙述自己能力所及的例外或正向行为的当事人:鼓励他多做一些例外或正向的行为。

对于认为例外的发生是超出他们控制范围的、偶发的、无法解释的当事人:邀请他在某段时间里"假装"自己能做到或正在做这些行为,看看会有什么情况发生。

对于咨询时间尚短或当事人还没有想到,而无例外或其他信息的当事人:就当事人所能接受的程度,鼓励他去"实验"或"假想"问题已经解决或问题正在被解决的过程,然后在下一次咨询中告诉咨询师这样做所带来的不一样的变化。

【案例分享】

某同学,一直以来成绩比较优异,高一上学期就参加了学校生物竞赛小组,高一整个学年,他都能很好地兼顾学科竞赛和学科学习。高二下学期,他出现了上课经常走神的情况,似乎陷入某种迷茫与不安。生涯咨询老师发现他的异常,约他进行了谈话。

1.描述问题

生涯咨询老师首先肯定了某同学一直以来的优秀成绩和刻苦勤勉,调动起某同学愉悦、积极的情绪,营造了比较轻松的谈话氛围。然后提出最近发现某同学上课有些心不在焉,请他谈一谈是不是有什么苦恼。

某同学先是对老师发现了他的异常感到吃惊,沉默了一会儿后,他开始向老师描述自己遇到的问题:一方面是高考课程的压力。即将进入高三,看到周围的同学都花费很大精力在高考复习上,他作为年级的佼佼者,压力很大,担心自己不能保持之前的排名。于是他经常晚上熬夜到一两点复习功课,导致在第二天上课时不能保持良好的精神状态。另一方面是竞赛考试的压力。全国生物联赛的日子越来越近,而他由于之前把更多的精力花在了高考课程上,因此竞赛成绩不是特别理想。但他又不想放弃这么久以来的努力,想在最后阶段拼一把,因此陷入了如何平衡高考课程复习与竞赛准备的纠结之中。

2.寻找问题例外

老师引导某同学回忆是否有过较好地平衡竞赛备考与高中课程学习的关系的经历。某同学回忆他整个高一学年都能很好地兼顾学科竞赛和高中课程学习。老师对此表示了肯定,认为他在高中课程的学习上一向很扎实,此前某同学一直在学科考试中名列前茅就很好地说明了这一点。

3.设定正向目标

老师引导某学生进一步思考自己喜欢什么样的成长状态,未来希望成为什么样的人等，进而明确自己在学习中的具体目标。在老师的引导下，某同学明确了自己的短期目标是参加竞赛。老师建议他停课一个月准备竞赛考试，并进一步分析：他天资聪颖，经过一段时间的准备是很有希望在竞赛考试中取得优异成绩的，这对于今后的高考是一个"加分项"。而且，他的高中课程学习很扎实，即使停课一个月，之后也绝对可以补上。另外，为了让某同学不落下自己不太擅长的文科课程，老师还建议他在准备竞赛的一个月里，前两个星期还需要坚持上英语和语文课，保证自己能跟上老师的进度，后两个星期再全身心投入竞赛准备中。

在老师的建议和指导下，某同学找准了自己的目标和希望，心中的迷茫和焦虑得到了有效缓解，内心再度涌起了自信与热情。后来，某同学如愿获得了省级一等奖，高三时也顺利通过了国内一所顶尖大学的考核，获得了保送资格。

延伸思考

1. 请你简要阐述焦点解决短期咨询的主要观点。

2. 你目前遇到的生涯问题是什么？请你尝试寻找该问题的"例外架构"，并思考过去的处理方法中，有没有可以用来解决现在的困境？

第四节　基于综合实践活动的生涯教育之附中实践：提供个性化咨询

生涯教育——实践背景

"6选3"的新高考改革需要学生在高一就确定高考的专业和未来的发展方向，这对于没有任何生涯规划意识的高中生来说无疑是手足无措的。因此个性化咨询对于高中生来说十分有必要，学校要利用霍兰德职业兴趣量表和多元智能测评以及SWOT分析等工具，引导学生认识自我，探索出适合自己的生涯发展之路。

一名高一学生生涯规划的辅导案例

【案例背景】

小苏，女，高一学生，父母在镇上做小生意，有一个姐姐，刚毕业参加工作，是一名小学教师；父母希望小苏像姐姐一样，选师范专业，将来当老师。但是小苏自己很喜欢农学，想选农学专业。小苏来辅导时，刚好月考结束，考得不理想，马上要进行"6选3"的选科分班，面对自己的成绩，不知道如何抉择，感到焦急和无助。

【问题分析】

从小苏的个性特点、兴趣爱好、能力等方面看，她性格内向，喜欢独立思考，善于观察，对农学非常感兴趣。目前面临的问题是，不知道自己的性格特点是否适合农学，对农学的未来前景没有把握，而且父母对其职业方向有强烈的否定态度，因此无法确定所选学科。通过帮助小苏认识自我来确定其专业方向，增强学习动力，是接下来开展生涯辅导的重要目标。

【辅导方案】

鉴于小苏目前的焦虑情绪，咨询师首先进行情绪安抚，与其建立良好的辅导关系；向小苏介绍了制订生涯规划的程序、目标、使用工具，并且共同商定了辅导方案；对小苏进行标准化的评估和结果解释，引导小苏进行自我探索，清晰全面地认识自己，最后做出生涯决策。

【辅导过程】

通过专业测评,咨询师帮助小苏认识自我。根据小苏的情况,咨询师选择进行霍兰德职业兴趣测试,同时结合多元智能测试,帮助小苏进行自我探索,了解自己的职业兴趣、优势智能等,启发她对未来的思考。以下是小苏的测评结果分析:

1.在职业兴趣方面

小苏的霍兰德得分最高的两个类型分别为RI,即现实型(R)、研究型(I)。她善于观察、分析、独立思考与追根究底,乐于研究并解决困难的问题,喜欢研究和理解事物,通过独立的判断得出结论。讲究实际、个性率直、喜欢具体的任务。

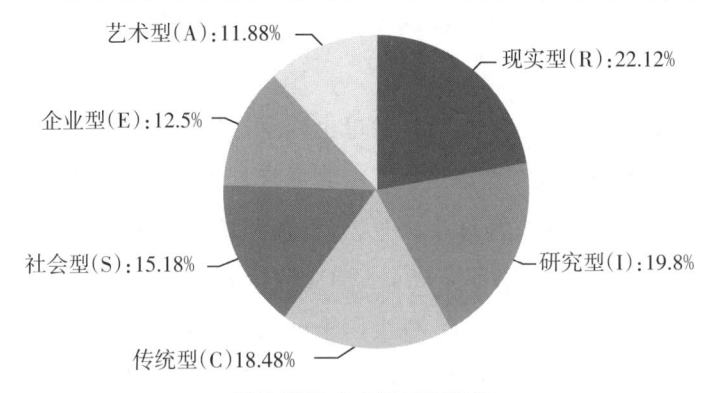

艺术型(A):11.88%
企业型(E):12.5%
社会型(S):15.18%
传统型(C)18.48%
现实型(R):22.12%
研究型(I):19.8%

霍兰德职业兴趣测评结果

2.在多元智能方面

从测评结果看,她的自我认知智能、数理逻辑智能和自然观察智能较强。她能够清楚地认识自己的长处和短处,意识到自己的内在爱好、情绪和意向。她的推理能力较强,能够归纳并进行复杂的运算。对自然界中的各种事物、有认识、辨别和分类的思维能力。有敏锐的观察能力,能观察出事物的细微差别。

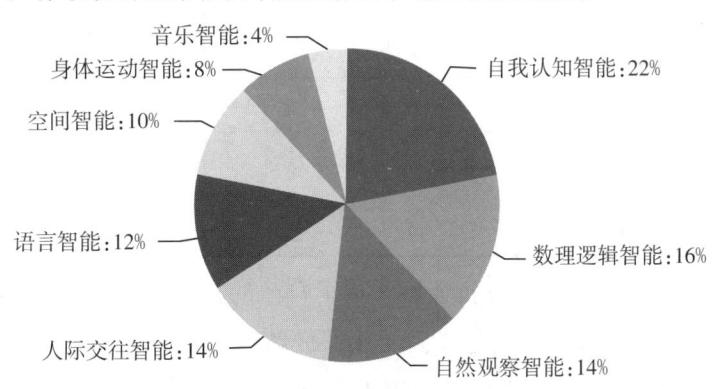

音乐智能:4%
身体运动智能:8%
空间智能:10%
语言智能:12%
人际交往智能:14%
自我认知智能:22%
数理逻辑智能:16%
自然观察智能:14%

多元智能测评结果

结合小苏的测评结果分析,初步判断她对自己的认识和规划是比较准确的,农学专业适合她的职业兴趣和智能发展,只是学习方法和成绩不够突出,因此对自己的能力产生怀疑。再加上父母一心想让她学师范，不同意她学农学专业，所以造成内心的困扰。

鉴于小苏目前的状态，建议小苏除了对自己兴趣特质的探索之外，需要了解行业的工作状态和面临的困难，了解高考的招考信息和政策。小苏采用文献检索、职业人物访谈、职业锚等方式搜集农学相关职业信息，对职业探索的体会是：随着社会对农业的重视，农学又开始走进大众的视野，农学的涉猎面变得很广。现代化农业、花卉园艺、农场采摘、果蔬栽培等等逐渐受到消费者的青睐，开辟出了新型市场。但是大多数农学专业可能会进入枯燥的研究工作，需要进一步提升，而且需要有下基层的心理准备，要有吃苦耐劳的钻研精神；对学科的要求是选择生物、化学、物理、地理等专业。

小苏认为自己具备以上能力，而且父母也同意让她试一试。但目前面临的一个问题就是文化课成绩不够好，这也是小苏一直以来的困惑。为了让小苏更加清晰地认识自己的优势和不足，更好地做出决策，咨询师和她一起做了决策风格分析，发现她的决策风格以理性为主。小苏完成了SWOT分析表，先在表中罗列内部优势因素（Strengths）、劣势因素（Weaknesses）、机会因素（Opportunities）和威胁因素（Threats），通过运用系统分析的方法，把各种因素相互匹配起来加以分析，从而得出相应的结论。

SWOT分析表

SWOT分析		
内部环境因素	优势因素(S)	劣势因素(W)
	兴趣爱好方面喜欢农学专业 多元智能和职业匹配上达成一致 逻辑智能和观察智能占优势,适合农学专业	文化课成绩一般,优势学科不突出 意志力薄弱,学习方法不恰当
外部环境因素	机会因素(O)	威胁因素(T)
	新高考改革,六选三提前选科,确认方向 农学专业市场前景不错 父母同意学农学	农学专业分数要求高,专业性强,可能需要继续深造 农学专业就业范围较窄

小苏表示，这次测评和分析让她知道了自己的兴趣爱好、能力特长，她决定好好学习，坚持农学专业，全力以赴提高文化课成绩，如果到了高考的时候，确实分数达不到要求，就报考父母想让她报的师范专业，这是父母答应她学农学时商量好的。她想为自己的梦想奋斗一次，她说："我初中的时候成绩挺好，所以才考上了这所学校，但是来到这里高手如云，觉得压力很大，这几次考试都没有发挥好，再加上家里的矛盾，让我一下失去了信心，迷失了方向。多亏了这几次的辅导让我重新认识了

自己，我也没有想象中的那么差，这才高一上学期，我还有时间，还有机会，我也希望自己能突破自我，考一所好大学。"经过4次辅导，小苏确定了自己的发展方向，重新树立了信心和目标，开始了奋斗的征程。

生涯教育——综合实践

"525"心理健康节

我校每年都开展"525"心理健康节，在众多的活动中，学生们通过多种专业的心理测评了解自己的性格，探索自己的兴趣所在和优势能力，更加清晰地认识自我。"遇见美好的自己"粘贴画生涯体验活动，不仅培养他们欣赏美、陶冶美的情操，还提高了他们对生活的热爱，对美的无限追求；充分挖掘和利用身边的自然资源，如：树叶、废旧报纸杂志、彩色卡纸等，制作出精美的粘贴画。一对一咨询辅导，邀请专业心理和生涯辅导教师为学生进行面对面的咨询辅导，从而解决学生面临的心理困惑、学业困惑、生涯困惑等，帮助学生找到自己的人生方向。

第十二章

生涯教育与家庭文化建设

第一节　生涯教育与家庭文化建设的关系

导　语

文化具有"以文化人,以文育人"的功能,家庭文化是对孩子成长产生最直接、最鲜明影响的文化形态。习近平总书记提出"让文明家庭成为梦想起航的地方",中学生生涯教育离不开家庭的支持,离不开优良家风的长期浸润。

生涯教育和家庭文化建设在本质上皆是"育人",目标都是为了帮助孩子实现梦想,并且对孩子产生"纵贯一生"的影响。家庭文化建设是落实生涯教育、实现生涯目标的有力推手,促使孩子在潜移默化的文化滋养中,打好成长底色,厚植文化底蕴,激发创造活力,让家庭成为孩子追寻人生理想、完成生涯任务的坚实后盾。

理论学习

一、家庭文化建设概述

(一)家庭文化简介

家庭文化是物质文化、精神文化和制度文化的总和,指一个家庭在世代承续过程中形成和发展起来的较为稳定的生活方式、生活作风、传统习惯、家庭道德规范以及为人处世之道等,既包括家庭的衣、食、住、行等物质生活,也包括文化生活、爱情生活、伦理道德等所体现的情操和文化色彩。

(二)家庭文化建设的背景

1.国家高度重视家庭文化建设

党的十八大以来,习近平总书记多次强调注重家庭、家教、家风建设。他曾用"三个不可替代"生动地表达了家庭对个人成长的价值。他说:"无论时代如何变化,无论经济社会如何发展,对一个社会来说,家庭的生活依托都不可替代,家庭的社会功能都不可替代,家庭的文明作用都不可替代。"

2016年12月12日,习近平总书记在第一届全国文明家庭表彰大会上提出"让文明家庭成为梦想起航的地方"。

2019年1月18日,教育部部长在全国教育工作会议上发表重要讲话,强调无论何时,都要注重家庭、注重家教、注重家风,把家长引导和培育成立德树人的一支有生力量。

2. 家庭文化缺失引发严重的教育问题

长期以来,人们受狭隘的、功利的教育观、人生观的影响,往往只看重孩子的知识学习、考试成绩、名校升学率等,而忽视了对孩子的健康素养、安全意识、行为习惯、思维习惯、健全人格等方面的培养。在这种近乎急功近利的教育思想影响下,看似隐藏性的、没有实际作用的家庭文化被逐渐淡化和漠视。文化土壤贫瘠化、荒漠化现象严重,也引发了一系列教育问题,例如,"高分低能"现象突出;"亲子冲突"愈演愈烈;身心健康问题频发等。

越来越多的教育者和家长开始重新审视家庭文化的价值,如果家庭长期营造健康文明、积极向上的文化氛围,并通过父母长辈的率先垂范和言传身教,在家庭中形成一种独具特色的"文化力量",春风化雨,久久为功,家庭文化将更有利于孩子养成和保持良好的思想品德与行为习惯,对孩子一生产生积极而深刻的影响。

(三)家庭文化建设的主要内容

本书认为,对孩子成长、家庭兴盛影响最深的是精神文化建设,例如,优良家风的传承,健康生活习惯的养成,终身学习理念的渗透和自主学习能力的培养,以及孩子远大理想的树立和兴趣优势的充分发展。

本书探讨的家庭文化建设从姓氏文化入手,探索家族起源,将孩子的过去、现在和未来联系起来,构建一条承前启后、有序衔接的生涯发展轨道。一方面,在寻根溯源中帮助孩子了解自己从哪里来,启发孩子思考未来发展方向。另一方面,引领孩子立足当下,从健康文化、书香文化、美育文化等方面促进孩子德智体美全面发展,为孩子实现成长目标打下坚实基础。

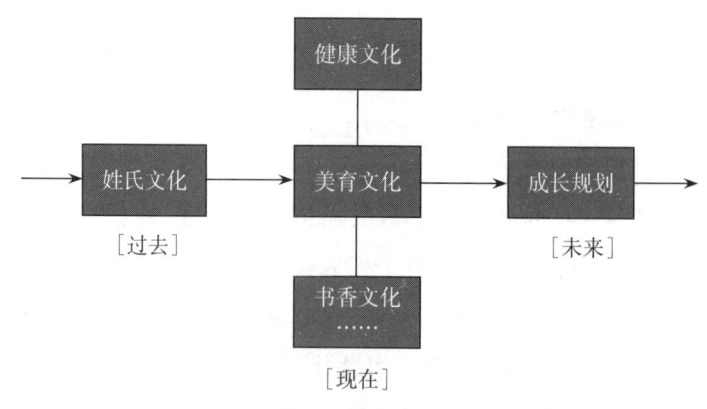

家庭文化建设结构图

二、生涯教育与家庭文化建设的关系

(一)生涯教育与家庭文化建设的共同点

1. 生涯教育与家庭文化建设的本质皆是"育人"

新高考改革强调尊重学生的个性,给予学生更多的选择权,并打破传统高考单一的考核模式,把综合素质评价作为高校选拔人才的重要依据。为了有效应对新高考,生涯教育备受关注与重视,但生涯教育的作用不仅限于此。

生涯教育引导学生探索生命的意义和价值,了解自己的个性与潜能,明确自己想要做什么,未来该往何处去等问题,把学生的学业与未来发展紧密联系起来,将人的全面发展、终身发展放在首位。生涯教育深刻诠释了教育"育人"的本质,促使教育者、家长形成一种全新的"生涯观""教育观",适当减少对分数和排名的关注,从而更多地关注学生的主体性发挥和个性化发展。可以说,生涯教育是教育回归"育人"本质的重要举措,能够有效地促进学生的多元化成长,更好地适应新时代、新社会对人才培养的要求。

家庭文化建设同样体现了"育人"的本质。孩子的培养重在教育。"教"侧重于知识的传授,"育"侧重于文化的熏陶。"教"的责任主要由学校承担,而"育"的重心在家庭。家庭文化是对孩子成长产生最直接、最鲜明影响的文化形态。孩子习惯的养成、性格的塑造、规则的谨守、思维的训练、潜能的开发、理想的树立、素质的提升等,都离不开良好家庭氛围的长期浸润和熏陶,离不开优良家风的正向价值引导。在家庭中为孩子创造适宜的育人环境,让家庭成为孩子成长的乐园、心灵的归宿,这是家庭文化建设"文化育人"的价值所指和意义所在。

2. 生涯教育与家庭文化建设都以"实现人生梦想"为目标

生涯教育从指导学生增强自我认识、学会选择、主动适应变化入手,帮助学生找准自己的兴趣和优势,明确未来发展方向,并为实现人生理想制定切实可行的发展路径。另一方面,生涯教育是连接家庭、学校与工作世界、生活世界的桥梁,通过大量职业体验和社会实践,培养学生的社会责任感、实践能力和创新精神,促使学生具备适应社会、立足社会的能力,从而点燃学生心中的梦想,开启学生的未来发展之路。

家庭文化最重要的使命,就是把握和发掘孩子成长中的兴趣和潜能,根据孩子的兴趣爱好、优势潜能来培养孩子,帮助孩子实现梦想。

习近平总书记在谈及家庭作用时提出:"我们要重视家庭文明建设,努力使千千万万个家庭成为国家发展、民族进步、社会和谐的重要基点,成为人们梦想启航的地方。"家庭是守护孩子梦想的坚实堡垒。通过家庭文化建设,有利于家长转变"唯分数论"等不合时宜的教育观念,充分尊重孩子的个性,给予孩子更多的成长空间。同时,鼓励家长和孩子一起参加各种文化体验和社会实践活动,在家庭中营造一种生机勃勃、积极进取的文化氛围,以便更好地适应教育改革的需要、适应社会对人才培养的需要。

3.生涯教育与家庭文化建设都对个人产生"纵贯一生"的影响

美国生涯规划大师舒伯的"生涯发展观"指出,生涯规划贯穿人的一生,人在不同的阶段要扮演不同的角色,实现不同的生涯发展任务。至圣先师孔子认为理想人生是"吾十有五而志于学,三十而立,四十而不惑,五十而知天命,六十而耳顺,七十而从心所欲,不逾矩"。他的思想强调了生涯是一个不断精进、自强不息的成长历程。

因此,生涯教育不单单是学生毕业时指导其升学和就业方向,更是根据人的身心发展的不同阶段,制订和实现不同的生涯发展目标。生涯教育关注人的一生发展,为个人发展创造无限的可能性,让每个人有机会、有能力扮演好人生各个阶段的角色,度过积极、有意义的一生。

另一方面,优秀的家庭文化有利于促进人的发展,甚至足以影响人的一生。例如,著名科学家钱学森去美国留学时,他的父亲钱均夫专门为他写了庭训,"人,生当有品:如哲、如仁、如义、如智、如忠、如悌、如教!吾儿此次西行,非其夙志,当青春然而归,灿烂然而返!乃父告之"。秉承庭训的钱学森在学成之后,回到百废待兴的新中国,为我国的载人航天事业做出了突出贡献。优秀的家庭文化既能够给予幼童生命的启蒙,也能带给成人终身的教诲,它如同一缕清风,拂过人一生的路途,春风化雨般滋养人、塑造人,带给人深远持久的影响和生生不息的动力。

(二)生涯教育与家庭文化建设的关系

生涯教育是教育的重要组成部分,而教育的发展有赖于学校、家庭、社会等多方力量的合力支持。上海市、福建省、安徽省、山东省等地方生涯教育政策均强调重视家庭在生涯教育中的作用,将生涯教育与家庭教育相结合。

家庭文化建设既包括家庭教育,又比家庭教育的范围更广,作用更深。家庭文化建设通过"文化赋能"的形式,使家长对孩子的教育不是仅仅停留在枯燥乏味的说教上,而是通过优秀文化的浸润、优良家风的传承,对孩子产生潜移默化、深入持久的熏陶和滋养。如果说,生涯教育是照亮孩子人生的灯塔,家庭文化就是孩子人生灯塔的基座,家庭文化建设能够为孩子打好生涯底色,筑牢成长根基,是落实生涯教育、实现生涯目标的有力推手。

一方面,生涯规划是建立在孩子正确认识自我的基础上的。我们在为孩子制定生涯规划时，必须深入了解孩子的家庭环境，包括家族的历史渊源、家族成员的文化水平与所任职业、家庭经济状况和社会关系等，探寻家庭中影响孩子成长的积极因素和不利因素，从而为制定适合孩子的生涯规划方案提供重要依据。

另一方面，家庭是孩子生涯发展中最直接、最有力的支持力量。优秀的家庭文化，例如家规、家训等，既是长辈对后辈子孙的谆谆教诲和殷切期待，也是中华民族优秀传统文化的继承和发展，犹如春风化雨，能够在无形中塑造孩子的人生观、价值观、思想品德、行为习惯等心性与能力，并最终影响孩子生涯规划的确立和实施效果。

此外，生活即教育，家庭是落实孩子生涯教育的主阵地，家庭日常生活中的方方面面都蕴含着教育契机，能够为孩子的成长创造绝佳机会。例如，家长可以陪伴孩子坚持每天读书，鼓励孩子组织家庭读书活动，为家庭成员选购图书，让家长成为孩子阅读的榜样，为孩子营造浓厚的书香氛围，促使孩子形成良好的读书习惯和阅读能力，丰富孩子的文化素养和知识储备。孩子既是家庭文化建设的参与者，更是受益者，孩子将在丰富的文化实践与体验中不断开发潜能，提升综合素质，为其人生理想的实现做好准备。

延伸思考

1. 试述生涯教育与家庭文化建设的共同点。
2. 你认为生涯教育与家庭文化建设的关系是什么，请简要阐述个人观点。
3. 请根据你的家庭的实际情况，畅想一下你将从哪些方面做好家庭文化建设工作，这些工作将对你的生涯目标的实现产生怎样的作用。

第二节　姓氏文化建设

导　语

敖发千枝归一本,朝宗万水实同源。姓氏文化是中国一种特殊的文化符号,体现了中华民族寻根问祖、追根溯源的传统,更承载着传承优秀传统文化的使命。

姓氏文化建设能够启发孩子探索家族的起源、变迁、发展等,思考自己从哪里来,了解先辈的生平故事、价值取向、处世哲学等,唤起孩子的家族归属感和使命感,增强孩子掌控自己人生的意识。家族名人也将成为孩子的榜样和精神支柱,成为家族兴盛的有益资源。

理论学习

一、姓氏文化概述

1. 姓氏的起源

姓氏,标示一个人的家族血缘关系的标志和符号,是中国一种特殊的文化符号。中华民族的姓氏起源可追溯到上万年前,最初是源于对风、云、雷等自然现象的崇拜。原始部落聚集,组成氏族社会,各氏族独立存在并拥有自己独特的标记,即图腾。最初的"姓"实际上是对不同图腾的命名。

中国最早的姓都带有"女"字,如姬、姜、妫等,由此可以推断"姓"形成于母系氏族时期。"氏"的本意为木本,即植物之根。它是父系社会的产物,是从君主所封的地、所赐的爵位、所任的官职,或者死后按照功绩、追加的称号而来。因此,是否有"氏"也是贵族与平民的区别之一。贵族有姓名,也有氏;平民有姓名,没有氏。如黄帝,姓公孙,生于轩辕之丘,故称为轩辕氏。

2. 姓氏的发展

先秦时期,男子名前冠的是氏,如屈原和商鞅,他们并不姓"屈"和"商",屈和商只是他们的氏,实际上屈原是楚国公族,姓芈;商鞅是卫国公族,姓姬。

战国时期，随着封建宗法制度的瓦解，贵族日渐没落，"氏"不再是贵族身份的象征，一般平民开始有了自己的姓氏。写成于春秋战国时代的《世本》是世界上首部姓氏学专书。到了汉代，"氏"与"姓"在意义上已不存在区别，都通称为姓，我们现在的姓就是从那时沿袭而来。

3.姓氏的数量与分布

中国的姓氏千奇百怪，数量众多，至今姓氏数量就有一万多个。《百家姓》是我国汉族姓氏总集，经增补后共收单姓414个，复姓60个。在少数民族姓氏中，甚至有长达10个字的姓氏。据《中国姓氏大辞典》记载，中国古今各民族用汉字记录的双字姓9012个、三字姓4850个、四字姓2276个、五字姓541个、六字姓142个、七字姓39个、八字姓14个、九字姓7个、十字姓1个。

中国人历来有同姓聚居和联宗修谱的习俗，中国人姓氏的分布实际上主要反映了同姓人群的分布规律。中国人的姓氏或同姓人群存在两种状态，大姓和小姓，或称为常见姓氏和非常见姓氏。仅占总姓氏量不足5%的常见100个姓氏已集中了85%以上的人口，而占总姓氏量95%以上的非常见姓氏仅代表不足15%的人口。

例如，陈姓是人口列全国第五位的大姓，约占全国汉族人口4.53%，南方地区多陈姓。在台湾、广东二省，陈姓约占本省人口10%以上，为省内第一大姓。

查姓是当代较为罕见的姓氏，但分布较广，约占全国汉族人口的0.06%，居第171位。尤以安徽、江苏两省多此姓，约占全国汉族查姓人口的85%。

二、姓氏文化的意义

1.姓氏文化是增强民族凝聚力和家族归属感的一种纽带

现在很多人热衷于寻根问祖、追根溯源，通过研究自己的姓氏，了解自己从哪里来，自己的祖先有怎样的故事，家族流传下来怎样的名言警句、处世哲学等。这种"寻根"的意识和情怀，是血脉的吸引，是民族的传统。"参天之木，必有其根；怀山之水，必有其源。"姓氏文化是以"血脉"为纽带，将整个家族，乃至整个民族紧紧维系在一起，充分唤起人们内心深处的家族归属感和民族认同感，增强人们的爱国情感和民族凝聚力，同时折射出家族传承的优良家风，深刻影响后世子孙。

例如，现代文学家鲁迅先生在年轻时写过一首《自题小像》，其中有一句："我以我血荐轩辕"，轩辕就是黄帝。鲁迅先生认为自己是炎黄子孙，愿意为社稷江山奉献出自己的青春和热血。

贝聿铭是世界著名建筑师，贝氏家族有着"以产遗子孙，不如以德遗子孙"的优良家风，而且非常重视子女教育，贝聿铭先后就读于麻省理工学院和哈佛大学，而他的4个子女也都毕业于世界名校。良好家风使贝氏家族得以显赫15代之久。

2. 姓氏文化是传播中华优秀传统文化的一种特殊方式

中华民族几千年的优秀传统文化，大多通过姓氏家族代代传承下来。伟大领袖毛泽东曾宣布："搜集宗谱、家谱加以研究，可以知道人类社会发展的规律，也可以为人文地理、聚落地理提供宝贵的资料。"在姓氏文化里，我们可以了解政治、经济、教育、艺术、人文、地理等文化特色，也可以学习祖先的处世哲理、价值观念，还可以窥见民族兴衰荣辱历史之一隅。可以说，姓氏文化是中华传统文明的一个缩影。

例如，家谱是姓氏文化的重要内容，是记载同宗同祖的血缘集团、世系人物和重要事迹等方面情况的历史图谱，它与方志、正史构成了中华民族历史大厦的三大支柱，是我国珍贵文化遗产的一部分。习近平总书记非常重视姓氏文化和家风建设，他的母亲齐心老人曾亲笔为邓州习氏族谱题写了书名——《邓州习氏》。

又如，姓氏宗祠中常见的"堂联"，饱含着深厚的文化底蕴，还反映了传统文化的价值取向和理想。如林姓的堂联"励志禁烟，御夷留根"反映了爱国爱民、英勇御敌的民族进取精神。

3. 姓氏文化是了解中国古代社会结构、人口迁移等问题的一把钥匙

姓氏文化通过一种独特的视角来反映中国古代社会结构，包含权势、地位、尊卑、贵贱等特质和家国一体的社会构建。例如，母系氏族社会中，由于女性地位的崇高，产生了大量"女"字旁的姓；西汉末年的门阀制度使姓氏有明确的高低贵贱之分；唐五代时期，统治者为了维护和加强统治，便用赐姓的方式笼络人心或震慑臣民，统治者还将为部分少数民族权贵赐姓，在一定程度上促进了民族的交流交融。中国自古提倡的伦理道德、祖先崇拜和宗族制度等意识在古代社会的姓氏文化中得以充分体现。

另一方面，中国历史上发生过几次大规模的人口迁移，姓氏文化也随之丰富和发展。了解姓氏文化，有利于我们了解人口迁移历史，也为人们寻根溯源提供重要依据。

三、姓氏文化建设的策略

每个家庭都应该积极探索家族姓氏文化，包括父亲姓氏文化、母亲姓氏文化，深入了解家族发展历程，传承家族优秀传统文化，制定符合家族发展需要的家规、家训，让优良家风薪火相传，造福后代。姓氏文化建设主要策略如下，仅供参考：

（1）家长和孩子一起收集、整理家族姓氏文化的相关资料，包括姓氏图腾、起源、变迁等，并以图文、视频等形式记录下来，帮助孩子了解自己从哪里来，祖先有怎样的人生故事等，启发孩子思考自己未来的发展方向。

（2）在整理家族姓氏文化资料的过程中，家长和孩子应深入挖掘家族传承的优秀传统文化,汲取和保留家族文化精华,制作、修订家谱,巩固和厚植家族文化底蕴。

（3）家长指导孩子收集、整理家族名人资料,例如,企业家、军事家、作家、学者等,了解家族名人的学习经历、成长经历、杰出成就、高尚品德等,让家族名人成为孩子的学习榜样和精神支柱。

（4）在条件允许的情况下,家长可以根据孩子的成长需要,为孩子创造与家族名人交流、学习的机会,例如面对面访谈、视频通话,让孩子收获做人、做事的成功经验,也为孩子的成长和发展积累宝贵的人脉资源。

（5）家长和孩子可以根据家族文化传统以及现代文明特色,制定符合家庭发展需要的家规、家训,例如,明礼守信、勤俭节约、独立自主等,用以指导和规范家庭成员的思想、言行。

（6）在条件允许的情况下,家长和孩子可以加入宗亲会、家族姓氏文化研究会等,定期参与祭祀先祖等宗族活动,在寻根溯源的活动中,维系亲厚的血脉亲情,促进宗族成员的团结合作,增强孩子的家族归属感和责任感,为孩子和家庭的未来发展积累丰富的亲友资源。

（7）充分利用互联网先进技术,在"成长GPS"APP等家庭文化建设平台上开设独立账号,把家族姓氏发展史、家谱、家规、家训等以图文、视频等形式发布到平台上,促使优良家风长久保存、代代传承。

延伸思考

1. 请你在家人的帮助下,收集家族姓氏起源和发展的相关资料,谈一谈先辈们给你留下了哪些精神财富,例如,名言警句、处世哲学等。

2. 请谈一谈你对自己家族的家规、家训的理解。如果你家还没有家规,请你和父母一起制定一份符合家庭发展需要的家规。

3. 请你在家长的帮助下,了解家族中成就突出的名人的生平故事,并谈一谈你最崇敬的一位家族名人对你的成长有怎样的启发。

第三节　健康文化建设

导　语

人们经常会用这个比喻来说明健康的重要性：一生中，我们可能会在"1"后面加上很多的"0"，10000000……，这些"0"可能代表了事业的成功、财富的多少、爱情的收获等。"0"是可以通过努力不断增加的，但是只要那个"1"不在了，它们就都将不再有任何意义。那个"1"就是我们的健康。

健康是个人成长成才以及家庭幸福生活的基本保障，没有健康就没有一切。我们鼓励家长和孩子加强家庭文化建设，坚持健康管理，培养健康生活习惯，并将之固化下来，长期延续下去，形成健康文明的优良家风，让整个家庭因为健康而焕发勃勃生机。

理论学习

一、认识"健康"

（一）健康新概念

20世纪90年代世界卫生组织将健康解释为"一个人只有在身体健康、心理健康、社会适应性良好和道德等四方面都健全，才算是完全健康的人"。

2013年6月，教育部推出"绿色评价指标体系"，重视学生品德、身心、兴趣爱好等方面的发展。其中，"身心发展水平"指标下涵盖的内容最多，包括身体形态机能、健康生活方式、审美修养、人际沟通、情绪行为调控。

（二）健康四大基石

世界卫生组织认为，每个人的健康与长寿60%取决于自己的生活方式，15%取决于遗传因素，10%取决于社会因素，8%取决于医疗条件，7%取决于气候环境的影响。这是健康综合观的最科学、最全面的提法。

1992年，世界卫生组织总结世界预防医学的最新成果，推出了"维多利亚宣言"，即健康生活方式的四大基石:合理膳食、适量运动、戒烟限酒、心理平衡。

1.合理膳食

合理膳食是指每日所提供的营养必须满足人体的生长、发育和各种生理、体力活动的需要,同时保持各种营养之间的比例平衡和多样的食物来源,以提高各种营养素的吸收和利用,达到均衡营养的目的。

2.适量运动

"抗疫英雄"钟南山院士在繁忙工作之余坚持每周锻炼3次以上,每次锻炼约1个小时。他说:"锻炼就像吃饭一样,已成为我生活的一部分。我们要建立一种观念,就是要一辈子运动,这样生活质量才能比较高。"

只有运动,才能使人的心、肺等器官以及血液循环、消化、内分泌等系统得到充分锻炼;只有运动,才能使人的动作协调、反应灵敏、骨骼强健;也只有运动,才能使人体的器官功能得到充分发展。

3.戒烟限酒

吸烟有百害而无一利。酒是双刃剑,少饮它是健康,多饮它是罪魁祸首。青少年儿童、孕妇、服药期间的人,以及患肝病、消化性溃疡、心脏病的人都不宜饮酒。

4.心理平衡

健康的核心是心理健康,而情绪健康是心理健康的重要标志,因为情绪是人们生命的指挥棒,一个人能常保持积极、稳定、乐观的情绪十分重要。

二、健康文化建设的意义

1.健康文化建设有利于打造"健康家庭"

随着经济发展,国民生活水平提高,人们愈发追求健康的、有品质的生活。2016年,全国卫生与健康大会强调要把人民健康放在优先发展的战略地位,加快推进健康中国建设,反映了党和国家对人民健康的高度重视。

2016年10月,中共中央、国务院发布《"健康中国2030"规划纲要》,明确了未来15年推进健康中国建设的行动纲领,提出"打造健康单位、健康家庭",强调"到2030年,促进全民健康的制度体系更加完善,健康领域发展更加协调,健康生活方式得到普及,健康服务质量和健康保障水平不断提升,健康产业繁荣发展,基本实现健康公平,主要健康指标进入高收入国家行列"。

家庭健康文化建设从健康教育、培养健康生活方式等方面入手,重塑家庭健康文化,带给家庭新健康、新生活,促进家庭健康、幸福、和谐、美满,把家庭打造成为"健康家庭",并通过以点带面的辐射效应,大力推动"健康中国"的发展进程。

2. 健康文化建设是应对新冠病毒性肺炎疫情的重要举措

2020年,一场突如其来的新冠病毒性肺炎严重威胁我们的健康和生命。据了解,此次疫情中危重患者多为年老体弱、合并慢性病等基础疾病的人群。由此可见,健康的体魄是抵御病毒侵袭的最好盾牌。加强健康管理,改善身体素质,增强防病抗病能力,也成为每个人、每个家庭日常生活中的首要任务。

如果我们平时坚持养成勤洗手、戴口罩、合理膳食、规律作息、适度运动等良好的生活习惯,拥有健康、阳光的心理素质,在疫情来临时,我们患病的风险会大大降低,我们内心也不会那么恐慌,能够以更加从容的心态应对严峻的疫情。

3. 健康文化建设有利于通过生活实践落实健康教育

孩子健康的生活习惯的培养单靠说教是很难完成的。著名教育家陶行知先生主张:生活即教育,教育是从生活中来,从生活中展开。把枯燥的说教转换成生动的生活实践,更符合孩子的认知规律,也是孩子最喜欢的教育方法。

我们通过家庭健康文化建设,可以为孩子创造更多的实践机会,让孩子成为生活的参与者、执行者,甚至是组织者、策划者,有效激发孩子培养健康的生活习惯的积极性。孩子的生活参与度越高,对健康教育理念的理解就越深刻,越容易形成健康生活的自觉与自主,从而将健康的生活习惯长期坚持下去。

特别是当孩子把参与健康活动的过程变成创新创作的过程,形成一系列有个性、有创意的健康成果,例如,设计一套家庭健康操,烹饪一道自制营养餐等,孩子的成就感和幸福感将得到极大满足,孩子参与健康教育和健康管理的意愿也会更强烈,继而达到提高身心健康水平和保持优良生活品质的目的。

三、家庭健康文化建设的策略

家庭健康文化建设要求家长和孩子共同制定健康目标、学习健康知识、培养健康生活习惯,营造健康、文明的家庭氛围,促使家庭成员拥有健康体魄、乐观心态和幸福生活。家庭健康文化建设的方法有很多,其中,组建"健康之家"俱乐部是一种实用、创新的方法,仅供参考:

"健康之家"俱乐部成员由孩子和父母、亲戚等家庭成员组成,孩子担任"健康CEO",负责落实家庭健康管理工作,让孩子由被教育者转变为教育者,由被管理者转变为管理者,提高孩子学习健康知识、培养健康生活习惯的主动性和积极性。

孩子将在健康专家的指导下,在家长的帮助和支持下,主动关心家人健康,担任家庭健康小讲师,和家人一起学习健康知识,策划、开展家庭健康促进活动,如实行家庭分餐制、坚持体育锻炼、制作营养餐等;通过小手拉大手的方式,促使家庭成员形成健康的生活习惯,帮助孩子抓住长高关键期,实现科学长高,促进体质健康,提高家庭整体健康水平和幸福指数；充分磨炼和发展孩子的领导力与综合素质。其中"健康CEO"的主要职责：

（1）组织家庭成员一起，为"健康之家"俱乐部设计标志、旗帜、口号和团队总目标。

（2）定期组织家庭成员参加常规的健康检查，分析家庭成员的健康现状。在此基础上为自己和家人制定健康目标和具体的健康措施。

（3）定期组织家庭成员一起学习健康知识，交流健康心得。

（4）组织家人一起，从勤洗手、戴口罩、均衡营养、坚持运动、规律作息等生活小事做起，培养健康生活习惯，改善沉迷网络和电视、睡懒觉、挑食偏食等不良习惯。

（5）定期组织家人参加体育锻炼，促使每一位家庭成员都能培养1~2项运动爱好。

（6）定期组织家人参加健康休闲活动，如制作营养餐、远足、登山等。

（7）定期进行家庭健康总结（如每月、每半年、每年），并制订下一阶段的健康计划，形成健康管理的良性循环。

延伸思考

1. 请你组织家庭成员一起成立"健康之家"俱乐部，并制订一份家庭健康计划书，内容包括分析每位家庭成员的健康现状，为每位家庭成员制定未来一段时间的健康目标，以及具体的实施计划。必要时，你可以寻求家长和老师的帮助。

2. 你打算采用哪些健康管理措施，帮助自己和家人达成健康目标？例如，坚持学习健康知识、坚持体育锻炼、杜绝垃圾食品，等等。请谈一谈你的主要方式和监督措施。

第四节 书香文化建设

导 语

书香传承文化，阅读浸润人生。阅读是人们获取知识、启迪智慧、塑造品德、提高修养的最佳途径，也是人们开阔视野、充实生活、促进人际和谐的一种生活方式。"常读书、读好书、会读书"，对于正处在求学、求知阶段的青少年来说，更是意义非凡，影响深远。

书香文化建设提倡家长和孩子一起坚持学习、坚持阅读，让家长成为孩子热爱阅读、自主学习的最佳榜样，积极打造"学习型家庭"，开启"书香生活"新风尚，让知识成为孩子成就未来最有力的武器。

理论学习

一、书香文化建设的背景

1. 国家倡导全民阅读，以阅读为手段提升整体国民素质

阅读被联合国教科文组织定义为人类重要的生存和终身学习的技能之一。党的十八大报告历史性地写入"开展全民阅读活动"。国家"十三五"规划纲要将"全民阅读工程"列为"十三五"时期的文化重大工程之一。2016年，我国制定首个国家级"全民阅读"规划——《全民阅读"十三五"时期发展规划》，以进一步推动全民阅读工作常态化、规范化，共同建设书香社会。

为了顺应国家倡导全民阅读的方针，重庆市发布了《重庆市"十三五"时期全民阅读规划纲要》，重点完成包括健全全民阅读设施网络等八项任务，计划在2020年基本建成现代全民阅读体系。

在国家和地方政府的支持下，"全民阅读"已呈现出星火燎原之势。全民阅读工作的开展，既是国家为国民提供的知识福利，也反映了国家以阅读为手段提升整体国民素质的宏愿。

2.新高考、新课标要求最大程度提升学生的阅读水平

据统计,近几年高考语文试卷卷面字数每年都保持在3%~8%的增幅。新高考改革对学生阅读速度、阅读能力提出了更高要求。新课程标准也对学生课外阅读量做出了明确要求,例如,《全日制义务教育语文课程标准》要求小学阶段课外阅读总量应在145万字。

而且,教育改革不仅对学生的语文阅读能力提出了更高要求,还要求今后高考的所有科目都增加阅读量。例如,原来高考数学卷子所有的考题题面可能只有2000多字,以后题面阅读量可能会增加至5000字甚至更多。如果学生的阅读能力不足,其对题目的理解水平和做题速度都将受到很大影响。

因此,就现实角度而言,阅读不仅是语文一门学科的必修课,更将成为学生在各门学科学习中的主要任务。学生如果想学好各门学科,特别是在自己感兴趣的学科上有所精进,就必须从小培养良好的阅读习惯,扩大阅读面,提高阅读能力。而且,提高学生的阅读水平,也能够改变传统高考文理分科带来的偏科、知识面狭隘等弊端,让学生在广泛阅读中逐渐明确自己感兴趣的学科方向和职业方向,为今后的职业发展奠定良好基础。

3.父母是孩子终身学习、坚持阅读的榜样

联合国教科文组织出版的《学会生存》一书中讲到:"未来的文盲,不再是不识字的人,而是没有学会怎样学习的人。"在这个知识爆炸的时代,任何人都必须形成自主学习、终身学习的理念和能力。但实际上,很多孩子都存在学习无目标、学习效率低、注意力不集中、缺乏学习兴趣等问题。特别是寒暑假等节假日,孩子把大把时间浪费在发呆、看电视、刷手机上,直到临近开学才匆匆写作业。归根结底,是孩子缺乏自主学习的能力和习惯。

著名音乐人高晓松曾回忆自己儿时的阅读经历,他说由于父母爱读书,家里最多的东西就是书了,各个房间和角落都是书,甚至连过道都摆放了各种书。因为父母常常看书,受他们的影响,高晓松在小的时候就爱上了阅读,闲来无事就喜欢在书架上翻阅图书。

由此可见,孩子爱阅读、爱学习的背后,是有父母在做榜样。试想一下,如果家长不爱学习,每天刷手机、看电视,怎么能够说服孩子自觉学习?父母的亲身示范远比苦口婆心的说教有用得多。

二、书香生活将使青少年受益终生

培根说:"读书,足以怡情,足以傅彩,足以长才。读史使人明智,读诗使人灵秀,数学使人周密,科学使人深刻,伦理学使人庄重,逻辑修辞之学使人善辩;凡有所学,

皆成性格。"这句话充分说明了阅读的价值。

习近平总书记在多个场合都强调了读书的重要性,他说:"读书可以让人保持思想活力,让人得到智慧启发,让人滋养浩然之气。"他本人就将读书视为"一种生活方式"。对于正处在求学、求知阶段的青少年来说,如果能够培养良好的阅读习惯,学会享受"书香生活"将会使其受益终生。

第一,阅读能够拓展人的视野,丰富人的知识储备。特别是对青少年来说,青少年的生活阅历一般较浅,直接经验往往有限,阅读能够让他们的间接经验得到有效延伸。

第二,阅读能够培养青少年的思维力、表达力、想象力、创造力等综合能力。博览群书,是一个积累的过程,天长日久,自然会产生写的欲望。因为读的书多,写起来也会有信手拈来的感觉。那些勤读书的孩子,写出来的作文大多引经据典,内容充实,而且有深度。杜甫诗曰:"读书破万卷,下笔如有神。"说的就是这个道理。而且,阅读通过文字的描述能够给青少年想象的空间,让他们借助已有文字信息进行再加工再创作。

第三,阅读优秀作品有利于青少年培养正确的人生观、世界观和价值观,形成良好的道德品质与健全人格。例如,读李白的诗,会被李白"安能摧眉折腰事权贵"的傲骨打动;读《钢铁是怎样炼成的》,会被主人公保尔不向命运屈服的钢铁般的意志所折服……哲人的思想能够荡涤我们的灵魂,先人的智慧能够指引我们识别真善美。同时,读书也使我们获得一个宁静的内心世界,远离尘世的喧嚣与浮躁。

三、家庭书香文化建设的策略

书香文化建设鼓励家长和孩子一起读书,定期开展家庭读书交流活动,交流阅读心得,让家长成为孩子坚持阅读的最佳榜样,在家庭中营造浓郁的书香气息,并将阅读与游学、思考与实践结合起来,形成"常读书、读好书"的优良家风,积极打造"学习型家庭"。以下是书香文化建设策略,仅供参考:

(1)家长应积极参加阅读专题讲座,掌握高效阅读技巧,提升文学素养,并请专家推荐经典图书书目。

(2)家长应在家中开辟专门的学习和阅读空间,例如,书房、"读书角"等,为孩子创造明亮、安静、舒适的学习环境。并根据专家推荐和家庭成员的需要,定期购置图书,丰富家中藏书,满足家庭成员的阅读需要。

(3)家长应全面了解孩子的阅读现状,在此基础上为孩子制定适合的阅读目标,带领和监督孩子完成阅读目标,提高阅读效率。同时,引导孩子定期进行阅读目标评估与总结,并制定下一阶段的阅读目标,形成自主阅读的良性循环。

（4）家长协助孩子定期策划、组织家庭读书交流活动,家庭成员一起诵读经典,分享高效阅读方法。通过周期性的家庭读书活动,营造浓厚的书香氛围,促使家长和孩子形成良好的阅读习惯。

（5）孩子可以将自己读书过程中的思考与收获写下来,加深对书籍的理解,也可以将读书体会发布到豆瓣、知乎等大型网络平台上,与更多网友分享阅读心得,获得更多人的认可。以阅读为纽带,孩子与更广阔的世界产生联结,获得更丰富的知识积累和情感体验。

延伸思考

1. 请你根据自己的理解,谈一谈"阅读"对我们的人生有怎样的意义和价值。
2. 你在培养阅读习惯的时候遇到的最大阻碍是什么？你打算如何克服困难？
3. 请你和家人一起组织家庭阅读分享活动,并谈一谈在活动中你最大的收获是什么。

第五节　美育文化建设

导　语

文化精神是美育的灵魂。美育文化不仅关注个人审美能力、艺术技巧等训练，更重视个人价值观、胸襟、气度等塑造，重视想象力、创造力、生命力的开发，促使美育产生润化人心的力量，提升人们的文化素养和人生境界。

美育文化建设倡导从小培养孩子发现美、欣赏美、创造美的能力，营造充满美的家庭文化氛围，激发孩子对学习和生活的热爱，由外而内地塑造孩子的美好形象、美丽心灵及美妙智慧，充分释放孩子的尚美灵魂和创造潜能，让孩子成为生活的艺术家、未来的创造者。

理论学习

一、美育文化概述

1. 美育的定义

美育，又称美感教育，即通过培养人们认识美、体验美、感受美、欣赏美和创造美的能力，从而使我们具有美的理想、美的情操、美的品格和美的素养。

2. 美育的历史渊源

我国从西周时期开始，便有周公"制礼作乐"，礼是伦理关系的规范、仪式，乐是包括诗、歌、舞在内的综合体艺术，礼乐结合，既是治理国家的法律、制度，又是进行教育的方式。春秋时期，大教育家孔子以"六艺"——礼、乐、书、数、射、御教导弟子，其中"乐"包括了音乐、诗歌、舞蹈等内容，奠定了中国古代美育的思想基础，并被后世儒家所继承。

近现代以来，中国美育的内涵随着时代的发展而不断丰富。在新时代，美育既有对自然美的欣赏，也有对人格境界道德美的追求，还有对中国历史进程中精神美的弘扬，更有对红色文化内涵理想美、信仰美的坚守。

3.解读美育文化

习近平总书记强调,"坚持以美育人、以文化人,提高学生审美和人文素养"。美育从本质上说是一种情感教育,一种文化浸润。

美育文化包含环境美、仪态美、语言美、行为美、心态美、思想美、学科美、艺术美等,着眼于美的感知、欣赏和创造,营造以美为基调的文化氛围,激励人们追求一种更美好、更有情趣、更有价值的人生。正如中国美术馆馆长吴为山所说:"以美立德,以美树人,以美储善,以美启真,以美养性,以美怡情,以美治言,以美导行",以"美"为原动力,成就人们的美好未来。

二、美育文化建设的意义

1.美育文化建设满足人们对美好生活的追求

俄国作家契诃夫曾说:"人的一切都应是美的,外貌、衣裳、灵魂、思想。"对美好生活和美好事物的追求是人的天性。

党的十九大报告中明确提出了我国社会主要矛盾从"物质文化需要"转变为"美好生活需要"。社会主义现代化奋斗目标从"富强、民主、文明、和谐"进一步拓展为"富强、民主、文明、和谐、美丽",增加了"美丽"。

美育文化建设既顺应了国家对"美丽中国"建设的要求,也反映了人们对自然之美、生活之美、心灵之美、艺术之美、社会之美、发展之美等方面的追求,满足了人们追求美好生活的愿望。

2.美育文化建设有利于培养人们的"美商"

美商(Beauty Quotient),是指一个人对自身形象的关注程度,对美学和美感的理解力,甚至包括一个人在社交中对声音、仪态、言行、礼节等一切涉及个人外在形象的因素的控制能力。

缺乏对美的感知和创造,就缺失了对生活的热爱,这是再多金钱也无法弥补的人生缺陷。另外,国外的多项研究表示,美商(BQ)较高者,能赚得较多的利润,赢得更多人的欣赏和青睐。

加强美育文化建设,有利于提高个人的美商水平,促使个人具备敏锐的审美耳目、充沛的审美情感和健康的审美灵魂,为其未来的成功与幸福提供有力保障。

3.美育文化建设能够帮助孩子开发右脑和提升创造力

从小培养孩子欣赏美、创造美的能力,有利于激活并强化右脑功能,调节大脑机能,提高学习效率和工作效率。

另外,追求美的最终目的是为了创造更美的生活。因此,孩子在追求美的实践过程中,其观察能力、想象能力、思维能力、创新能力、创造能力等将得到极大的锻炼和发展。

4.美育文化建设是培养拔尖人才的必然要求

恩格斯曾说,"文艺复兴是一个需要巨人而且产生了巨人——在思维能力、热情和性格方面,在多才多艺和学识渊博方面的巨人的时代"。我们所处的新时代同样需要"巨人"。然而,著名的"钱学森之问"却道出了我们人才培养的尴尬处境,"为什么我们的学校总是培养不出杰出人才?"

拔尖人才的培养,仅仅依靠传统的知识灌输、技能训练是远远不够的,还需要艺术、人文、哲学、历史等丰富养料,厚植学生的文化底蕴,充分释放学生的想象力、创造力和生命力,促使学生拥有充沛的审美情感、热情的生活态度、高尚的人格修养、广阔的胸襟气度以及高远的精神追求。由此可见,要培养适应新时代发展需要的拔尖人才,美育文化建设必不可少、势在必行。

三、美育文化建设的策略

家庭美育文化建设要求孩子在生活、学习中积极地发现美、享受美和创造美,鼓励家长和孩子一起设计、参加各种与美相关的活动,营造充满美感和艺术气息的家庭氛围,由外而内地塑造孩子美好形象和美丽心灵,提升家庭生活品质。以下是美育文化建设的策略,仅供参考:

(1)家长和孩子可以在专业人士的指导下,对家庭环境进行设计和优化,居室采光与通风、家具选材与色彩搭配、绿植选购与布置等,设计读书角、学习园地、健身房等功能区域,促使家居环境布局合理、美观大方、风格鲜明。

(2)家长和孩子应掌握基本的穿衣打扮、色彩搭配等知识,设计适合自己的外在形象与穿搭风格,塑造个人良好的形象气质。有必要的话,可以向专业人士请教外形设计的相关知识。

(3)家长应注重孩子礼仪修养的塑造,引导孩子掌握中西用餐、待客访友、人际交往等基本社交礼仪,塑造孩子有礼有节、健康美好的形象气质。

(4)家长引导孩子积极探索学科之美,例如,数学的对称美、语文的意境美、音乐的韵律美、绘画的色彩美等,深入了解学科特点,发现学科乐趣,提高学习效率。有必要的话,可以寻求老师的指导。

(5)家长定期带领孩子参加爱心公益、环保节能等实践活动,增强孩子的社会责任感,塑造孩子的心灵美。

(6)在条件允许的情况下,家长根据孩子的兴趣爱好,为孩子安排专业教练,对孩子的艺术修养进行系统训练,如书法、绘画、唱歌、舞蹈、乐器弹奏、雕刻等,促使孩子至少拥有1~2项艺术特长,系统培养孩子的审美能力和艺术素养。

（7）家长引导孩子精心设计各种有仪式感、有趣味、有创意的家庭文化活动，如老人寿宴、父母结婚纪念日、成人礼等，在活动中发展孩子创造美、展现美的能力。

延伸思考

1.请你和家人一起布置或装饰你的卧室，从空间布局、家具摆放到色彩搭配、饰品选择等，你都可以加入自己的想法和创意。完成任务后，请谈一谈你从中得到哪些收获或启发。

2.请你用自己喜欢的方式，如绘画、摄影、写作等，记录家庭生活中各种美好的人或事，并分享一下，"美"在哪里。

第六节　基于综合实践活动的生涯教育之附中实践：融合家庭资源

家庭是学生生涯发展的根基，也是重要的支持；从家庭中汲取个人生涯发展的"营养"和智慧，热爱并回馈家庭，是获得生涯幸福的应有之义。

家庭是与学生关联最为紧密的社会"单元"，蕴藏着丰富的生涯教育资源和素材，朝夕相处的家庭成员是学生成长过程中的"重要他人"，对学生的生涯发展发挥着举足轻重的作用，而家庭教育也是生涯教育的有益延伸和补充。在开展生涯教育的过程中，学校充分发掘家庭资源，特别是家庭文化资源，建立起完善、高效的家校共育机制，不仅能充分调动家长的积极性，促进家长对子女教育的积极投入，而且能加深家长对教育过程的认识和理解。有研究表明[1]，家长的积极投入和对教育的深入理解，对学生的发展与成就有明显的积极效应。

西南大学附属中学校在多年的教育实践中，总结出了将基于综合实践活动的生涯教育与家庭资源有效融合的一系列办法，并将其进行了课程化梳理，拥有了相应的实施和评价标准，取得了良好的实践效果。我们将与生涯教育紧密相关的家庭资源总结为以下三个方面。

一、家族信念

以家风、家训等内容为代表的家族信念，既根植于社会道德风教，也反映着家族世代相传的价值观念和行为准则，凝结了家族智慧，影响着家庭成员的自我认同，某种程度上塑造了家庭成员的认知模式和心理结构，并对其行为模式产生深远的影响。

家族信念对家庭成员的学习生活具有指导、规范和激励作用，能给人带来目标感、荣誉感、意义感，催生个体发展的自驱动力；家庭成员共同维护的家族信念，由于世代承袭，因而符合家庭的实际情况，构成了成员间的某种内在精神"契约"，让家庭成员在面对具有挑战性的选择时，有例可依，有章可循。

围绕家族信念，西南大学附属中学校开展的综合实践活动有：家族故事宣讲，家

---

[1] 约翰·哈蒂.可见的学习：对800多项关于学业成就的元分析的综合报告[M].北京：教育科学出版社，2015，82—83.

风传承主题演讲、征文、春联创作；家风家训主题摄影、工艺美术品制作，家族徽章设计；"感动家庭"人物评选、家风"主题日"活动策划、家庭"年度人物"访谈；"寻根之旅"家庭研学，书写家族小传、简易家谱、家族史；撰写有关家风家训的小论文（家风与文化传统及时代精神的联系），开设有关家风家训的"小先生讲座"；设计（布置）"微型"家族纪念馆，制作家庭纪念册。

需要特别注意的是，以上综合实践活动的设计，都要紧紧围绕家族信念对学生生涯发展的建设性作用，并引导学生学会辩证地看待家风家训中可能存在的问题。

二、环境习惯

教育环境不仅指学校环境，它应该包括学生所在的家庭、社区以及对其有重要影响的社会关系，其中家庭环境有与学校环境相当甚至更为突出的重要性。

家庭环境不仅包括家庭居住环境和经济、社会地位，还包括家庭成员（主要是父母亲）的关系以及他们的行为与思维（认知）习惯、处事态度、价值观念等，可以理解为一种家庭文化。家庭环境与习惯等诸多因素共同影响学生未来的成就与表现，其中尤为重要的是家长的行为与思维（认知）习惯。

围绕环境习惯，西南大学附属中学校开展的综合实践活动：

围绕家庭生活空间，开展家居安全宣讲与检查，编制家庭安全手册、家居环境设计与布置、收纳整理大比拼、制定电子设备使用规范、打造家庭图书馆；围绕家庭成员关系，开展亲子研学、家庭成员心理团辅与个体咨询、家庭角色"互换"体验、"一封家书"活动、撰写"最佳父亲/母亲/子女"颁奖词、设立家庭"拥抱日"；围绕家庭成员的思维与行为习惯，开展家长学校、家庭心理剧演出、走访"学霸"家庭、家庭共读一本书（同上一门课）、家庭成员21天习惯塑造比赛；围绕家庭社交与社会关系，开展社区志愿服务、家庭社交时间调查与管理、采访社区优秀家庭、组织社区读书会、社交礼仪培训等活动。

原生家庭环境与家庭成员的行为、思维习惯，是儿童与青少年习得特定社会技能和形成特定心理品质的重要原因，相关技能和品质将直接影响儿童和青少年的认知与行为，成为影响其生涯发展的核心要素；促进家庭成员重视良好家庭环境的营造，关注良好行为和思维习惯的培养，理解并对自身家庭环境与习惯对生涯发展的重要意义，并对其中存在的问题具有反思能力，是综合实践活动设计的初衷。

三、职业资源

由于家长的职业背景各不相同，往往涵盖国民经济的大部分门类，经过课程化的整理与提炼后，家长的不同职业经历与丰富的从业经验，就成了第一手的生涯教育资源和素材；而部分符合条件的家长也可以作为嘉宾讲师，为学生提供有关生涯发展与职业规划的指导、咨询,并组织学生开展职业体验。

  作为一项生涯教育资源,家庭职业资源有如下特性和优势。首先是丰富性,即不同家长各自丰富的职业经历和知识,以及不同班级和年级家长共享、交流带来的资源多样性;第二是灵活性,即上述资源的丰富性和人员的相对充足,让相关生涯课程与体验的安排具有较常规课程而言更大的灵活性;第三是真实性,即家庭生涯资源大都来自家长自身的职业经历与知识,依托于真实情境与体验,与学生生活联系紧密,而家长的讲解往往能从学生的生活体验出发。

  值得注意的是,开发家庭生涯资源也应注意以下常见问题:第一是将相对零散的内容与生涯理论结合,建构相对完整的知识体系;第二是制定相关标准,规范家长开展讲座、授课、咨询等活动的流程,明确对内容的要求,以及与教育目标的准确衔接;第三是注重反馈,对资源开发、课程实施、结果评价均进行生成性评价,保证资源利用的质量。

  围绕家庭职业资源,西南大学附属中学校开展的综合实践活动有:

  "大先生"讲座,职业体验研学,职业生涯巡礼,"家校社"共育网络课程,彩虹生涯月等等。其中,"职业生涯巡礼"活动将优秀的家长们与大学院校、科研院所的专业人员,以及各领域行业精英、创业者聚集一堂,集中在一天之内为同学们开设数十场专业讲座,并提供相关的咨询与体验,深受师生和家长的欢迎,成为我校学生生涯课程的宝贵体验。

参考文献

[1] [美]马可·L.萨维科斯(Savickas,M.L.),郭本周编,郑世彦,马明伟,郭本禹译.生涯咨询[M].重庆:重庆大学出版社,2019.

[2] 金树人.生涯咨询与辅导[M].北京:高等教育出版社,2019.

[3] [美]霍华德·加德纳著.多元智能新视野[M].沈致隆,译.北京:中国人民大学出版社,2012.

[4] 余闲.你在为谁读书2:青少年人生规划[M].武汉:湖北少年儿童出版社,2013.

[5] 余闲.你在为谁读书3:自控力成就杰出青少年[M].武汉:长江少年儿童出版社,2014.

[6] 余闲.你在为谁读书4:青少年幸福行动力[M].武汉:长江少年儿童出版社,2014.

[7] 余闲.你在为谁读书6:青少年沟通力养成[M].武汉:长江少年儿童出版社,2015.

[8] 许维素.焦点解决短期治疗入门手册[M].台北:心理出版社,2017.

[9] 黄素菲.叙事治疗的精神与实践[M].台北:心灵工坊文化事业股份有限公司,2018.

[10] [英]肯·罗宾逊,[美]卢·阿罗尼卡.让天赋自由[M].李慧中,译.杭州:浙江人民出版社,2017.

[11] [美]亚伯拉罕·马斯洛.动机与人格[M].许金声,译.北京:中国人民大学出版社,2012.

[12] 陈金定.青少年发展与适应[M].台北:心理出版社,2007.

[13] [美]D·A·库伯著.体验学习:让体验成为学习和发展的源泉[M].王灿明,朱水萍,译.上海:华东师范大学出版社,2008.

[14] [美]提摩西·威尔逊.最熟悉的陌生人:自我认知和潜能发现之旅[M].段鑫星,武瑞芳,范韶维,译.北京:人民邮电出版社,2014.

[15] [美]大卫·维西著.至关重要的选择:如何做出更好的决定[M].蒋永强,译.北京:中国友谊出版公司,2014.

[16] [美]罗伯特·里尔登,珍妮特·伦兹,加里·彼得森,小詹姆斯·桑普森.职业生涯发展与规划[M].候志瑾,译.北京:中国人民大学出版社,2016.

[17] [美]杰弗里·H·格林豪斯,杰勒德·A·卡拉南,维罗妮卡·M·戈德谢克.职业生涯管理[M].王伟,译.北京:清华大学出版社,2014.

[18] [美]理查德·S·沙夫著.生涯发展与规划-人生的问题与选择[M].周黎明,译.北京:中国人民大学出版社,2012.

[19] [德]法尔克·莱茵贝格著.动机心理学(第七版)[M].王晚蕾,译.上海:上海社会科学院出版社,2012.

[20] [加]大卫·A·亨特.批判性思维实用指南:决定该做什么和相信什么[M].伍绍杨,译.上海:上海世纪出版股份有限公司,2017.

[21] [英]迈克尔·赫佩尔.卓越行动力:90天后,遇见全新的自己[M].段鑫星,李洁,傅婧瑛,译.北京:人民邮电出版社,2016.

[22] 钟思嘉.生涯咨询实战手册[M].北京:中国轻工业出版社,2010.

[23] 谢其濬.给中学生的生涯探索术[M].台北:亲子天下股份有限公司,2013.

[24] [美]戴维·范鲁伊.生涯线[M].粟志敏,译.杭州:浙江人民出版社,2018.

[25] 邱珍琬.图解自我探索与成长[M].台北:五南图书出版股份有限公司,2017.

[26] [美]卡罗尔·卡特,莎拉·莱曼·克拉维茨.如何成为面向未来的学习者[M].苗瑞,宋雨沁,译.北京:机械工业出版社,2018.

[27] [英]肯·罗宾逊,[美]卢·阿罗尼卡.发现天赋的15个训练方法[M].李慧中,译.杭州:浙江人民出版社,2017.

[28] [德]伊旭塔·雷曼.学习动机:决定孩子学习成败的关键[M].寰静苏,杨文丽,译.台北:亲子天下股份有限公司,2016.

[29] [美]托尼·瓦格纳,泰德·丁特史密斯.为孩子重塑教育[M].魏薇,译.杭州:浙江人民出版社,2017.

[30] [日]村上龙著.工作大未来:从13岁开始迎向世界[M].李婷,译.北京:东方出版社,2013.

[31] [美]阿尔伯特·班杜拉.社会学习理论[M].陈欣银,李伯黍,译.北京:中国人民大学出版社,2015.

[32] [美]戴维·珀金斯.为未知而教,为未来而学[M].扬彦捷,译.杭州:浙江人民出版社,2015.

[33] [美]托德·卡什丹.好奇心[M].谭秀敏,译.杭州:浙江人民出版社,2014.

[34] [美]斯蒂芬·吉利根,[美]罗伯特·迪尔茨.英雄之旅:自我发现的旅程

[M].伍立恒,译.西安:世界图书出版西安有限公司,2012.

[35][美]塔玛·琼斯基著.内在成长[M].吴书榆,译.北京:北京时代华语国际传媒股份有限公司,2018.

[36][美]海蒂·格兰特·霍尔沃森.如何达成目标[M].王正林,译.北京:机械工业出版社,2019.

[37]王立昇.適性探索开发孩子的潜能:教育专家让孩子热情学习的方法[M].台北:商周出版社,2014.

[38]侯悍超,侯志瑾,杨菲菲.叙事生涯咨询———生涯咨询的新模式[J].中国临床心理学杂志,2014,22(03):555-559.

[39]马林,谢莉等,高中生涯规划指导的系统性与有效性探究——基于对安徽若干所高中的调研[J].安徽师范大学学报(人文社会科学版),2019,(5):148-157.

[40]郑泽萍,林梦洁,普通高中职业生涯规划教育现状及对策分析——基于广东省广州市6所高中的调查[J].现代教育科学,2015,(8):24-26.

[41]杜威.民主主义与教育[M].王承绪,译.北京:人民教育出版社,2001.210-225.

[42]朱仲敏.教育转型背景下普通高中生涯教育内容设计与实施路径研究[J].教育发展研究,2017,(6):77-82.

[43]张华.论"综合实践活动"课程的本质[J].全球教育展望,2001,(8):10-18.

[44]刘静.高考改革背景下高中生涯规划教育的重新审视[J].教育发展研究,2015,(10):32-38.

[45]肖娴,胡月.综合实践活动课程评价的"学生本位"取向[J].当代教育科学,2020,(5):56-59.

[46]张晓琳,孙雅妮.综合实践活动项目差异化推进[J].中国教育学刊,2020,(9):108.

[47]王乃弋,王晓等.生涯发展的系统理论框架及其应用评析[J],比较教育研究,2020,(3):89-96.

[48]顾雪英,魏善春.新高考背景下普通高中生涯教育:现实意义、价值诉求与体系建构[J].江苏高教,2019.(6):44-50.

后记 POSTSCRIPT

本书的撰写伴随着西南大学附属中学校生涯教育全面发展的进程。因此,本书能够将理论知识与学校现实实践相结合,不断修正、完善已有的理论知识,使其更具针对性,也不断以适切理论指导生涯教育的具体实践。本书各章节主要由欧健执笔。第一章、第二章及第十二章的内容由刘建勇审核,第三章由罗键审核,第四章、第六章、第七章由崔宏晶审核,第五章、第十章的内容由秦绪宝审核,第八章、第九章的内容由赵渊博审核,第十一章的内容由王欢欢审核。正是有了这些同仁的专业和真诚,这本书才得以成形。

在教育领域扎根多年,我们发现,过去,学校、家长总是不愿意给予学生自主选择权,一方面担心学生"自主"之后没有边界,由"自主"变为"自纵";另一方面,担心学生拥有选择权后,能否做出合理的、对未来有帮助的选择。这种担忧使得学校、家长对学生的生活、学习、未来规划大包大揽,又往往导致学生丧失了对生活的控制感和自我效能感,最终被动学习,被动成长。一旦面临大学选择、专业选择,学生往往无所适从,最后随波逐流或听凭安排,在大学里浑浑噩噩,消极度日……可以说,过去的教育忽略了对学生自主选择意愿的尊重和对自主选择能力的培养。因此,撰写该书的过程,就是一个教育者对过往教育的反思过程。"所有的教育都可以是生涯教育",都应尊重学生的自主选择,培养学生自主选择、承担选择后果的能力,基于此,本书或可给学生带来生涯规划上的具体帮助,为学校的生涯教育课程建设、教师和家长的生涯教育活动提供一定的参考。

当前,许多生涯管理的相关书籍理论性过强、针对面较窄,学生、教师使用起来不够方便。本书尽可能用翔实的案例、具体可操作的综合实践活动来帮助师生理解生涯相关概念,掌握生涯管理技能,最终以此发现藏于自己体内的珍珠,并打开自己,让珍珠散发出温润之光。我们期待,这种温润之光能照亮老师、学生前行的道路,让我们都能在最适当的时候与最美的自己相遇。